SIENDO TÚ, CAMBIANDO EL MUNDO

(¿Es Ahora El Momento?)

Siendo tú, cambiando el mundo

Publicado por Access Consciousness Publishing, LLC
Tercera edición

Primera Edición copyright 2012 por Dr. Dain C. Heer,
publicada por Big Country Publishing, LLC

Todos los derechos reservados. Impreso en los Estados Unidos de América. Ninguna parte de esta publicación puede ser usada, reproducida, traducida ni almacenada en un sistema de recuperación, o transmitida de ningún modo o por ningún medio electrónico, mecánico, fotocopiado, grabación u otro, sin el consentimiento previo por escrito del editor, con excepción de los críticos, quienes podrán citar pasajes en sus artículos.

ISBN: 978-1-939261-32-8

Para preguntas, por favor, contactar a:
Access Consciousness Publishing
406 Present Street
Stafford, TX 77477
USA
accessconsciousnesspublishing.com

Editor en inglés: Katarina Wallentin
Diseño de portada: Katarina Wallentin
Foto de portada: Allannah Avelin
Traducción: Lillian Jordán
Revisión y edición: Emilio García
Diseño de interiores: David Redondo

Algunos de los nombres y detalles en las historias de este libro han sido alterados para proteger la privacidad de los involucrados. El autor y la casa editora del libro no se hacen responsables por ningún resultado físico, mental, emocional, espiritual o financiero. Todos los productos, servicios e información proporcionada por el autor son con meros fines educativos y de entretenimiento. La información proporcionada aquí no es de ninguna forma un sustituto de ayuda médica. En caso de que use cualquier información contenida en este libro con fines personales, el autor y la casa editora no asumen ninguna responsabilidad por sus acciones.

SIENDO TÚ, CAMBIANDO EL MUNDO

(¿Es Ahora El Momento?)

Dr. Dain Heer

"Puedes decir que soy un soñador, pero no soy el único. Espero que un día te nos unas… y el mundo será como uno."
—*John Lennon*

"Sé el cambio que quieres ver en el mundo."
—*Mahatma Gandhi*

"Sé tú y cambia el mundo."
—*Gary M. Douglas*

Lo que algunas personas dicen sobre este libro…

"Sacudiste mi mundo con este libro. Estoy observando cosas mágicas. ESTOY CONSCIENTE de que cada aspecto de mi vida se está transformando… Tengo 62 años y realmente no puedo recordar un momento en mi vida en que no haya estado consciente de y en busca de lo que hablas, de una u otra forma. Sí, este es el momento para mí. De todas las experiencia que he tenido el privilegio de tener, esta parece ser la guinda en el pastel. Y simplemente estoy muy agradecida."

—**Ann**

"Muchas gracias por haber escrito este libro… TODO lo que dices resonó con ligereza en mi corazón y, por primera vez en mi vida, siento que alguien me comprende. El sentido de mi valía, ha cambiado durante los últimos 52 minutos mientras leías tu primer capítulo. No puedo agradecerte lo suficiente."

—**Stefanie**

"Estoy muy agradecida por ti y por tu nuevo libro. Lo compré para mi hijo, él tuvo algunos momentos difíciles en su vida. (Tiene TDA, Trastorno por Déficit de Atención, , tomó Ritalín durante un año, se convirtió en un 'zombi' y ya no quería vivir; dejó la escuela y no parecía adaptarse a ningún sistema). Él adoró totalmente tu libro; lo leyó en una noche. Me dijo que repentinamente comprendió muchas cosas en su vida. Incluso compró algunas cosas para dibujar y empezó a dibujar de nuevo."

—**Caro**

"Muchas gracias por escribir este libro y hacerlo en el formato en que lo has hecho. He encontrado en él a mi mejor amigo cuando, en múltiples ocasiones, no puedo tener claridad, y es maravilloso ver dónde puedo usarlo para empoderarme para vivir con más facilidad, gozo y gloria. Estoy intensamente agradecido de que hayas tenido el valor suficiente para hacerlo a TU manera. Verdaderamente funciona para mí. Sin todas las separaciones y pequeños párrafos, sería casi imposible para mí usarlo como el 'Mágico Libro de Sabiduría de Transformación Pragmática para la Actualidad' que verdaderamente es."

—**Jason**

"Este fue solo el capítulo uno y me tuviste riéndome tontamente como una niñita, llorando a lágrimas al soltar cosas, de dicha y por recordar quién soy en verdad."

—**Cheryle**

GRATITUD

Cuando tienes tantas personas fenomenales en tu vida, no es fácil expresar la gratitud que tienes hacia ellas en solo una página.

Me gustaría empezar por agradecer a Gary Douglas, fundador de Access Consciousness. ¿Cómo se le agradece a alguien, no solo por salvarte la vida, sino por darte las herramientas para crear una vida completamente nueva? Él empodera a todos los que conoce para que en verdad elijan para ellos mismos… ¿Cómo llegó el mundo a tener tanta suerte?

También me gustaría agradecer a la editora y cocreadora de este libro: Katarina Wallentin. Sin su incansable esfuerzo, este libro jamás habría llegado a existir. Su habilidad para tomar una aparentemente interminable serie de transcripciones de las clases de Síntesis Energética del Ser (ESB) y hacerlas entrar en un manuscrito inicial es un esfuerzo herculino; lo hizo parecer casi sin esfuerzo. (Asimismo, trabajar conmigo puede no ser fácil, pero ella lo hizo parecer como si así lo fuera.)

También me gustaría agradecer a todos los participantes de las clases de Access Consciousness y Síntesis Energética del Ser, quienes, en conjunto, han estado dispuestos a ir a donde ningún hombre, mujer o niño ha llegado antes, y sin los cuales mucho del material en este libro no existiría.

Me gustaría agradecer a mi mamá, quien siempre me permitió ser tan raro y "soñador" como soy, sin importar cómo se vería. No puedo exagerar suficiente al reconocer el regalo que ese nivel de tolerancia hacia mí y mis elecciones ha sido en mi vida.

Gracias también al equipo –a todo el personal– de Access Consciousness y a los muchos talentosos facilitadores de Access en todo el mundo, quienes están contribuyendo a crear un mundo con mayores posibilidades para todos nosotros. Por último, y definitivamente no menos importante por ello, gracias a TI: por ser alguien que desea algo más grandioso y está dispuesto a elegirlo. Yo sé que juntos, podemos crear un mundo mucho más grandioso de lo que cualquiera de nosotros puede ahora imaginar.

CONTENIDO

Hermoso tú   1
Introducción   2

Parte I Siendo tú

Capítulo 1	Tu realidad y el universo del libre albedrío	22
Capítulo 2	¡Soy! Por lo tanto estoy equivocado. ¿Correcto?	47
Capítulo 3	Tu cuerpo sabe	71
Capítulo 4	Pregunta y se te dará	94
Capítulo 5	¿Y si cuidar fuera la esencia de ti?	109
Capítulo 6	¿Estás dispuesto a ser suficientemente diferente para tener una relación grandiosa?	125
Capítulo 7	Hablemos de sexo, nenes…	155
Capítulo 8	¿Y si tú elegiste a tus padres?	169
Capítulo 9	Y si la muerte fuera una elección en lugar de algo incorrecto, ¿podrías entonces vivir plenamente?	185
Capítulo 10	¿Estás listo para ser indefinido? (¿Y mágico?)	228

Parte II Cambiando el mundo

Capítulo 11	¿Listo para deshacerte del piloto automático?	243
Capítulo 12	¡Varitas afuera! ¡Eres mágico!	257
Capítulo 13	¿En realidad necesita el planeta salvación?	276
Capítulo 14	El reino de Nosotros	291
Capítulo 15	¿Estás dispuesto a ser un líder?	303
Capítulo 16	El principio	319

Epílogo		*327*
Explicación del enunciado aclarador de Access		*328*
Sobre el autor		*330*
Sobre Access Consciousness		*331*
Otros libros de Access por el Dr. Dain Heer		*333*
Algunas formas de conectar con Access en línea		*334*
Una invitación…		*335*

Herramientas

#1	Destruye, descrea, libera tu realidad	13
#2	Haz una pregunta… no busques respuestas	15
#3	Ligero = verdadero. Tú simplemente SABES.	41
#4	¿A quién le pertenece esto?	67
#5	Practica con tu cuerpo	89
#6	El Universo te respalda	103
#7	Preguntando ¿VERDAD?	121
#8	Destruye tus relaciones cada día	147
#9	Un nuevo paradigma para el cambio	149
#10	Cuerpo orgásmico: como tener más energía en cualquier momento, con total facilidad	166
#11	El miedo siempre es una mentira	212
#12	JUSTAN IPOV… te presento a Forrest Gump	216
#13	¿Elegiría esto un ser infinito?	239
#14	Diario de magia	272
#15	Tierra, ¿qué requieres de mí hoy?	274
#16	¿Ya estas sintiendo ira?	284
#17	Tú punto de vista crea tú realidad	299
#18	¿Qué más puedo añadir a mi vida?	313

Hermoso tú:

De alguna manera este libro terminó en tus manos.

¿Cómo puede mejorar esto?

Entonces, ¿es ahora el momento?
¿Estás dispuesto a ser tú y cambiar el mundo?

Si es así, mi valiente amigo, antes de que empieces a leer, di esto en voz alta, todas las 5 veces.

Sí, en voz alta.

Todo es lo opuesto de lo que parece ser.
Nada es lo opuesto de lo que parece ser.

Todo es lo opuesto de lo que parece ser.
Nada es lo opuesto de lo que parece ser.

Todo es lo opuesto de lo que parece ser.
Nada es lo opuesto de lo que parece ser.

Todo es lo opuesto de lo que parece ser.
Nada es lo opuesto de lo que parece ser.

Todo es lo opuesto de lo que parece ser.
Nada es lo opuesto de lo que parece ser.

Ahora ya estás suficientemente preparado. Da vuelta a la página y empieza el viaje hacia la **rareza.**

Introducción

No escribí este libro para todos. Lo escribí para esos pocos: la gente que se da cuenta de que esta realidad, en su forma actual, no está funcionando para propiciar el más grandioso "nosotros" que es verdaderamente posible. Lo escribí para los "soñadores" –aquellos que saben que algo diferente (y más grandioso) debería ser posible y que deberíamos ser capaces de tenerlo.

Ustedes, "soñadores", son mi gente. Ustedes son los que verdaderamente pueden cambiar el mundo, si tan solo se conceden el permiso para hacerlo. Si pueden dejar la idea de que esta realidad –así como es– alguna vez será suficiente para ustedes. Y si pueden simplemente empezar a darse cuenta de que CADA LIMITACIÓN que alguna vez creyeron tener fue simplemente una grandeza que no podían aún reconocer.

Si estuvieras siendo tú, ¿quién serías?

¿Qué tal si Tú, Siendo Tú en verdad, es todo lo que hace falta para cambiarlo TODO: tu vida, todos a tu alrededor y el mundo? ¿Qué pasaría si Tú, Siendo Tú, fueras la clave que está faltando para tener todo lo que siempre has deseado o querido crear y cambiar en el mundo? ¿Y si Tú, Siendo Tú significara recibir todo, ser todo, saberlo todo, y percibirlo TODO?

¿Sabías que es hora de "despertar"? Esto es lo que pretende hacer este libro. No es como ningún otro libro de superación personal que hayas leído. No es el habitual refrito psicológico/espiritual con lo mismo de siempre, con diferentes palabras. No es el tipo de libro que uno lee y por el que luego, se juzga a sí mismo por ser inadecuado. No, este es un libro para empoderarte para cambiar muchas de las formas en las que te estás juzgando, viendo lo incorrecto en ti y sintiéndote inadecuado.

Se trata de salir del juicio de ti y de la idea de que, de alguna forma, estás equivocado. Tal vez incluso te invite a saber que más es posible. Imagínate cómo sería ... no tener que sentirte mal acerca de ti en ningún modo, por ninguna razón, nunca más.

¿Y si tú eres la diferencia que la Tierra requiere? ¿Es ahora el momento de avanzar?

Así que, ¿qué es lo que toma para que en verdad seas tú? ¿Estarías dispuesto a intentar algo totalmente diferente?

No se trata de ser exitoso como tú. O de hacer algo mejor. Es sobre ser tú, ser la ENERGÍA de ti, lo que sea que eso pueda ser.

¿Te ha pedido alguien alguna vez que te *muestres* como tú?

¿Simplemente como tú, exactamente como tú eres?

Me gustaría invitarte a esto: a ser la energía de ti. Empieza por leer y UTILIZAR las herramientas de este libro. Tal vez puedan parecer realmente simples, pero por favor no las descartes por eso. Si eliges utilizar estas herramientas, tu vida cambiará –y la inversión que hiciste en este libro valdrá muchas veces lo que hayas pagado por él.

Ni siquiera tienes que hacer un gran esfuerzo para trabajar en los ejercicios de este libro. Todo lo que se requiere es leerlos (y la disposición para cambiar). Solo la disposición. No tienes que saber cómo va a ocurrir el cambio. El "cómo" depende del Universo. Utiliza las herramientas y permítele al Universo que trabaje para ti.

Si pudieras resolver tu vida pensando, si pudieras determinar mentalmente cómo ser tú, ¿no lo habrías hecho ya? Si el pensar en cómo salirte de la caja hubiera funcionado, ¿no estarías generando una realidad totalmente distinta en este momento? Quiero decir, realmente, ¿no has estado pensando en la forma de salirte de la caja desde siempre?

Si estás dispuesto, este libro te puede dar una consciencia y un recordatorio de cómo es SER TÚ, más allá de lo cognitivo, y más allá de la mente lógica. También te da las herramientas para ELEGIRTE.

A lo largo de este libro, estaré pidiéndote que veas las cosas desde una perspectiva diferente. ¿Por qué? Porque ver las cosas desde la misma perspectiva ha creado la vida que tienes actualmente. Si eso fuese suficiente para ti, no estarías leyendo este libro.

¿Estarías dispuesto a averiguar quién eres tú en verdad?
¿Estarías dispuesto a hacer la demanda de mostrarte?
¿Estarías dispuesto a saber lo que realmente es verdadero para TI?

Déjame decirte un poco sobre el terreno de juego…

La Parte I de este libro trata acerca de las cosas que te impiden ser tú. Aquí es donde exploraremos las limitaciones de la caja que llamas tu vida (¡que no tienen que ser!). Te mostraré algunas áreas clave en las que puedes haber estado comprando muchas cosas como verdaderas para ti, que no lo son. Examinaremos a profundidad esta realidad, el cáncer llamado juicio (y cómo nos detiene y mata en formas que quizá nunca hubieses imaginado), el recibimiento, el cuidado, las relaciones, el amor, la familia, el abuso y tu cuerpo

También te presentaremos algunas de las herramientas que te pueden apoyar para cambiar todo esto. ¿Qué más es posible, si todo lo que esta realidad considera importante y valioso… es una ilusión? ¿Y no verdaderamente importante y valioso PARA TI?

En la Parte II, exploraremos lo que está más allá de todo eso…

¿Cuáles son las INFINITAS posibilidades? ¿Y si eres mágico? ¿Y si fueses el líder de tu vida? ¿Y si viviésemos en el reino de Nosotros en lugar de amurallarnos en el reino de Mí que creamos artificialmente? ¿Y si la Tierra no necesitase ser salvada? ¿Y… si tú, siendo tú, es el regalo que se requiere para cambiar el mundo?

A lo largo del camino te daré muchas cosas para ponderar. Te ofreceré la posibilidad de cambiar muchas cosas AHORA. Por favor ten en cuenta que, siempre es tu elección. Y siempre que estés eligiendo, no tengo ningún punto de vista sobre lo que escojas. Por favor, solo continúa eligiendo. Para ti. Para todos nosotros.

Nosotros, especialmente nosotros "los soñadores", parecemos invertir una exagerada cantidad de tiempo tratando de arreglar lo que sentimos que debe estar mal en nosotros, en lugar de crear y generar un mundo diferente: un mundo con el tipo de posibilidades que nos gustaría ser capaces de elegir.

A medida que vayamos explorando muchas de las formas en las que quizà te has estado manteniendo estancado, señalaré algunas posibilidades completamente diferentes y formas distintas de ver las cosas, que tal vez nunca antes habías considerado –y muchas que probablemente habrás considerado, pero que no sabías que podías elegir o instituir.

Y siempre con la invitación: "¿Te gustaría elegir algo diferente aquí?" Porque aun si no sabes cómo se va a crear esa realidad diferente, tu elección es siempre el primer paso para llegar ahí.

No tienes que saber "cómo" se va a mostrar esa elección. Tu elección de que se eso se muestre, cambia al mundo para que comience a permitir que eso suceda. Es el trabajo del Universo que se cumpla. Tú solo tienes que elegir moverte en esa dirección –y solo seguir moviéndote. Si lo haces, nadie ni nada jamás te volverá a detener.

Como sugiere el título, este libro ha sido escrito desde la consciencia de que Tú, Siendo Tú, de verdad cambiarás no solo tu vida, sino también al mundo. De hecho, personas increíbles estando dispuestas a ser ellas y elegir de acuerdo con lo que saben –sin importar las críticas, o el enjuiciamiento o el punto de vista de cualquier otro– es lo único que han cambiado al mundo.

¡Este no es un libro de respuestas!
No soy un gurú.

Yo no soy perfecto, y no tengo ninguna respuesta para ti. Yo solo tengo preguntas.

Este libro es sobre las posibilidades –la posibilidad de una forma completamente distinta de Ser en el mundo.

Tiempo atrás en el 2000, hice una demanda que cambió mi vida. Toda mi vida fui uno de esos soñadores. Hice todo lo que pude para hacer felices a aquellos que me rodeaban. Hice todo lo que se me podía ocurrir para contribuir a que la vida de las personas fuera algo mejor. Fui a la escuela quiropráctica para poder aprender nuevas y mejores formas de crear "milagros" en los cuerpos y vidas de las personas, porque YO SABÍA QUE DEBERÍA SER POSIBLE.

Sin embargo, esta realidad, y los problemas de esta realidad, pesaban tanto sobre mí que perdí la esperanza de que eso podría cambiar alguna vez. Tenía la mayoría de las cosas que se supone son importantes aquí, pero muy poco de eso me importaba...

Empecé a despertar deprimido e infeliz, sin que mi familia lo supiera en ese momento... Empecé a odiar ir a mi práctica porque sentía como si nada de lo que yo hacía fuera suficiente. Era como si las personas no tuviesen las herramientas que requerían para verdaderamente crear un cambio en sus vidas. Aún peor, yo sentía como si yo fuera el único que en verdad quería algo diferente como una realidad. Nadie parecía "comprenderme", y el ser el único de mi tipo era casi insoportable.

Entonces, para mi total sorpresa, encontré una salida... un camino más allá... una forma de cambiar todo lo que pensé que no se podía cambiar. Y se me dio acceso a mi vida de nuevo, acceso a un deseo de VIVIR y a gozarlo completamente, a saber que yo era una contribución y a SABER que algo más era posible –y lo más importante– que todo lo que siempre pensé que era verdad, de hecho lo es.

Haré mi mejor esfuerzo para compartir esto contigo mientras exploramos "Siendo tú, cambiando el mundo".

¿Por qué YO?
¿Por qué escribí yo este libro?

En el 2000, cuando llegué a ese punto en vida en que había tenido suficiente de esta realidad, yo tenía todo lo que cualquiera podía pedir —y sin embargo nada de eso tenía ningún valor para mí.

Yo estaba dispuesto a terminar con todo si las cosas no cambiaban. Muy en el fondo de mí sabía que algo distinto era posible. Yo lo sabía.

Como lo sabes tú.

Yo hice una demanda al Universo: "O mi vida cambia completamente o me voy de aquí". Hasta fijé una fecha, seis meses en el futuro. Le di un plazo al Universo. Literalmente, una semana después, encontré algo que cambió mi vida entera: Access Consciousness ("Access" para abreviarlo). Durante mi primera sesión, experimenté una sensación y una consciencia de ser la paz y el espacio que había estado buscando toda mi vida, y nunca volví a contemplar el matarme de nuevo. Y espero, con este libro, poder darte también ese regalo. Desde entonces, la paz y el espacio han seguido CRECIENDO, en contraste con cualquiera de las otras modalidades que llegué a probar.

Las herramientas que estoy compartiendo contigo en este libro son parte de Access —y han continuado expandiendo mi vida y mi consciencia cada momento de cada día desde mi primer contacto con ellas.

Access es la modalidad más extraña, descabellada, chiflada con que jamás me he topado —y funciona. Simplemente funciona.

Una forma de describir Accesses como una modalidad de transformación de la energía que combina sabiduría avezada, conocimiento antiguo y pragmáticas herramientas para el cambio, altamente contemporáneas. Su propósito es crear la posibilidad para que haya un mundo de consciencia y unicidad.

¿Qué *es consciencia?*, dirás. La consciencia lo incluye todo y no juzga nada. Ella incluye cada posibilidad que pueda existir. Sin absolutamente ningún juicio de nada de ello –o de ti. ¿Suena eso como un mundo en el que te gustaría vivir? Si es así, ¡sigue leyendo! (Si no, ahora tal vez sea un buen momento para darle este libro a alguno de tus amigos o familiares raros.)

Hoy viajo alrededor del mundo, facilitando a las personas con las herramientas de Access Consciousness. He desarrollado una forma única de trabajar con grupos de personas, energías y cuerpos simultáneamente, llamada *Síntesis Energética del Ser* (ESB, por sus siglas en inglés).

La mayoría de lo que estoy compartiendo en este libro, lo aprendí al explorar qué más es posible, junto con los sorprendentes participantes de las clases de ESB. Los lugares a los que están dispuestos a ir y las otras posibilidades que están dispuestos a explorar, me impactan totalmente –cada vez. Las personas son mucho más grandiosas de lo que se dan cuenta y más capaces de lo que jamás han imaginado.

Durante una clase de ESB, se te invita a acceder y a ser energías que nunca supiste que estaban disponibles. Y tú lo harás junto con todo el grupo. En el espacio de esta clase, empiezas a sintetizarte con tu ser, tu cuerpo y la Tierra, en una forma que crea una vida más consciente y un planeta más consciente. Al ser estas energías, al ser tú, tú cambias todo: el planeta, tu vida y a todos aquellos con los que entras en contacto.

Tú estás Siendo Tú y estás cambiando el mundo.

También soy muy afortunado al tener al más fenomenal facilitador y cocreador; el fundador de Access Consciousness, Gary Douglas, como mi mejor amigo. ¿Cómo es que llegué a ser tan afortunado?

Por favor, ten esto en cuenta: estas herramientas, perspectivas y procesos ¡han cambiado la vida de miles de personas alrededor de todo el mundo! Esta es la razón por la escribí este libro. Si alguna vez te has dicho a ti mismo: *"¡Debe haber algo más que esto!"*, esta es mi forma de decirte: ¡Sí! Sí. ¡La hay! ¡Hay personas que lo están experimentando ahora mismo!

Este es un sendero posible para una forma de SER completamente diferente en el mundo: liderando tu vida de manera consciente, y siendo la diferencia que la Tierra requiere.

¿Funcionará esto para ti? ¿Te guiará este libro a SER TÚ? ¿Y cambiará eso en verdad el mundo?

Sólo tú lo sabes, querido amigo. Sólo tú puedes elegir por ti.

Así que, ¿qué es lo que tú sabes?

¿Y es posible que esta sea la invitación que tú has estado esperando?

¿Es ahora el **momento**?

Haré lo que sea para mostrarte las posibilidades. Tu trabajo es solo mantenerte fuera del juicio y la conclusión lo suficiente como para ver si estas posibilidades son algo que te gustaría elegir ¿Vienes? ¿Quieres jugar?

¿Estás listo? ¡Vamos!

NOTA PARA EL LECTOR

Raro

¿Sabes el significado original de la palabra raro?

Raro: de espíritu, suerte y destino.

¿Suena esto como tú? ¿Solo un poco?

¿Estarías dispuesto a dejar ir la ilusión de que eres promedio, normal y real…y simplemente como todos los demás?

En vez de eso, ¿estarías dispuesto a ser tan raro, maravilloso e INCREÍBLE como en verdad Eres?

¿A partir de ahora?

TE ADVIERTO

¡Buen libro!

Ya que este libro está diseñado para crear cambio, probablemente te confunda o moleste en ocasiones... Si no comprendes algo o se siente incompleto, es porque muchas veces la información que necesitas para comprenderlo será presentada unas cuantas páginas más adelante de donde estés en el libro.

¿Cómo puede mejorar eso?

Por favor, también ten en cuenta que muchas partes de este libro han sido diseñadas para llevarte a que te cuestiones qué es verdadero para ti, en lugar de presentar un punto de vista que se supone te debes comprar. Que se supone debes comprar.

Estas partes podrán parecerte incompletas, pero fueron dejadas así a propósito, de manera que al ponderarlas llegues a tu propio saber. Así que si te encuentras a ti mismo cuestionándote o preguntándote, este pequeño libro está haciendo su trabajo.

¡Buen libro! ¡Buen libro!

PARTE I

Siendo tú...

"Pasamos toda nuestra vida tratando de probar que no somos lo que nunca fuimos en primera instancia."

—**Mel C.**

¿Y si empezaras a abrazar la realidad en tus términos?
¿Y si tu realidad fuese algo... completamente diferente?
¿Y si una realidad completamente diferente es exactamente lo que se requiere?

¿Es ahora el momento?

HERRAMIENTA

Destruye, descrea, libera tu realidad

Si miras este libro, se ve sólido ¿correcto? Excepto que la ciencia nos dice que es 99.999% espacio. Pero se ve sólido ¿No es extraño? Sin embargo, es 99.999% espacio —es solo que las moléculas están acomodadas de manera que se ve sólido e impenetrable.

¿Y si las limitaciones en tu vida y en tu cuerpo, cada una de ellas, fueran exactamente de la misma manera? ¿Y si parecieran realmente sólidas, y esa fuera la única forma en que has sido capaz de verlas hasta ahora?

Sé que suena extraño... y aun así, a lo que te invito, si estás dispuesto a recibirlo, es a tener la consciencia de que esas cosas no son necesariamente sólidas, nunca fueron sólidas, y ya no tienen que ser sólidas.

Me gustaría invitarte a ti —y a la energía que tú eres— a volver al espacio en el que tomaste todas esas moléculas y las acomodaste como sólidas en vez de como espacio, flexibilidad y mutabilidad, y a deshacerlo de tal manera que pueda ser el espacio que en realidad es. Para que tú puedas ser el espacio que en verdad eres.

Eso es todo. ¡Y mucho más que eso!

Con el fin de llegar ahí, algunas veces en este libro te estaré pidiendo que dejes ir algo. De hecho, puede ser que te pida que lo destruyas y lo descrees.

Podrá parecer loco en ese momento.

¿Por qué te pediría que hicieras eso? Porque, cada vez que tú estás dispuesto a destruir, descrear y dejar ir algo que te está limitando, automáticamente e instantáneamente abre el espacio para que algo menos limitado, o incluso ilimitado, se muestre. ¿Tiene eso sentido? Dejas ir lo limitado y finalmente lo ilimitado tiene espacio para existir.

Sin embargo, por favor detente por un segundo y pregúntate:

¿Estoy dispuesto a hacer esto?

Si obtienes un sí, ¿qué tienes que perder?

Todo lo que estés dispuesto a soltar, descrear y destruir, abre una posibilidad totalmente diferente en tu vida.

Tú nunca podrás renunciar a ser lo que Eres. Tu propio Ser es indestructible.

Solo puedes soltar, descrear y destruir lo que te está definiendo, te está limitando y te está manteniendo a ti y a tu ser estancados, lo cual genera espacio para que algo diferente y más grande se muestre.

Si te parece, yo te recomendaría mucho que después añadas este enunciado aclarador: Acertado y equivocado, bueno y malo, POD y POC, todos los 9, cortos, chicos y más allá.

Este enunciado, le pide a tu consciencia que vuelva al punto de creación (o al punto de destrucción), incluso antes de que plantaras la semilla de esa limitación, e invita a que esa semilla se disuelva.

Lo cómico y raro es que… simplemente lo hace. Funciona. Como magia. *¿Qué tal si magia, es lo que en verdad eres?*

¿Qué pasaría si consideraras este enunciado aclarador como tu varita mágica (una manera de cambiar CUALQUIER parte de tu vida que te gustaría cambiar)?

¡Saquen las varitas! ¡Vamos!

* Si te gustaría tener más información, puedes leer, por favor, la explicación sobre el enunciado aclarador al final de este libro.

―――― **HERRAMIENTA** ――――

Haz una pregunta… No busques respuestas

Ya te puedo escuchar pensando.

Las ruedas están girando:
piensa, piensa, piensa.
Tic, tac, tic, tac.

Correcto, incorrecto, correcto, incorrecto.

¿Será que esto puede funcionar REALMENTE?

¿No has tenido aún suficiente de esa maldita máquina que llamas tu mente y de su incesante búsqueda de la respuesta CORRECTA?

Déjame darte la manera para salir del universo de la respuesta correcta: HAZ UNA PREGUNTA.

En realidad es así de simple.

Así es como funciona: la mayoría de nosotros vamos por el camino de nuestra vida y ya tenemos un punto de vista de hacia dónde nos dirigimos, y esa es la maldita dirección a la que nos dirigimos. Eso es. ¡Basta!

Debido a que hemos decidido que esa es la dirección a la que nos dirigimos, es como haber erigido unos muros a nuestro alrededor, a la derecha e izquierda, y no podemos ver por arriba, no podemos ver alrededor ni podemos ver a través de ellos. Nuestra única opción es dirigirnos en la dirección que ya concluimos que es hacia la que vamos.

Introducción • 15

Sin hacer preguntas, estamos abandonados a deambular por los callejones del laberinto que hemos creado, como si fuera el único conjunto de elecciones que tenemos en la vida.

Cuando haces una pregunta, de repente, se abren puertas a la izquierda y derecha, y tienes luz y espacio detrás de ellas, que exponen diferentes habitaciones y puertasa posibilidades. Las abres y es como: "¡Guau! … Hay posibilidades que ni siquiera sabía antes que existían."

La pregunta es la clave para abrir otras posibles puertas. Nunca verás esas puertas y nunca sabrás siquiera que están ahí —mucho menos serás capaz de abrirlas— si no haces una pregunta.

Cuando tengas duda, haz una pregunta.

He aquí están algunas grandiosas preguntas que puedes hacer para abrir más posibilidades en muchas situaciones en tu vida:

1. *¿Cómo puede mejorar esto? (Haz esta pregunta cuando suceda algo "bueno" o cuando suceda algo "malo".)*
2. *¿Qué es lo correcto de esto que no estoy captando?*
3. *¿Qué tomaría para cambiar esto?*
4. *¿Qué más es posible?*
5. *¿Qué tomaría para que esto resulte mejor de lo que yo me podría haber imaginado?*
6. *¿Quién soy hoy y qué grandiosas y gloriosas aventuras voy a tener?*

Y no comiences a buscar la respuesta, ¡por favor!

Así es como normalmente funciona en esta realidad. Hacemos una pregunta, y nos vamos a la mente:
"¿Es esta la respuesta correcta? ¿Es esta la respuesta correcta?
¿Es esta la pregunta correcta?"

Es como tomar una pequeña semilla, sembrarla, regarla, y al día siguiente, venir y sacarla de la tierra para ver si ya está creciendo. Y cuando no creció, le dices: "¡No! ¡Estúpida semilla! Aún no hay flor".

Entonces la vuelves a plantar y la vuelves a regar y al día siguiente la agarras y dices: ¿Has crecido ya? Digo… ¿Hola? ¿Es eso culpa de la semilla? No. No le has dado tiempo para germinar y echar raíces.

Tengo una sugerencia diferente para ti:
Literalmente, después de hacer una pregunta: ¡CÁLLATE!

Ahora, cuando les digo eso, puede que les parezca poco amable a algunos de ustedes, así que les pido disculpas. *¡Y simplemente cállense!* ¿Ok?

Haz una pregunta y solo quédate en silencio por un momento… una hora… un día… o un mes… y deja que la energía impregne tu universo.

No una respuesta correcta, es una energía.

Esa energía es el resultado de la pregunta que acabas de hacer. Siempre que haces una pregunta una energía "aflora". Se hace presente. Hace que la conozcas. Y es esa energía la razón por la que hiciste la pregunta en primer lugar.

Este es el porqué de que hicieras la pregunta en primera instancia: para abrir la puerta para obtener la energía que te guiaría a aquello por lo que estabas preguntando.

Así que hagamos una pregunta:

¿Qué regalo puede ser este libro para ti, que ni siquiera lo imaginaste cuando lo compraste, tomaste prestado, encontraste, robaste o te fue regalado?

Ahora, querido amigo, cállate y lee :)

Más allá de esta
realidad

NOTA PARA EL LECTOR

¿Qué es energía?

¿Alguna vez le has dado un abrazo a alguien y has sentido que podrías quedarte ahí para siempre… derritiéndote… compenetrándote con la persona a quien estás abrazando? Y por el contrario, ¿alguna vez has abrazado a alguien y sentido como si estuvieras abrazando a una roca con piernas?

¿Son estas, dos experiencias diferentes? Entonces, sabes a lo que me refiero cuando hablo de energía. Esas son dos experiencias energéticas totalmente diferentes: dos "energías" totalmente diferentes.

Es así de simple.

(En otro nivel, también puede ser infinitamente complejo –y parte de lo que estaremos explorando juntos en este libro.)

Imagínate a ti mismo caminando en un espeso y profundo bosque. No hay caminos, sólo senderos hechos por gnomos y ninfas. Los rayos del sol se tornan verdes por el techo de hojas.

Caminas sobre esta Tierra viviente y hay suavidad bajo tus pies. Hay un pájaro carpintero golpeando suavemente tu corazón, mientras aspiras el aroma del verano…

Ahora, cierra tus ojos y quédate quieto por un segundo escuchando el bosque.

¿Cómo eres?

El bosque no tiene juicios sobre ti, ni realidad que validar. Es uno de los lugares en los que Ser es fácil.

Ahora, cierra de nuevo tus ojos y camina por la calle principal del pueblo en que vives o por la oficina donde trabajas… o sube las escaleras hacia la casa de tus padres.

¿Hay alguna diferencia en cómo eres?

¿Cuál es? ¿Cómo sería si tu ciudad, y todos en ella, te recibieran sin juicio como lo hace el bosque? ¿Quién –y cómo– podrías elegir ser entonces?

Todo lo que no te permita elegir eso ahora mismo, por favor, ¿lo destruyes y descreas? Acertado y equivocado, bueno y malo, POD y POC, todos los 9, cortos, chicos y más allás.

Introducción • 21

Capítulo 1
Tu realidad y el universo del libre albedrío

Antes de continuar, definamos REALIDAD...

A lo que me refiero con realidad es básicamente la forma común, promedio y ordinaria en que todos aprenden a funcionar en este planeta —las cosas que todos tenemos en común— y las cosas que PENSAMOS que son REALES, sin realmente pensar en ellas. Son todas esas cosas que parecen que simplemente SON, a tal grado que con frecuencia ni siquiera las cuestionamos.

Para crear una realidad, tiene que haber dos o más personas que se alineen y estén de acuerdo con un punto de vista. En otras palabras, una realidad se crea en cualquier momento en que dos o más personas concluyen; "Así es como es", aun cuando no lo hagan cognitivamente. Es así de hecho como se crea una realidad. ¿Sabías eso?

Así que, cuando digo "esta realidad", en realidad estoy hablando de lo que se te dio cuando naciste: las reglas y normas de tu familia, las reglas y normas de tu sociedad, las reglas y normas del planeta, todas las leyes físicas de la realidad (todas esas cosas).

Por ejemplo, las reglas de esta realidad dicen que no puedes mover tu cuerpo de aquí a Fiji instantáneamente. Yo digo: ¿Por qué no?

¡Cambiemos eso! ¿No sería mucho más divertido?

Puede ser que no logremos cambiarlo hoy, pero vayamos en esa dirección y veamos qué aparece. Como el orador motivacional del bachillerato, que cambió mi vida con la frase de: "¡Apuntemos a la luna! Si erramos y le damos a las estrellas, no estará ni la mitad de mal."

En vez de ello, estamos intentando hacer que todas las partes de esta realidad funcionen correctamente, de manera que podamos ser felices —en lugar de crear lo que realmente querríamos tener, aun si fuera algo totalmente diferente a esta realidad. Pensamos que debe haber algo bueno sobre esta realidad, ya que todos la están eligiendo y todos nos están diciendo que es correcta. Quiero decir, debe ser correcta, ¿no es cierto?

El escenario que se desarrolla en nuestras cabezas es algo como: "El juicio debe ser correcto. La familia debe estar bien. La escuela debe ser buena. El dinero debe ser correcto. Yo soy probablemente el único que no lo entiende bien y sigue sintiéndose mal". Pero, ¡¿qué tal si todas estas cosas que se supone están "bien", están mal para ti?!

¿Y si hubiese una forma totalmente diferente de ver esto? He aquí una posibilidad a considerar:

La realidad que te han dado no funciona. Ya no tienes que elegirla si no quieres hacerlo. Teniendo consciencia de esto, ¿qué es lo que verdaderamente te gustaría elegir como tu vida?

Si verdaderamente supieses que este es un UNIVERSO DE LIBRE AL-BEDRÍO, ¿qué empezarías a elegir de inmediato?

¿Y si tú fueras el maestro de tu universo?

¿Has escuchado que vivimos en un universo de libre albedrío? Nos dicen que esta es una de las leyes del Universo, una de las formas en que este extraño y loco lugar funciona.

Mi pregunta es: Si eso es verdad, ¿por qué nuestras vidas se ven como se ven? ¿Por qué se ve el mundo así?

Si es un universo de libre albedrío, ¿por qué continuamos creyendo que no podemos elegir cambiar? ¿Cambiar nuestra situación con el dinero? ¿O la forma en que se siente nuestro cuerpo? ¿O la relación que seguimos creando una y otra y otra vez con la misma persona, sólo que con un cuerpo distinto?

¿Y por qué continuamos eligiendo trauma y drama, pobreza, infelicidad, separación, rabia, odio y juicio? ¿Por qué es que, al parecer, somos incapaces —o no estamos dispuestos— a cambiar todo eso?

Puede que seamos lindos, pero definitivamente no somos tan listos. Mi punto de vista es que algo no estamos entendiendo en relación a la idea de que este es un universo de libre albedrío.

Así que, lo que yo quisiera hacer es tomar la idea de un universo de libre albedrío e invitarte a reconocerlo. En otras palabras, usemos tu poder para elegir y tu poder para cambiar. Usémoslos para cambiar el pasado que ha sido una limitación, y no ha funcionado, y para crear un presente diferente y un futuro diferente —en el que tú **eres tú y cambias al mundo.**

¿No suena esto como algo divertido? ¡Así me pareció!

Al parecer, todos tenemos esta idea, este punto de vista, de exactamente qué es lo que se va a requerir para tener lo que deseamos en la vida.

¿Qué tal si algo totalmente diferente fuera requerido? ¡Debe ser así!

Si no tienes el mundo en el que te gustaría vivir y la vida que te gustaría tener, entonces lo que pensabas que se requiere para conseguirlo... debe ser incorrecto.

¿Tiene eso sentido?

Mientras sigamos estancados en el punto de vista de que el cambio solo puede suceder en la forma en que hemos decidido que va a ocurrir (y que no está funcionando), estaremos siempre buscando en la dirección equivocada la fuente del cambio. ¡Todos nosotros!

¿Estarías dispuesto a soltar, destruir y descrear —al menos durante el tiempo que te tome leer este libro— todas las proyecciones, expectativas, separaciones, decisiones, conclusiones, juicios, rechazos y puntos de vista que te has comprado sobre lo que tendría que pasar para cambiar tu vida (y el mundo)? Acertado y equivocado, bueno y malo, POD y POC, todos los 9, cortos, chicos y más allá.

Gracias. ¿Qué otra cosa puede mostrarse ahora? Quiero decir, realmente, ¿qué tienes que perder?

Hallando el universo del libre albedrío
(O, al menos, como empecé yo a encontrar el mío...)

Verás, yo solía tener muchas respuestas, o al menos pretendía tenerlas.

Hace diez años, estaba empezando mi segunda práctica como quiropráctico y hasta tenía algunos pacientes. Estaba ganando casi lo suficiente como para pagar mi renta. ¡Oh, qué alegría! Tenía todo lo que se supone que debía hacerme feliz aquí, excepto montones de dinero, pero eso no era importante para mí. Había probado cada una de las modalidades para la paz interior que pude encontrar, pero, aun así, me estaba muriendo por dentro.

Así que le dije al Universo: *"Tienes 6 meses o me voy a matar. He estado aquí trabajando para ti, tratando de llevar consciencia a las personas, tratando de cambiar sus vidas y sus cuerpos y tratando de cambiar las cosas para mejorar el planeta, y nada se me está devolviendo. ¡Odio despertar por la mañana! Si es así como tiene que ser: perfecto. Pero yo me voy a matar. O cambian las cosas o me voy de aquí."*

No solo me refería a salir de mi relación o a dejar Santa Bárbara, me refería a abandonar la vida.

"Tiene que haber un lugar más feliz, algún otro cuerpo, alguna otra vida. Regresaré como gitano o un isleño en el Pacífico, donde pueda pasar el rato por las islas todo el día. O tal vez regresaré como Rockefeller y tendré muchísimo dinero. Debe haber algo diferente. Debe haber algo mejor. ¿¿¿Tal vez en algún otro planeta...???"

Estaba dispuesto a terminar con todo, pues llegué al punto en el que lo que yo había logrado, no era suficiente. Yo lo sabía, y eso me dio este espacio de ser capaz de no considerar como valioso lo que había decidido que era valioso en el pasado.

Todo lo que yo había decidido que era valioso, lo tenía. Y no era valioso. ¿Sabes a lo que me refiero? ¿Alguna vez has estado, aunque sea brevemente, en ese lugar? Si es así, este libro probablemente tendrá mucho sentido para ti.

Literalmente, una semana después de hacer esta demanda, vi un anuncio en el periódico. Un pequeño anuncio clasificado. Decía: *"Access. Todo en la vida viene a mí con facilidad, gozo y gloria"*, y tenía el número de teléfono de una chica.

Mi reacción fue: *"¡Pollyanna puso un anuncio en el periódico!"* Estaba furioso. *"¡Mi vida es dolor, sufrimiento y sangre y horror! ¡¿De qué está hablando?! Facilidad, gozo y gloria. ¿Qué es eso?"* Literalmente, hice una bola el periódico y lo lancé lejos. Ahora bien, este periódico sale una vez por semana en Santa Bárbara, y la siguiente semana vi el anuncio de nuevo. *"Access. Todo en la vida viene a mí con facilidad, gozo y gloria."*

¡ARGHHHH!

Pero mucho antes de ver este anuncio, yo me había dado cuenta de que, si estás en total resistencia hacia algo, es porque probablemente hay algo ahí para ti, solo que aún no sabes qué es. Así es que, ya que lo único que yo quería era matar a la persona que había puesto el anuncio en el periódico, la llamé e hice una cita…

Llámenlo inspiración divina, llámenlo locura, llámenlo ir a buscar un bote salvavidas justo antes de que el *Titanic* (que era entonces mi vida) se hundiera finalmente en el abismo… esa llamada telefónica, literalmente me dio acceso a mi vida, y no he sido capaz de meterme de nuevo en la caja que solía ser yo. Estoy muy, muy agradecido.

Tuve una sesión con esta chica, una sesión de las Barras de Access, un simple proceso que consiste en tocar ciertos puntos en la cabeza de la persona. Después de esta sesión, tuve mi primera sensación de paz después de casi tres años. Fue la primera vez que recuerdo haber sabido que todo estaba bien, siempre lo había estado y siempre lo estaría… y nunca más volví a contemplar el suicidio.

Una herramienta, una cosa, un proceso que tomó como una hora… con alguien que yo ni siquiera conocía antes… y eso cambió la energía de mi vida y de lo que yo sabía que era posible.

Eso es lo que estoy esperando compartir contigo en este libro: la consciencia energética de que una energía diferente también es posible, para ti.

Porque es la energía de tu vida lo que estás buscando cambiar.

Solía hacer todas estas cosas, todas estas modalidades espirituales y pensar: *"Quiero cambiar esto y aquello…"* Pero, aunque la cosa cambiaba, si la energía seguía siendo la misma, no tenía importancia.

¿Sabes lo que quiero decir?

La vibración de ti

Cuando cambias la energía, las situaciones externas de tu vida cambian, como por arte de magia. Por ejemplo, ¿has notado alguna vez que la gente suele moverse más lento cuando tú estás muy apurado? ¿Has notado que cuando decides, por cualquier motivo, que ya no estás apurado, la gente es más rápida? Eso es porque cambiaste tu energía.

¿Alguna vez has entrado en un cuarto y has cambiado la energía del lugar sin siquiera intentarlo? ¿O has estado con un amigo que estaba pasando un mal día y cuando le hablaste o lo abrazaste se animó? ¿Qué creó ese cambio? ¿Fue lo que dijiste o alguna técnica psicológica –**o fue tu propio ser?**

Fue tu ser lo que los cambió. Es la energía de ser tú…la vibración de ti… la esencia de ti, que en realidad es la totalidad de ti, que es lo que existe más allá de todo lo que piensas. Eres tú, abarcando al mundo entero.

Una de las cosas que yo he descubierto que es verdad, es que, cuando das un paso a ser algo, tú simplemente te conviertes en esa energía. Eso invita a todos los que están a tu alrededor a serlo también –si están dispuestos a tenerlo.

Si no están dispuestos a tenerlo, coloca esa energía en su mundo, de manera que la puedan tener cuando estén listos. Cuando estén listos. Podría ser dentro de 20 años. Podría ser en un billón de años. ¿A quién le importa?

Tú simplemente estás accediendo a ser algo. El tener una nueva consciencia de algo y entonces elegirlo, permite a todos los demás en el planeta tenerlo, porque tú estás dispuesto a serlo.

Cuando das un paso a ser algo distinto, abres el espacio para que eso exista donde antes no había espacio para que eso sea.

Me gustaría invitarte a tomar consciencia de las vibraciones energéticas del ser, el ser que tú eres que tú nunca estuviste dispuesto a ver antes.

La energía que tú eres. La vibración que tú eres

Y, probablemente, eso es algo totalmente diferente a lo que jamás pensaste que podía ser. Completamente diferente.

Pero es algo que, cuando le permites que simplemente sea, la facilidad que siempre quisiste en tu vida se puede mostrar. El gozo se puede mostrar y las posibilidades se pueden mostrar –no desde un esfuerzo o pensamiento, sino solo porque estás siendo tú con tal presencia, que no pueden ser destruidas. Desde ese lugar, que, en realidad, no es un lugar, según lo conoces, creas cosas. Cambias cosas.

¿Estarías dispuesto a averiguar quién eres tú en verdad? ¿Estarías dispuesto a hacer la demanda de que tú te muestres? ¿Estarías dispuesto a familiarizarte con lo que realmente es verdadero para ti como ser?

Solo pídelo. Ahora mismo.

Al hacerlo, abrirás la puerta a un mundo diferente de posibilidades.

¡No tienes que saber cómo!

Es trabajo del Universo mostrarte cómo va a suceder eso. ¡Todo lo que tú tienes que hacer es hacer la demanda!

Luego sigues con tu vida y tu vivir y vas hacia donde el Universo te guíe. Muy facil. ¿cierto? Para el "cómo", sigue más adelante…

Oh, una cosa más… ¡SÉ QUE TÚ PUEDES HACERLO!

Hallando la energía de mí

Recibí este asombroso regalo hace 10 años, cuando Gary Douglas, el fundador de Access Consciousness, entró en mi oficina y me pidió una sesión. En ese entonces, estaba practicando una técnica de quiropractica que tenía tres "niveles de atención", y apenas había comenzado con las clases de Access.

Cuando entró, Gary dijo: *"Mira, sé que hay tres niveles de atención en lo que haces. Los primeros dos niveles no funcionan muy bien para mí. Lo siento. Tendrás que ir directo al tercer nivel".*

Básicamente, en mi cabeza, yo dije: *"¡Oh mierda! No tengo idea de qué hacer con este tipo".* Solo había tenido clientes para los niveles 1 y 2 en mi consultorio hasta ese momento, y no tenía idea de cómo tratar a alguien en el Nivel 3.

Sólo me quedé sentado, hasta que él me dijo: *"Mira, solo pregunta a mi cuerpo lo que quiere. Sigue la energía, sabrás que hacer".*

Una parte de mí fue a la conclusión, pensando: *"¿Qué? ¿Yo sabré que hacer? ¿Sabes quién soy? ¡Soy el más patético practicante de cualquier cosa en el planeta! ¡Soy el más grande idiota que hayas conocido! ¡Soy el que tiene una oficina del tamaño de un closet! ¡No sé nada!"* Otra parte de mí empezó a preguntar: *"¿Sí sé?"*

Cuando empecé a trabajar en él, estaba en un espacio completamente diferente. **¡Sabía que hacer!** No cognitivamente, no en ninguna forma que pudiese describir en ese momento. Pero mi ser sabía. Había un saber en mí.

En ese momento, entré en un espacio de ser que yo no sabía que existiera previamente. Entré a ser yo. En ese espacio, tuve acceso a mí y a mi saber. Ahí no había pensamiento: solo saber.

En cierto momento, mientras estaba trabajando en él, estaba parado como a 5 metros de él, del otro lado del cuarto, y él estaba saltando sobre la mesa como pescado. Yo estaba moviendo mi mano en el aire, solo porque "se sentía" que eso era lo que tenía que hacer. Cada vez que yo movía mi mano a la derecha, su cabeza volteaba a la derecha. Cada vez que yo movía mi mano a la izquierda, su cabeza volteaba a la izquierda.

¡Él estaba boca abajo! Él no me podía ver para nada.

Esa primera sesión que tuve con él, fue la primera sesión que hice de algo que ahora llamo Síntesis Energética del Ser (ESB). Fue el principio de una forma enteramente distinta de trabajar con los cuerpos utilizando la energía del cuerpo y el ser para borrar la limitación –y de manera permanente, en muchos casos.

Ahora viajo por el mundo facilitando a las personas con este trabajo de ESB. Uno de los más grandes regalos que recibo son los testimonios y las cartas de agradecimiento de las personas cuyas vidas han cambiado a partir de ello.

Por favor, ten en cuenta que TODOS NOSOTROS tenemos la capacidad para crear el mundo como un mejor lugar para nosotros mismos y para otros –simplemente con estar dispuestos a SER NOSOTROS y ser tan distintos como somos. Solo tenemos que averiguar qué es esto para nosotros y estar dispuestos a elegirlo. El mundo te necesita. ¡¿Qué estás esperando?!

¿Qué sabes que has estado pretendiendo que no sabes o negando que sabes sobre quién y qué eres en verdad? Yo no sabía lo que sabía hasta que me convertí en ello. ¿En qué te puedes convertir, si tan solo te permites "soltar, confiar y ser eso"?

Hallando la energía de tu ser

Si nadie nunca te enseña cómo ser, ¿cómo puedes entrar en la consciencia de cómo es ser tú?

Una cosa que te puede servir es buscar en tu pasado los momentos en que elegiste en verdad ser tú. Fueron esos momentos en los que no tenías pensamiento, ni juicio, sino una paz total y un gozo por tan solo ser tú, sin ningún punto de vista. Oh sí, probablemente también tuviste una sensación de exuberancia y posibilidad. Esos fueron los momentos en los que estabas siendo tú.

Déjame darte un ejemplo de mi vida que podría ayudarte:

Un año, me ofrecí como voluntario para participar en la Carrera Ciclista de California por el SIDA. Es un recorrido de 600 millas en bicicleta que dura una semana, en la que vas de San Francisco a Los Ángeles.

La razón por la que me ofrecí para participar como voluntario en este maravilloso evento es porque un año antes, en mi último año en la escuela de quiropráctica, me ofrecí de voluntario como estudiante de quiropráctica para tratar a los participantes de este mismo evento. Todo el dinero recaudado por los ciclistas estaba destinado a servicios para personas con VIH o SIDA. Nosotros éramos los que ayudábamos a los corredores durante la semana. Como quiroprácticos voluntarios, íbamos al frente de todos, tratando a los participantes que desesperadamente necesitaban nuestros servicios.

Muchas veces, a lo largo de todo el evento de una semana, se me salieron las lágrimas debido al valor de los participantes que tuve la fortuna de atender. Había abuelas, abuelos, hermanos, hermanas, amantes, padres y amigos, participando porque los que amaban tenían VIH o estaban muriendo de SIDA.

Había personas con VIH que estaban participando para decir a la enfermedad: "¡No te pertenezco! ¡Puede que algún día me mates pero no será hoy, y no va a ser sin dar batalla!" El valor que tenían estas personas y su ausencia de juicio, y el sentido de comunión que todos compartimos, me han inspirado hasta hoy.

Esta carrera fue el único lugar en el que había estado con un grupo suficientemente grande de personas, en el que nadie juzgaba a nadie. Fue una de las primeras veces que experimenté que todos estaban ahí para ayudar y empoderar a todos los demás. Había una grandiosidad que yo percibí posible en eso y me dije a mí mismo: *"¿Sabes qué? ¡Tengo que contribuir con esto. ¡El próximo año yo voy a participar en esta maldita carrera!*

Aunque no había manejado una bicicleta desde que tenía 16 años, hice la demanda de que conseguiría una bicicleta y aprendería a manejarla. Le compré su bicicleta a un compañero estudiante de quiropráctica que había sido ciclista. Empecé muy lentamente al principio y me entrené por varios meses. Hice todo lo que pude para reunir los $2,500 que se requerían para participar, y algunas personas sorprendentemente generosas me hicieron una donación para que pudiese proseguir con ese sueño.

Finalmente, después de meses de preparación, recaudación de fondos y, de hecho, aprender a andar en bicicleta de nuevo, ¡estaba en la carrera! Iba pedaleando al lado de personas que seguramente nunca habían sido capaces de andar 600 millas en bicicleta y que estaban participando ahí porque significaba mucho para ellas. Como sucedió el año anterior, la carrera abrió mi ser a una consciencia completamente nueva de lo que nosotros, como personas trabajando juntas, somos capaces.

En las colinas donde el camino era realmente largo, muchas personas pensaban: *"No creo que pueda lograrlo, creo que antes voy a morir"*. Con muchas de ellas, fui hasta arriba de la colina y luego bajé de regreso, animando a las personas desde el otro lado del camino, y luego volvía a subir la misma colina todavía animándolos y gritando: "¡Corredores, ustedes pueden! ¡Esta colina no los puede detener! ¡Ustedes están acabando con ella! ¡Vamos, corredores!"

Esta fue una de las primeras veces en mi vida adulta en la que estuve claro, sin lugar a dudas, de que yo estaba siendo una contribución para otras personas. Cuando estas personas vieron que le importaban a alguien lo suficientemente como para animarlos, (y recorrer esa sorprendente colina tan larga dos veces) fue algo que, a muchos de ellos, les dio fuerzas para continuar.

Una dama, que, aparentemente recordó el número de mi registro y mi bici, se me acercó en una parada de descanso y me dijo que el hecho de que yo hubiese regresado por la colina y animado a los ciclistas a seguir, la inspiró para continuar ese día. Dijo que estaba casi exhausta y pidió ayuda a Dios, y 20 minutos más tarde yo pasé animando a todos como un loco. Ella dijo que rio y lloró y continuó. En ese momento lloré, nos abrazamos, y me di cuenta del regalo que todos podemos ser, unos para otros, sí.

En ese dar yo también estaba recibiendo mucha contribución simultáneamente; es difícil ponerlo en palabras. Así que espero captes la energía que te estoy tratando de transmitir.

Este es uno de los ejemplos que tengo de mi vida y de cómo se siente cuando verdaderamente estoy siendo yo, sin juicio, sin punto de vista, aunque también con una sensación de exuberancia y posibilidad.

Cuando participé en este evento, subiendo y bajando las colinas por segunda vez, ya no pude negar más cómo se siente la energía de ser yo. *¿Cuánta energía has usado en contra de ti, para negar la energía de cómo es en verdad ser tú? Todo lo que eso es, ¿lo destruyes y descreas, por favor ¿Y reclamas y reconoces lo sorprendente que realmente eres? Acertado y equivocado, bueno y malo, POD y POC, todos los 9, cortos, chicos y más allá.*

Esa semana cambió toda mi vida, y he sido diferente desde entonces. En parte, es la razón por la que tuve el valor para mantenerme vivo cuando realmente quería matarme. En algún lugar, sabía que la energía y posibilidad de ser estaban ahí, porque de alguna manera nunca pude negarlo totalmente después de la experiencia que tuve en la Carrera por el SIDA. Yo sabía que estaba ahí. Simplemente no podía acceder a ello en ese momento.

¿Por qué esta historia de mi vida? Para llevarte a ver la tuya. ¿Cuándo has sido tú, tan dinámicamente, tan incuestionablemente tú, con la exuberancia, la paz y el no-juicio que sabes que realmente eres?

No todo el mundo tiene la ocasión de participar en una Carrera por el SIDA, así que déjame darte un ejemplo ligeramente diferente. Cuando tenía 6 años, mi madre me llevó a Idaho a visitar a mis abuelos, tías, tíos y otros miembros de la familia. Una de las cosas grandiosas de esos años en un pequeño pueblo en Idaho, era que un niño de 6 años podía ir caminando a la tienda por su cuenta.

¡Eso fue justo lo que hice! Fui a la tienda y me llevé todo el dinero que recibí de mi último cumpleaños (que había estado guardando para mi viaje) y lo usé todo para comprar latitas de brillo para los labios para mi abuela y cada uno de mis tías y tíos que iba a visitar.

¡Me dio tal gozo entregar a cada uno mi pequeño regalo! Aparentemente a ellos también les dio alegría. Ellos sonrieron y la mayoría lloraron, especialmente cuando, sin que yo lo supiera, mi madre les contó que había gastado todo mi dinero, había ido solo a la tienda y había comprado estos artículos porque quería darles un regalo.

Este es otro ejemplo al que he recurrido cuando he querido saber lo que se siente ser yo. Pienso en la generosidad que tuvo ese niño de 6 años y esa disposición para gastar hasta su último centavo para hacer felices a otros. Pienso en eso siempre que tengo una sensación extraña sobre el dinero o en cualquier momento que me estoy juzgando. De alguna manera, me recuerda que siempre hay algo más que puedo elegir.

La pregunta que realmente es importante aquí es… ¿¿¿Qué más hay disponible para que elijas… que no has elegido… tal vez, desde hace mucho tiempo???

Todo lo que no te permite ser todo lo que verdaderamente puedes ser, por favor, ¿lo destruyes y descreas ahora? Acertado y equivocado, bueno y malo, POD y POC, todos los 9, cortos, chicos y más allás.

Tener tu realidad no es sobre nadie más, ni requiere el punto de vista de nadie más, ni depende de nadie más para que tú la tengas. ¡La puedes tener ahora! (Si así lo demandas.)

¿Estarías dispuesto a demandar que más de tu vida se muestre de esa manera ahora? Y todo lo que no permita que eso se presente para ti, ¿lo destruyes y descreas ahora, por favor? Acertado y equivocado, bueno y malo, POD y POC, todos los 9, cortos, chicos y más allás.

¿Podrías, por favor, ver ahora tres momentos en tu vida en los que en verdad SABÍAS que estabas siendo tú, y escribirlos aquí abajo, con algunos detalles para estimular tu memoria? Fueron momentos en que no tuviste juicio, sino una paz total, el gozo de estar vivo y, probablemente también, una sensación de exuberancia. Espero que los ejemplos que te he dado te sirvan. No lo pienses mucho. Solo sigue los primeros tres ejemplos que te vengan a la mente. Y si tienes más de tres, por favor, sigue escribiendo. Por favor, utiliza otra hoja si te hace falta.

1. _____
_____
_____

2. _____
_____
_____

3. _____
_____
_____

Si usas estos tres ejemplos que acabas de escribir, te darás cuenta de lo que es verdaderamente ser tú, de manera que tengas a donde apuntar, algo que recordar como la energía de ti y algo para pedirle al Universo de lo cual te dé más. Estos ejemplos son lo que se siente cuando verdaderamente estás siendo tú. Esa sensación, esa energía, ahora es tu punto de partida.

Durante los siguientes 3 días, cada vez que pienses sobre esto, solo recuerda uno de estos momentos en que en verdad estabas siendo tú y haz esta pregunta: "¿Qué se requiere para que más de esto se muestre ahora?"

¡Ahora ya estás en camino para tener más de ti! ¿Cómo puede mejorar eso?

~~~

Logrando el vivir que verdaderamente deseas: tú, el Universo y la burbuja de energía

A la mayoría de nosotros nos han dicho que, para poder crear algo, necesitamos poner nuestro deseo "allá afuera" para poder crearlo. He hallado que es justo lo opuesto. Descubrí que invitar a lo que te gustaría que fuera tu vida es mucho más efectivo. ¿Quieres probar? (Por favor, ten en cuenta que esto NO ES visualización. Es creación por petición al Universo. Es una forma de pedir y recibir del Universo infinitamente dador en que vivimos, simplemente hablando su idioma: el de la energía.)

¿¿¿Listo para algo diferente???

Aquí va: Llama la energía de lo que en verdad te gustaría tener como tu vida. "Si pudieras pedir cualquier cosa, ¿qué sería? Si no hubiera ABSOLUTAMENTE NINGUNA LIMITACIÓN en tu mundo con respecto al tiempo, dinero, capacidad creativa y generativa, ¿qué pedirías?

Si tuvieras una varita mágica que pudiera hacer que cualquier cosa se convierta realidad para ti ahora, ¿qué elegirías ahora mismo? Ahora, percibe cómo se SENTIRÍA que todas esas cosas se presentaran para ti.

No lo pienses demasiado, solamente pídelo: ¡sea lo que sea!

¿Te gustaría tener una casa agradable que tenga una sensación particular?

No te digo que te imagines una casa de 4 recámaras, 3 baños… No, ten la sensación de cómo se sentiría tener el lugar en el que te encantaría vivir.

¿Te gustaría poder viajar? ¿Te gustaría hacer un trabajo que disfrutaras completamente? ¿Que todos los días cuando fueras a hacer lo que sea que quieras hacer, fuese emocionante, gozoso, novedoso y que cambie todo el tiempo y te diera más de ti mismo cada día? ¿Sería eso, emocionante para ti? Ten la sensación como se sentiría eso también. Solo te estoy dando algunas posibilidades, puedes agregar cualquiera cosa que desees por tu cuenta. También ten la sensación de cómo se sentiría eso.

Solo te estoy dando algunas posibilidades, puedes agregar cualquier otra cosa que desees.

Así que ten la sensación de cómo se sentiría eso, coloca esa energía frente a ti, algo así como una burbuja de energía, si te parece. Ahora, ¿qué tipo de relaciones y/o sexo te gustaría tener ahí? Si pudieras tener cualquier cosa en ese ámbito, ¿cómo se sentiría tener eso, despertar con eso, tener eso en tu vida, tenerlo a tu alrededor, contigo?

¿Qué tipo de relaciones tendrías con tu familia, tus amigos? ¿Qué tipo de relaciones tendrías con el planeta y con las plantas? ¿Con los animales? ¿Con los océanos? ¿Con la misma Tierra y con el suelo bajo nuestros pies? ¿Qué tipo de diversión te gustaría permitirte tener y ser? Capta como se sentiría eso.

¿Cómo te sentirías en lo cotidiano si pudieras tenerlo? Y pon eso también ahí adentro.

Ahora, jala energía desde todo el Universo hacia esa " burbuja de energía" de sensación.

Sigue jalando. Más. ∽ ∽ ∽ *Más.* ∽ ∽ ∽ *Más.* ∽ ∽ ∽

Y aún más…

El Universo es muy grande y desea regalarte, así que… ¡jala más! Ahí. ¡Eso es!

Lo que debería estar pasando es que tu corazón se esté abriendo mientras jalas más energía hacia las cosas que deseas. Realmente es un Universo grande, así que no te detengas donde estás. ENORME Universo. Gracias.

Jala energía hacia eso desde todo el Universo, sigue jalando, sigue jalando, y sigue jalando hasta que tu corazón realmente se abra.

Cuando lo haga… sé con esa energía por un momento… y entonces… deja salir hilillos hacia todos y todo en el Universo que va a ayudar a que eso sea una realidad para ti, en todas partes del Universo, que aún ni siquiera conoces.

Esta "burbuja de energía" que creaste a partir de la sensación de cómo se sentiría que tu vida se muestre en la forma en que tú la deseas, en realidad no se basa únicamente en sensaciones. Se basa en tomar consciencia de la energía que estaría ahí, si de hecho tuvieras lo que estás pidiendo. Es sólo que "el tener la sensación" es la forma más fácil de describirlo.

Así que sigue esa "sensación", porque estarás siguiendo la energía del vivir que te gustaría crear. Después de todo, tú lo elegiste. ¡Vamos a crearlo! *Todo lo que no permita que eso se muestre, por favor, ¿lo destruyes y descreas ahora?* Acertado y equivocado, bueno y malo, POD y POC, todos los 9, cortos, chicos y más allás.

Todas las proyecciones, expectativas, separaciones, juicios y rechazos que tienes acerca de lo que tiene que ser la vida, que no permiten que tu vivir sea lo que podría ser, ¿lo destruyes y descreas, por favor? Acertado y equivocado, bueno y malo, POD y POC, todos los 9, cortos, chicos y más allás.

Esa es una forma de tener una energía que puedes seguir para generar el vivir que tú deseas. Cuando algo se muestra que tiene esa energía en ello (en otras palabras, cuando se siente esa sensación que tiene la "burbuja de energía"), puedes elegir ir hacia ahí.

Por ejemplo, si estás decidiendo entre dos trabajos diferentes, y uno se siente mucho más como esa energía, toma ese. O si estás decidiendo entre dos personas diferentes para tener una cita, y una tiene más la sensación de esa burbuja de energía, sal con esa persona. Y así sucesivamente… con la comida, los autos, viajes, casas, cursos a los cuales asistir, libros por comprar, etc. ¡De esa forma, sabrás si una persona, una clase o un libro va a contribuir a la vida que te gustaría tener antes de gastar algo de tiempo o dinero en eso! ¿Cómo puede mejorar eso?

Ahora, podrás acercarte a esta energía de tu vivir, podrás alejarte de ella –pero SIEMPRE podrá ser una toma de consciencia de cómo es elegir por ti.

Puedes usar esto como una prueba de fuego para algo que vayas a elegir:

¿Se siente esto como esa burbuja de energía? ¿Va esto a acercarme más a lo que deseo? ¿Me da esto más de mí mismo? ¿Me acerca esto más a tener más de mí o me aleja mucho más?

Entonces, al menos sabrás –¡tú sabes!– y podrá ser una directriz para cada elección que hagas desde ahora.

La energía de ti, la energía de tu vivir.

---— HERRAMIENTA ———

Ligero = verdadero. Tú simplemente SABES.

Prueba con la energía de las palabras en este libro.

¿Cómo llegan a ti? ¿Ligeras o pesadas?

Ahora, por favor, ten en cuenta que lo que es verdadero siempre te hará sentir más ligero. Una mentira siempre te hará sentir más pesado.

Si te hace sentir más ligero, es verdadero para ti –por más extrañas que las palabras puedan sonar. Puede que no sea verdad para nadie más. Aun así, será verdad para ti.

Déjame decir eso de nuevo:

Algo que es verdad para ti, siempre te hará sentir más ligero. Una mentira siempre te hará sentir más pesado.

Si, ahora ya dije eso dos veces. Pero dos veces tal vez no sea suficiente para que me creas. Verás, una de las reglas de esta realidad es que se supone que tú no seas capaz de simplemente saber.

Sin embargo, es una de tus capacidades más básicas.

Esta es una manera de saber todo lo que está correcto – para ti – y todo lo que está "equivocado"–para TI. Pero como se nos han enseñado que no podemos simplemente SABER, pasamos toda nuestra vida tratando de descifrar o interpretar todo.

¿Qué tal si simplemente SABES? ¿Y si es mucho más simple –y mucho más rápido– que tratar de descifrar cualquier cosa? ¿Qué es más rápido: pensar o saber? ¡Saber! ¿Cierto?

¿Qué tal si lo que es verdadero para ti simplemente te hace sentir ligero? Y lo que no es, no. ¿No has querido toda tu vida tener una manera fácil de darte cuenta de lo que es verdadero para ti?

¿No haría tu vida eso, MUCHO más fácil? Bueno, entonces, aquí va de nuevo:

La verdad siempre te hará sentir más ligero. Una mentira siempre te hará sentir más pesado.

Así que, aun si lo que lees aquí es contrario a todo lo que pensabas antes de abrir este libro, si lo que lees te hace sentir más ligero, es que probablemente es verdadero para ti.

Si te hace sentir más pesado, entonces es una mentira. Así que, si lees algo en este libro que te haga sentir pesado, es que no es verdadero para ti en lo personal o está en conflicto con algo que en el pasado decidiste que era verdadero. Y si realmente no es verdadero para ti, ¡NO TE LO COMPRES! Aun así, puedes recibir todas las otras partes de este libro que sean verdaderas para ti.

Ahora, lo realmente raro en esto es: algunas de las mayores limitaciones que creamos son las cosas que decidimos que son verdaderas... que, de hecho, no lo son.

Digamos que decides que tu madre verdaderamente te odia. O digamos que decides que hay una falta de cuidado y amor en el mundo. Prueba con esto. ¿Te hace eso sentir más ligero? Si es así, es verdadero. Si te hace sentir más pesado, es una mentira.

Por favor, date cuenta de esto: cuando nos compramos un punto de vista de otra persona, incluso si es verdadero para ellos, igualmente, siempre te hará sentir más pesado, si no es verdadero para ti. No es tu punto de vista, hermoso y dulce tú.

Lo que es verdadero para ti siempre te hará sentir más ligero. Siempre. Si es pesado, o es una mentira o no es tu punto de vista. Punto. De verdad. Honestamente.

En este libro veremos muchas de las cosas que puedes haberte comprado como verdaderas para ti, aun cuando no lo eran y aunque ya no te sirvan. ¿Estarías dispuesto a elegir algo completamente diferente ahora?

¿Cómo? Este es el principio.

¡Por favor, usa esta herramienta mientras estés leyendo este libro! Una y otra vez y otra vez haz la pregunta: *¿ligero o pesado?*

Aunque pienses que no sabes lo que es eso o cómo se siente. Al hacer esta pregunta (que en realidad es aplicar una herramienta muy simple pero muy dinámica) obtendrás la consciencia de lo que se trata esto de ligero o pesado.

Como lo puso una mujer en una clase que yo estaba dando: *"Yo preguntaba si las cosas eran ligeras o pesadas, pensando que no estaba logrando nada. Y luego, 1 día, 3 semanas más tarde, simplemente SUPE, hice una pregunta ¡Y SUPE! Y en lugar de irse, ese saber ha continuado creciendo. Claro, lo niego algunas veces (principalmente cuando quiero elegir algo que sé que no va a funcionar bien para mí), pero esta única herramienta ha cambiado TODO para mí. ¡Gracias!"* L.H., Denver, Colorado, E.U.A.

Aquí está otra manera de usar esta herramienta: si algo se siente ligero para ti cuando escuchas hablar sobre algo en particular o piensas en hacerlo, entonces eso es usualmente el resultado que se creará en tu vida, si eliges hacerlo. Si se siente pesado cuando piensas en hacerlo, ese es usualmente el resultado que se va a crear.

O sea, por ejemplo, digamos que estás en tu cafetería local, tomando tu café de triple cafeína con las calorías extras de cuádruple azúcar con caramelo y doble crema batida e inicias una conversación con un hombre realmente atractivo. Con todo y que parece hacer una mueca sobre tu elección de café, mientras que ordena su té de hierbas sin crema, sin teína y sin azúcar, te invita a salir. A pesar de que no sabes por qué, sientes una extraña pesadez en ti en cuanto él te hace la propuesta. "Esa pesadez" es una indicación de lo que pasará si aceptas la invitación a una cita. ¿Por qué? Porque, en cuanto te propone salir, puedes ver el futuro que ocurrirá si dices que sí o que no. Simplemente, LO SABES y es así como funciona esto.

Tú sabes, aunque no desees saber que sabes estas cosas. Pero si retrocedes en tu vida, ¿no lo has sabido siempre? ¿No has estado siempre consciente cuando algo no iba a resultar bien para ti? Con este ejemplo, ni siquiera tienes que ir a la cita para tener información de cómo va a resultar. Algo que se siente más ligero, resultará más ligero: para ti.

En el caso de la cita antes mencionada, podría ser que el hombre atractivo no sólo era atractivo, sino también alguien con muchos juicios sobre las opciones de comida –o tal vez, es alguien que simplemente juzga en general.

En caso de que aún no lo hayas deducido, las personas que juzgan no son divertidas cuando estás con ellas. Siempre es pesado cuando te están juzgando –por cualquier cosa. (Aquí hay algo que es bueno saber: a no ser que sean tu familia, puedes elegir no juntarte con gente que juzga, si no quieres.)

Una cosa más: si quieres tener una vida llena de gozo, haz elecciones que te hagan sentir ligero cuando pienses en ellas, porque esas son las cosas que te conducirán a más ligereza cuando las elijas.

Más allá del
juicio

NOTA PARA EL LECTOR

Los reyes y las reinas del juicio

¿Por qué es que la persona más limitada siempre gana en este planeta?

¿Por qué siempre cedemos nuestra realidad y nuestra consciencwia y nos retraemos ante la persona con los puntos de vista más limitados y el mayor juicio?

¿A qué se debe que digas: *"¡Oh, deben tener razón porque me están juzgando muy duramente!""¡Oh, deben tener razón porque son tan malos!"*?

El que te juzguen con tal severidad no significa que tengan la razón, mi hermoso amigo.

Sólo significa que son el rey o la reina del juicio.

Capítulo 2
¡Soy! Por lo tanto estoy equivocado. ¿Correcto?

¿Tienes a alguien en tu vida que no te juzga para nada? ¿Aunque sea una persona?

Si tienes a una persona que no te juzga, ¿has notado lo sanador y nutritivo que es estar cerca de ella? ¿Cómo al estar 10 minutos en su compañía todo tu ser y tu cuerpo se relajan?

¿Y si tú fueses esa persona?

¿Para ti?

¿Cómo serías percibido si alguien estuviera dispuesto a percibir todo lo que eres sin juicio? ¿Cómo te percibirías a ti mismo, si estuvieras dispuesto a percibir todo lo que eres sin juicio?

¿No has querido eso toda tu vida?

Sin embargo, siempre le pones un criterio. Dices: *"Puedo tener eso si... soy perfecto."* O: *"Puedo tener eso si... coincide con lo que todos en mi vida saben que es posible."* O: *"Puedo tener eso si... finalmente me deshago de todo lo que he decidido que está mal en mí."* O: *"Puedo tener eso si... finalmente puedo lograr que mis padres (o mi persona especial) sean felices."*

¿Qué tal si en lugar de eso, dijeras: "Bueno, elegiré y demandaré dejar de juzgarme y dar el salto hacia lo que sería percibir, saber, ser y recibir todo lo que soy, sin juicio, así sea perfecto o no."?

Todo lo que no permita que eso se muestre, por un dioszillón, ¿lo destruyes y descreas, por favor? Acertado y equivocado, bueno y malo, POD y POC, todos los 9, cortos, chicos y más allás. Gracias.

¿Y si esa fuese la posibilidad? ¿Considerarías tener más de eso? ¿Aunque nunca nadie te enseñó cómo? Para mí, ese es un aspecto esencial de ser tú: percibir, saber, ser y recibirte a ti mismo sin juicio. Una de las mayores tristezas en este mundo para mí es que nadie nunca nos enseña que esto es valioso, ¡y ya no digamos cómo serlo!

La gente te enseña cómo encajar en esta realidad. Te enseñan cómo juzgar. Te enseñan cómo separarte de los otros y descalificarte; cómo tratar de ganar, cómo no perder y supuestamente cómo hacerlo bien aquí. Pero nunca nos enseñan cómo ser. Nos enseñan cómo pensar, cómo presentar exámenes, cómo conducir, cómo leer, cómo hacer matemáticas. Pero nunca te enseñan cómo ser.

Cuando hablo sobre esta idea de ser, no es algo que aprendas, sino que es algo que puedes elegir Ser. Frecuentemente ello conlleva mucho DESaprender de tu parte. ¿Qué pasaría si ser luciera completamente diferente de lo que habías pensado?

¿Qué pasaría si no hubiera nada incorrecto en ti?

¿Alguna vez te has dado cuenta de lo sanador y nutritivo que es estar cerca de niños pequeños? ¿Sabes por qué? Porque no estás siendo juzgado. Ellos te ven como un ser, sin ningún punto de vista. De hecho, te permites a ti mismo ser tú sin ningún juicio.

Los niños no tienen un punto de vista de que deberías ser de alguna manera diferente de lo que eres ahora mismo. Tú no tienes nada incorrecto ante sus ojos. ¿Cuánto en tu vida has pasado pensando que eres incorrecto?

Ok, esto es algo que yo sé:

No hay nada incorrecto en ti.

No eres una equivocación.

Eres uno de los más grandiosos aciertos que el Universo jamás haya visto…

Nos han enseñado a crear nuestras vidas enteramente a partir del juicio, excepto en esos raros momentos de espacio que tenemos en nuestras vidas. 99.999999999999 por ciento de tu vida estás funcionando a partir del juicio.

Ahora, lo increíble es que, aunque leas la frase anterior, dirás:

"¡Oh Dios mío! ¡Soy tan malo! ¡Estoy muy mal por hacer eso!"

Eso, mi hermoso amigo, es un juicio. Sobre ti. De nuevo.

Si no hubiera nada incorrecto en ti y nada que deshacer, ¿por dónde empezarías? ¿Dónde comenzarías? ¿Qué elegirías?

La mayoría de nosotros estamos tratando de deshacer lo incorrecto aun antes de comenzar. Sabemos que debe haber alguna gran equivocación inherente en nosotros, pues lo podemos sentir en nuestros huesos. Realmente es de lo único que estamos seguros.

Entonces piensas: *"Si tan solo pudiera tener la relación correcta o suficiente dinero o los hijos más lindos del planeta, entonces todo dejaría de sentirse equivocado."* Pero entonces logras todas esas cosas y aun así se sigue sintiendo mal. ¿Sabes por qué? Porque la idea de que hay alguna cosa incorrecta en ti es una mentira y no puedes convertir una mentira en verdad. ¡Solamente puedes reconocer que es una mentira y dejar de comprártela!

Así que veamos por un momento lo que es valioso en esta realidad… Una de las grandes cosas que es valiosa en esta realidad es el juzgar —como si eso fuera tener consciencia, como si fuera una forma de crear algo.

Pero cada vez que juzgas, te separas de la persona o cosa que estás juzgando; y para hacer eso, ¿no tienes también que separarte de ti mismo? *Todo lo que has creado e instituido para separarte de ti al comprarte la mentira de que juzgar es real y verdadero para ti, ¿lo destruyes y descreas, por favor? Acertado y equivocado, bueno y malo, POD y POC, todos los 9, cortos, chicos y más allás. Gracias.*

¿Tiene tu vida algo que ver contigo?

Una vez conocí a un hombre en una clase que estaba dando en Montreal. Diez años antes, él había llegado al punto en el que vendió su compañía e hizo más dinero de lo que nadie hubiera esperado hacer. Él estaba "preparado para vivir la vida". Tenía autos, tenía casas, tenía mujeres y tenía los cheques — y todo lo que él podía pensar era: *"¿Es esto todo?"*

Esta realidad te dice que si tienes suficiente dinero, si tienes cierto tipo de auto, un tipo de casa, un tipo de relación, entonces serás feliz y te sentirás satisfecho. *Pregúntate a ti mismo: ¿Es esto verdadero para mí?*

No importa en qué área tengas esa realidad como el estándar de una vida exitosa, cuando lo consigas, aún seguirá siendo insuficiente. ¿Por qué? *Porque no te incluye a ti.*

Las personas con las que trabajo me dicen: *"He estado teniendo esta relación, pero no tiene nada que ver conmigo."* Yo les pregunto: *"¿Cuánto del resto de tu vida tiene algo que ver contigo?"* Y se dan cuenta: *"Oh, Dios mío. Nada de ella."*

La mayoría de las personas que están viviendo sus vidas normales, comunes y ordinarias no se dan cuenta. Desde luego, esto va en contra de todo lo que hemos aprendido sobre validar los puntos de vista de las otras personas y defender esta realidad a cualquier costo.

Veo a mi alrededor y veo a la mayoría de las personas probando que lo que están eligiendo es correcto y probando lo correcto de lo que han decidido que deben tener, mientras que, en su universo, sienten que de alguna manera están equivocados. Poniéndolo en forma simple, están tratando desesperadamente de lograr que todo sea "correcto" mientras sienten que de alguna manera deben estar terriblemente equivocados. Este punto de vista termina por manejar sus vidas. Ni siquiera saben por qué están equivocados. Solo saben *que* están equivocados.

Cualquiera que sea la razón y la justificación, esto los mantiene sin jamás verse a sí mismos. Los mantiene lejos de poder tener lo que en verdad les gustaría generar y crear en la vida. Los mantiene alejados de llegar a estar en paz de verdad y verdaderamente felices. *No tiene por qué ser así.*

En gran parte, la razón por la que yo estaba contemplando matarme hace 11 años era porque estaba muy cansado de la incesante sensación que prevalecía en mi vida de que había algo incorrecto en mí que no podía cambiar. Yo –y las miles de personas con las que he trabajado durante los últimos 11 años– somos una prueba viviente de que no tiene que ser así. ¡Eso puede cambiar! Es por eso que escribí este libro: para que ustedes sepan que el nivel de cambio que han estado pidiendo sí existe.

Así que, si has estado sintiendo que estás equivocado, o si has estado creyendo que no puedes cambiar lo que desesperadamente deseas cambiar, solo reconoce que es ahí donde estás ahora. La disponibilidad de tener esa vulnerabilidad contigo mismo puede cambiar toda tu vida.

Luego pregunta:

¿Qué más es posible?

(¿Notaste que eso también es una pregunta?)

Señor DeMille[1]: ¡Estoy listo para mi primer plano!

¿Cuántas veces en tu vida te has sentido como que solo estás representando un papel? *"¿Por qué estoy representando este papel? ¡Ni siquiera quiero representar este papel! ¿Dónde está mi elección aquí?"* En algún punto de tu vida decidiste qué papel representarías y entonces elegiste el personaje, el vestuario y la contribución a ese papel en todas las diferentes situaciones, ¿Por qué? Solo porque lo hiciste.

Por otro lado, parece como si estuvieras viviendo la vida de otra persona o el punto de vista de alguien más, y sin embargo sigues volviendo a representar ese papel como si esa fuese la suma total de ti mismo y la única elección que tienes.

Hay algunas mujeres que eligen el papel de primera dama. Son la primera dama donde quiera que estén y en cualquier cosa que estén haciendo. Entran en una habitación y todos dicen: *"Oh, ahí está la primera dama"*.

¿Cómo sucedió eso? ¿Cómo lo supimos todos? Porque ese es el papel que eligieron.

Aun si el personaje que representan es diferente en cada momento y situación, siguen siendo la primera dama. Tu papel podría ser: "Soy el más emocional" o "Soy el más rico" o "Soy una estrella sexual" o "Soy una pobre víctima". O podría ser algo completamente diferente. Solo tú sabes.

Como ejemplo, algunas personas deciden: *"Mi papel es ser el recolector de basura y un montón de desechos. Entonces, ¿cómo voy a representar eso con mi familia? ¡Oh sí, elegiré una familia en la que todos los demás sean ricos y yo no tenga forma de hacer dinero, de manera que me pueda sentir como un montón de desechos todo el tiempo. ¿Cómo voy a hacer eso en relaciones? ¡Elegiré a alguien a quien yo no le guste y me lo diga todo el*

---

[1] DeMille: Famoso director de cine

tiempo! ¿Cómo haré eso en el trabajo? ¡Ya sé! Iré a trabajar a McDonald's y nunca lo dejaré."

¡Al hacer sus papeles, la mayoría de las personas parecen estar hablando desde su propia biblioteca de cintas grabadas!

Esta es la cinta grabada número 27:

"¿Cómo estás hoy? Fui a ver una película maravillosa. Era sorprendente.

¿Qué piensas sobre Barack Obama? ¿Podría el cambio realmente ocurrir? No lo pienso así. ¿Qué tal John McCain? Tampoco sé sobre él. Parece que también es un político. Republicano por lo que he escuchado."

Así tienen las esposas Stepford, niños Stepford, hombres Stepford. Ellos son la cinta número 27, cinta número 432, la cinta número 37. ¡Oh! respondiste con la cinta número 30 y la cinta número 31. Cinta número 31a. Respondiste con la cinta 36, yo te responderé con la cinta 36a.

Así es como se comunican la mayoría de las personas. La mayoría de las personas no están presentes. Todo lo que están haciendo es pasando la cinta y la siguiente cinta y la siguiente. Es como si estuviesen en un remolino de hablar naderías.

¿En verdad funciona eso para ti?

O cuando la cinta 31 vuelve a empezar, ¿no se siente como si tu vida entera hubiera sido una mentira?

Creo que la mayoría de nosotros nos sentimos así en algún momento. Algunos de nosotros lo sentimos prácticamente en toda nuestra vida. Algunos lo sentimos en solo aproximadamente 90% de nuestras vidas. Las personas que son realmente felices lo sienten como en un 85% de sus vidas.

¿Pero cuántos de nosotros miramos y decimos: *"¿Sabes qué? Siento como si mi vida no tuviese nada que ver conmigo"*? En vez de eso, sigues diciendo: *"No, yo tengo que hacerlo correctamente. Déjame controlar esto. Tengo que hacerlo correctamente. Déjame controlar esto. Tengo que hacerlo correctamente. Déjame controlar esto. Solo necesito que esto cambie y entonces realmente lo tendré correctamente..."* En lugar de verlo y decir:

"¿Sabes qué? Tengo la sensación de que esto está ¡tan jodidamente equivocado, que no quiero que nadie lo sepa! -incluyéndome a mí."

Mira, esto es lo que tienes que entender: a menudo sientes que es más real para ti sacarte a ti mismo del cómputo de tu vida, de lo que sería tenerte presente en ella...

¿Qué pasaría si estuvieras tan presente y consciente de lo que has deseado como tu vida, que nadie pudiese alejarte de eso, porque no estarías validando la realidad de nadie, sino que estarías totalmente consciente de la tuya —y firme en tu demanda para crearlo?

Todo lo que no te permita que esto ocurra para ti, ¿lo destruyes y descreas, por favor? Acertado y equivocado, bueno y malo, POD y POC, todos los 9, cortos, chicos y más allás.

Eso sería raro, ¿eh?

¿Estarías dispuesto a tener más de eso? ¿Y si todo lo que no funcionara en tu vida fuese simplemente porque elegiste y has estado actuando estos papeles que no funcionaban para ti?

¿Qué pasaría si pudieras ELEGIR qué rol representar?

¿Estarías dispuesto a probar algo diferente? No estoy diciendo que deseches tus papeles, tus personajes y vestuarios. Estoy diciendo que seas consciente de ellos y estés consciente de cuándo los eliges. ¿Qué pasaría si, en lugar de creer que tú eres ese personaje, tú pudieras elegir tus personajes –y generar una vida que de hecho se sienta real y verdadera para ti?

Está perfectamente bien actuar un papel cuando es necesario. Sería una locura esperar que simplemente renuncies a todos ellos. ¿Por qué lo harías? Tienes papeles que tienes que actuar porque las personas en tu vida esperan ciertas cosas de ti.

Solo ten en cuenta cuándo estás actuando un papel –y elige actuar ese papel cuando sea necesario. De esta forma, el papel te pertenece a ti y lo puedes usar para mejorar tu vida, en lugar de que tú le pertenezcas y él maneje tu vida en piloto automático.

Aquí tienes algunas preguntas que puedes utilizar para darte a ti mismo diferentes elecciones y posibilidades la próxima vez que tengas que hacer una elección:

1. ¿Estoy representando un papel en esta situación? Si verdaderamente estuviera siendo yo en esta situación, ¿qué elegiría? *Todo lo que impida que eso se muestre, ¿lo destruyes y descreas, por favor? Acertado y equivocado, bueno y malo, POD y POC, todos los 9, cortos, chicos y más allá.*

2. Si no estuviese eligiendo este papel ahora, ¿qué elegiría en su lugar? *Todo lo que impida que eso se muestre, ¿lo dejas ir todo ahora, por favor? Acertado y equivocado, bueno y malo, POD y POC, todos los 9, cortos, chicos y más allá.*

3. Si tuviera opciones que fuesen más grandiosas de lo que jamás he considerado en el pasado, ¿qué elegiría? *Todo lo que impida que eso se muestre, ¿lo dejas ir todo ahora, por favor? Acertado y equivocado, bueno y malo, POD y POC, todos los 9, cortos, chicos y más allá.*

4. Si pudiera elegir cualquier cosa que quisiera aquí, ¿qué elegiría? *Todo lo que impida que eso se muestre, ¿lo dejas ir todo ahora, por favor? Acertado y equivocado, bueno y malo, POD y POC, todos los 9, cortos, chicos y más allá.*

5. Si tuviera una varita mágica y pudiera hacer que esto resultara de la forma en que yo quisiera, ¿cómo se presentaría? Entonces, ¡UTILIZA TU VARITA MÁGICA! Haz POC y POD a todo lo que no permita que aparezca de esa forma. *Acertado y equivocado, bueno y malo, POD y POC, todos los 9, cortos, chicos y más allás.*

Para todos aquellos de ustedes que sienten que no son de este planeta

Aquí viene algo un poco extraño. Puedes saltártelo si lo deseas. Sólo verifica si se siente ligero para ti primero… …

Verás, al parecer hay dos tipos de personas, casi como dos especies distintas en el planeta. Afectuosamente los llamamos con diferentes nombres, pero empecemos con gente vaca y gente caballo, ¿está bien?

La gente vaca es aquella que sabe que está en lo cierto. ¿Sabes que las vacas están deseosas de tan solo quedarse en el campo y comer su pasto y esperar a que las conviertan en hamburguesa y eso está bien para ellas? Ellas nunca quieren realmente moverse muy rápido. No quieren cambiar nada y estarían más felices simplemente quedándose sentadas en un mismo lugar, sin moverse en realidad, sin hacer gran cosa en realidad… y nunca cambiar nada…

Ahora, la cuestión acerca de la gente vaca es que siempre sabe que tiene razón. Ellos siempre tienen la razón y tú siempre estás equivocado. Ellos no cuestionan. No necesitan hacerlo, porque saben que tienen la razón.

Están consumiendo el planeta muy rápido, sin cuestionar nada, y queriendo conseguir las cosas antes de que se consuma el planeta y antes de que alguien más obtenga lo suyo.

Lo que una persona vaca diría es:

"¿Sabes qué? ¡Realmente es necesario que dejes de hacer toda esa extraña mier...a que andas haciendo! ¿Por qué sigues buscando y haciendo cosas raras? ¿No puedes superarlo? ¿No puedes ser feliz finalmente solo sentándote en el sofá como un papa frita, cambiando canales y tomando cerveza? Oh, y por cierto, el calentamiento global no es real".

Ese es el punto de vista de una persona vaca.

El otro tipo de gente –la gente caballo–, por otro lado, siempre pregunta:

"¿Qué más es posible?"

Sabes que a los caballos les gusta correr, saltar, jugar, tener sexo y comer, y galopar y saltar y tener sexo y correr, y saltar y jugar y tener sexo y comer, y luego dicen:

"¿Qué más puedo hacer? Me pregunto si podré saltar sobre eso. ¡Oh sí, lo hice!

¿Viste? ¡Vamos, prueba y salta sobre eso! ¡Fue tan divertido! ¿Dónde más podemos saltar? ¿A dónde más podemos ir? ¿Qué más es posible?"

Ese es el punto de vista de un caballo.

Si eres una de esas personas que ha pasado toda su vida buscando algo diferente, eres una persona caballo.

Yo te llamaría humanoide.

Gente caballo: humanoides. Gente vaca: humanos. No importa cuál seas...

Se me ocurre que, ya que aún no has lanzado este libro por la ventana, probablemente eres un humanoide.

Por favor ten en cuenta esto: puede ser que este libro aún te irrite inmensamente.

¡Inmensamente!

¿Estás dispuesto a ser tan diferente como en verdad eres?

La mayoría de los humanoides han estado juzgándose a sí mismos durante todas sus vidas preguntándose por qué no pueden encajar aquí, por qué no son felices haciendo el mismo trabajo durante 20 años oprimiendo controles, obteniendo un reloj de plástico, jubilándose y muriendo. Si alguna vez te preguntaste: *"¿Por qué no funciona eso para mí, si funciona para todos los demás?"*, entonces eres un humanoide.

Lo que tienes que entender es que los humanos no desean cambiar. Nunca desearán cambiar hasta que los humanoides (ustedes) entiendan que ser diferentes es en realidad valioso.

Entonces los humanos elegirán una posibilidad diferente porque ellos quieren ser como todos los demás. Ese es su punto de vista. Ahora mismo todos los demás son enjuiciadores, malvados, groseros, se separan de todos y tratan de consumir todo. Esa es la mayoría en el planeta.

Así que, ¿adivina qué? Hasta que no des el salto a ser la diferencia que tú eres (el no-juicio, la amabilidad, el cuidado, el gozo, la paz, la conexión y la consciencia de una posibilidad diferente), los humanos no tendrán ninguna motivación para hacerlo.

No estoy diciendo que los humanoides sean mejores o que los humanos sean malos o inferiores, lo que estoy diciendo es que son diferentes. **¡Tú eres diferente!**

¿Qué tan seguido tienes la sensación de que no perteneces?

¿Por qué crees que es así? Es porque tú eres un tipo diferente de persona —tal vez incluso una especie distinta. Tú no encajas en ningún status quo, jamás, y, si lo haces, te resistes y reaccionas como loco, pues en realidad odias encajar —mientras actúas como si lo desearas.

¿Estoy en lo correcto?

¡Alto!

Algunos de ustedes empezaron a sentirse incómodos. Algunos de ustedes están pensando: *"Está juzgando a los humanos. Está juzgando a toda esa gente con la que crecí, que aún vive en la misma ciudad, en la misma calle, y que han tenido el mismo trabajo desde que salieron de la preparatoria".*

Eso es lo único que ustedes no harán: juzgar a alguien más... Con seguridad, están perfectamente contentos juzgándose a sí mismos. Están perfectamente dispuestos a permitir que los juzguen esas mismas personas a quienes ustedes no juzgarían. Hacen eso sin cesar, desde que amanece hasta que anochece. Pero nunca juzgarían a nadie más... porque eso no sería lindo.

¿Y si toda esta conversación no se tratara de juzgar a los humanos? ¿Y si se tratara de que dejes de juzgarte a ti mismo por ser diferente? ¿Y si se tratara de reconocer una diferencia en cómo las personas eligen funcionar? Eso es todo.

¿Qué tal si simplemente pudieras reconocer: *"Está bien ser yo. Sólo soy diferente. ¿Y ahora qué?"*

∽∽∽

Hagamos la prueba: ¿Eres realmente alguien que juzga?

¿Cuántas veces a lo largo de tu vida, o incluso mientras estás leyendo este libro, has tenido este pequeño y furtivo pensamiento de que puede ser que tú seas realmente MUY juzgador? Una gran persona mala que juzga.

Déjame decirte algo (y por favor graba esto en tu cerebro):

Si ALGUNA VEZ has tenido la idea de que eres alguien que juzga: NO lo eres.

Alguien que juzga, nunca piensa que juzga (ellos simplemente saben que tienen la razón).

Así que, todo lo que hayas hecho para comprarte la mentira de que juzgas, cuando a la única persona que realmente juzgas es a ti mismo, ¿lo destruyes y descreas todo ahora y comienzas a salir del juicio de ti, por favor? Acertado y equivocado, bueno y malo, POD y POC, todos los 9, cortos, chicos y más allá. Gracias.

Así que, digamos que estás pasando junto a alguien que tiene juicios en relación a su cuerpo y tú miras su cuerpo y percibes todos los juicios que esa persona está infligiendo sobre su cuerpo y que tiene sobre sí misma, y piensas que son tus juicios porque tú los puedes percibir. Ahora bien, es ahí, en ese punto, en el que dices: *"¡Oh, juzgo tanto los cuerpos de los otros! ¡No puedo creer que estoy juzgando el cuerpo de alguien así!"*

¿Realmente estás juzgando su cuerpo o estás siendo consciente de los juicios que él tiene de su cuerpo y de las proyecciones que otras personas colocan en su cuerpo? Y, ¿significa eso que eres un juzgador o significa que en realidad estás consciente? Prepárate para practicar estar en permisión. ¿Alguna vez pasaste al lado de una persona obesa y tuviste juicios sobre el tamaño de su cuerpo? ¿Te juzgaste entonces por estar juzgando?

He aquí otra cosa sobre la cual normalmente no pensarías nunca. ¿Alguna vez viste a alguien y pensaste que era realmente sexy y que en verdad deseabas estar con ella/él? Por supuesto, ¿correcto? Alguna vez has preguntado: "¿Es este mi punto de vista? ¿O estoy captando su proyección de lo que quieren que yo (y usualmente todos los demás) piense sobre ellos?"

Pruébalo. Te sorprenderá darte cuenta de que muchas personas proyectan lo que quieren que pienses sobre ellos y sus cuerpos.

Hubo una mujer que me dijo: "Solía preguntarme cómo podía ser tan juzgadora cuando me preocupo tanto por las personas. No fue sino hasta que empecé a hacer estas preguntas que me di cuenta de que, lejos de juzgar, yo estoy, en realidad, realmente consciente."

Pero tal vez esto no sea verdad para ti. Probablemente seas tan juzgador como piensas que eres.

(¿Hizo eso que te sientas más ligero o más pesado? ¿Estás comenzando a darte cuenta de cómo funciona este asunto de ligero/pesado?)

Entonces, por favor, ¿estarías dispuesto a soltar todo lo que has hecho para comprarte que tú eres un juzgador, porque puedes percibir las limitaciones desde las cuales otras personas funcionan y que siempre tienes en tu vida? Como cuando miras y te das cuenta: *"Esa persona actúa como si realmente fuese superior. Esta es egoísta. Esa es grosera con la gente." Entonces piensas: "¡Oh Dios, estoy juzgando!"* No, muy probablemente NO estás juzgando. Es muy probable que estés tomando consciencia de cómo ellos están eligiendo funcionar en la vida.

La gente me ha preguntado: "¿Y si solo es algo que quiero escuchar? ¿Y si es por eso que se siente más ligero?" Déjame darte otro ejemplo diferente:

Hace varios años, la madre de mi amigo Gary estaba en el hospital a punto de morir. Un día, a la hora de la comida, él se sintió inundado por una extraña sensación y pensó que tal vez su mamá se había ido. Entonces, miró su reloj y vio que era la 1:40 p.m. Cuando preguntó en su cabeza si ella había muerto, sintió algo más ligero en el "sí".

Su hermana lo llamó unas horas más tarde para avisarle que su mamá se había ido a la 1:40 de la tarde —exactamente a la hora en que él estaba comiendo y tuvo esa sensación. Aunque no era algo que él necesariamente hubiera querido escuchar, se sintió más ligero cuando preguntó si su mamá se había ido.

Ese es el nivel de consciencia que puedes tener cuando vas más allá del juicio. Puesto que Gary no tenía que juzgar si era bueno o malo que su madre hubiera muerto, no había carga ahí y pudo tener la consciencia de lo que había pasado con una sensación de facilidad.

Incorrecto: ¿el nuevo correcto?

Uno de los mayores regalos que te puedes dar a ti mismo es estar dispuesto a estar equivocado –sin tener que juzgarte por ello. Entonces, puedes dejar de tratar de probar, en vano, que eres perfecto intentando tener la razón todo el tiempo.

Mira, intentemos algo por un momento. Esta es una herramienta que obtuve de mi amigo Gary. Di esto en voz alta, las 10 veces.

Tú estás en lo correcto. Yo estoy equivocado.

Tú estás en lo correcto. Yo estoy equivocado.

Tú estás en lo correcto. Yo estoy equivocado.

Tú estás en lo correcto. Yo estoy equivocado.

Tú estás en lo correcto. Yo estoy equivocado.

Tú estás en lo correcto. Yo estoy equivocado.

Tú estás en lo correcto. Yo estoy equivocado.

Tú estás en lo correcto. Yo estoy equivocado.

Tú estás en lo correcto. Yo estoy equivocado.

Tú estás en lo correcto. Yo estoy equivocado.

¿Te sientes más ligero o más pesado? 99% de las personas, cuando les pido que hagan esto, se siente más ligeras. ¿Por qué? Porque es muy agradable ser capaz de estar dispuesto a estar equivocado y no tener que probar que estás en lo correcto todo el tiempo.

Había una mujer que venía haciendo Access durante un tiempo y fue a visitar a su madre a la casa de la familia. La rutina normal entre ellas era que su madre tuviera continuos juicios verbales hirientes acerca de todo lo que pensaba que su hija no estaba haciendo bien (como ir a la iglesia, casarse, tener niños, ese tipo de cosas). Así que la mujer llamó a Gary y le preguntó qué podía hacer. Gary le contestó: "Dile: "Tienes razón, mamá, estoy equivocada." Tres veces".

La mujer dijo que no podía hacer eso, ya que ella no había hecho nada incorrecto. Gary le respondió: "Sé que no has hecho nada incorrecto. Sólo dilo y ve qué resulta."

Así lo hizo la mujer. Ella llamó a Gary después, perpleja. Había seguido sus instrucciones. Y después de la tercera vez que lo dijo, su mamá la atrajo hacia ella y dijo:

"No estas equivocada, querida. Solo estás confundida."

La mujer añadió que, no solo fue esa la primera vez que tuvo una visita placentera a casa en los últimos 10 años, sino que además su madre ¡le dio un cheque de 5,000 dólares cuando se iba! Tal es el poder de la disposición a estar equivocado…

También puedes usar esta herramienta fenomenal para cambiar tus relaciones. Cuando has hecho algo que sabes que ha causado molestia con alguien que te importa, puedes decir: *"Tú estás en lo correcto. Yo estoy equivocado. ¿Qué puedo hacer para remediar el daño causado?"* Si dices esto con vulnerabilidad, presencia y sinceridad total, puede ser el catalizador para crear una posibilidad totalmente diferente en tu relación y puede deshacer el daño percibido para ambas partes.

La única forma en que la mayoría de las personas están dispuestas a cambiar algo es si creen que lo que están eligiendo actualmente es incorrecto. Están muy ocupados tratando de probar que no están equivocados, puesto que ya creen que están equivocados. Así que no cambian nada, porque si cambian algo, eso significaría que lo que eligieron en el pasado estaba mal; pero no están dispuestos a estar equivocados, a pesar de que se han considerado equivocados a sí mismos en cdamomento de sus vidas.

¿Suena esto como insano para alguien más?

En el Universo no hay "correcto" o "incorrecto". Es un flujo constante de recibir y regalar. Esta realidad no esa sí. Esta realidad trata de llevarte a que juzgues todo lo que es grandioso en ti como incorrecto, de manera que puedas encajar en ella y no seas más grandioso de lo "normal".

¿Y si hay una grandiosidad que tú eres, que está escondida detrás de cada equivocación que estás tratando de esconder?

¿Y si todo lo que es incorrecto en ti, o sobre ti, no es realmente incorrecto? ¿Y si fuera en realidad una potencia que tienes que no coincide con esta realidad, pero nadie jamás ha podido ser capaz de mostrártelo?

¿Harás la demanda de en verdad mostrarte todo lo que es verdadero para ti, a pesar de que pueda ser diferente de lo que parece ser verdadero para todos los demás? ¿Sin importar como se vea? ¿Con todo lo que implique? Tú eres el único que puede.

Es raro ser diferente. ¿Y si fuera divertido?

¿Y qué tal si no fuera algo incorrecto, sino simplemente una diferencia?

¿Y qué tal si la Tierra te dejó venir aquí por esa diferencia?

¿Y qué tal si ella te *hizo* venir aquí por esa diferencia?

¿Y qué tal si *tú* te hiciste venir aquí por esa diferencia?

¿Y qué tal si todo en ti estuviese incorrecto y todo en ti estuviese correcto al mismo tiempo?

¿Y qué tal si todo lo que pensaste que estaba incorrecto en ti fuera el espacio y la posibilidad que estás dispuesto a ser que está más allá de esta realidad?

¿Y qué tal si eso fuera la amabilidad, el cuidado, la gentileza, el amar, el gozo y la consciencia de algo diferente que tú eres y que nadie jamás entendió, y tú decidiste que no puede ser, que no puede existir y que no importa y que solo importa esta realidad limitada?

¿Y si pudieras empezar a ser totalmente diferente ahora? ¿Siendo tú?

Todo lo que no permita que esto se muestre, ¿lo destruyes y descreas todo ahora, por favor? Acertado y equivocado, bueno y malo, POD y POC, todos los 9, cortos, chicos y más allás.

Todos los cambios que has evitado elegir porque significaba que, de alguna manera, tú estabas equivocado por lo que elegiste en el pasado, ¿destruyes y descreas todo eso ahora, por favor, y permites que esos cambios se den ahora con facilidad? Acertado y equivocado, bueno y malo, POD y POC, todos los 9, cortos, chicos y más allás. Gracias.

NOTA PARA EL LECTOR

¿Cómo sabes?

¿Cómo sabes si estás juzgando o si solo estás siendo consciente?

La pregunta del millón de dólares, ¿cierto?

Mira estas frases: *Él es un hombre muy atractivo.*

Ese podría ser un juicio, ¿Correcto? O una toma de consciencia.

Ella es una mujer malvada.

Eso también podría ser un juicio. O una toma de consciencia.

Así que, ¿cuál es la diferencia?

¿Cuál es?

La mayoría de las personas piensan que si lo que están percibiendo, es "negativo", entonces están juzgando. Piensan que, si lo que están percibiendo es "positivo", no es un juicio. De hecho, la diferencia entre un juicio y una toma de consciencia es la carga energética de ese tema para ti: la vibración de tu punto de vista.

Es la carga energética de un juicio lo que te estanca en la polaridad de acertado y equivocado, de la conclusión y la falta de disposición a hacer preguntas y cambiar.

Si es una toma de consciencia, ¡no tienes carga!

Ahí estás dispuesto a cambiar tu punto de vista en cualquier momento y a no tener que defenderlo, aferrarte a él o explicarlo.

De cualquier forma.

Es solo algo de lo que tienes consciencia, en estos 10 segundos. *¿Cómo ser más ligero?*

HERRAMIENTA

¿A quién le pertenece esto?

¿Cuántas veces has percibido lo incorrecto en otras personas, los lugares en los que ellos creen que están equivocados, perciben que están equivocados, sólo pueden recibir lo incorrecto de ellos y saben que están equivocados sin la menor duda?

¿Cuánto de tu vida te la has pasado creyendo que esa sensación de equivocación que percibes es realmente tuya, cuando en realidad es algo de lo que estás consciente del mundo a tu alrededor?

Así que, verdad, ¿es eso tuyo o de alguien más? ¿O MUCHÍSIMO de alguien más?

Se siente simplemente como tuyo. Tu estómago comienza a revolverse y sientes los botones de lo correcto encenderse ahí donde te sientes incorrecto, y quieres estar en lo correcto, y esta persona está equivocada y se siente simplemente como si fuera tuyo...

Ese es el momento para hacer la pregunta:

¿A QUIÉN LE PERTENECE ESTO?

¿Es esto mío o de alguien más? *Si de pronto te sientes más ligero, es porque no es tuyo.* No es tuyo, dulce y hermoso tú. ¡No es tuyo! Puedes devolverlo al remitente.

¡Sí! Simplemente regrésalo. Mándalo de regreso. Lánzalo lejos. Que se vaya... los juicios de alguien más.

Recuerda: no puedes manejar un problema que no es tuyo. No puedes cambiar un pensamiento, un sentimiento o una emoción que no es tuya.

Pero puedes hacer algo mucho más fácil. Puedes simplemente regresarlo a quien sea que en verdad le pertenezca –aun cuando no sepas de quién se trata.

No tienes que hacer nada al respecto. Puedes simplemente regresarlo a su creador original, AUNQUE NO TENGAS NI IDEA DE QUIÉN PUEDA SER. Solo regrésalo al remitente.

Si no es tuyo, solo devuélvelo – con consciencia adjunta.

Siempre piensas: *"Oh, Dios mío, eso se siente como si fuera mío"*.

¿Sabes qué? Siempre se siente como si fuera tuyo (porque tu consciencia es así de brillante y así de intensa y así de grandiosa). SIEMPRE se siente como tuyo; ¡de otra manera, nunca te lo comprarías como tuyo!

Por favor, entiende esto: 98 por ciento de todos tus sentimientos, emociones y pensamientos ¡no te pertenecen! Son de alguien más. Aquello de lo que estás consciente se siente como si fuera tuyo, aunque no lo es.

La única forma en que vas a poder identificar la diferencia es haciendo la pregunta:

¿A QUIEN LE PERTENECE ESTO?

Haz la pregunta, y si se vuelve más ligero, no es tuyo. Tú, siendo tú, eres ligero.

Tú, tratando de ser alguien más, eres pesado.

Mucho, mucho más allá de tu
cuerpo

NOTA PARA EL LECTOR

¿Estarías dispuesto a probar esto?

Simplemente pon tus manos en tu cara. Cierra tus ojos.

Siente tus manos en tu cara. Siente tu cara en tus manos, tus manos en tu cara. Respira profundamente.

Nota cómo se siente estar presente con tu cuerpo.

Conéctate con tu cuerpo y di:

"Gracias por ti. ¿Cuánto nos podemos divertir hoy?"

Capítulo 3
Tu cuerpo sabe

¿Qué tal si tú eres un ser infinito? ¿Un ser que tiene la capacidad de percibir, saber, ser y recibir TODO?

¿Se siente eso ligero para ti?

Para mí también.

Solía molestarme realmente cuando las personas en el mundo espiritual me decían que yo era un ser infinito. Lo decían como si se supusiera que esa era la solución a todos los problemas que yo estaba teniendo en ese entonces. ¡Eso sí que era FRUSTRANTE! Solía pensar: "Si soy un ser infinito, ¿por qué no me sale nada bien? Si soy infinito: ¿por qué tengo que batallar hasta para ganar suficiente dinero para pagar la renta cada mes?

¿Qué tal si tan solo no te han dado las herramientas adecuadas?

¿Qué tal si todos hemos sido arrastrados a una realidad que no funciona?

¿Y si esta fuera la primera vez que has tenido la oportunidad de reclamarte y reconocerte realmente?

Como el ser infinito que en verdad eres.

¿Estás dispuesto?

Todo lo que no permita eso ahora, ¿lo destruyes y descreas todo, por favor? Acertado y equivocado, bueno y malo, POD y POC, todos los 9, cortos, chicos y más allás.

Una piedrita en el océano

Siempre que te sientas dinámicamente, extremadamente, intensamente impactado por cualquier cosa, es que no estás ocupando suficiente espacio. Cuando tratamos de dilucidar algo, realmente nos acercamos mucho a nuestros cuerpo, demasiado cerca.

Si te a expandieras a 100,000 ó 200,000 millas en todas las direcciones y te quedaras ahí, en lugar de tratar de entrar en contacto con tu cuerpo para descifrar todos los pensamientos, sentimientos y emociones, estos serían como una piedrita en el océano.

Una piedrita tiene muy poco impacto en el océano, ¿cierto? Pero si tiras una piedrita en un dedal, tiene un gran impacto. Desafortunadamente, lo que has estado haciendo es meterte a ti mismo en un dedal energéticamente, en lugar de ser el océano que podrías elegir ser.

Esa es una de las grandes cosas que hacemos para limitarnos continuamente: actuamos como si fuésemos pequeños... cuando somos realmente , realmente GRANDES. Empecemos por aclarar una cosa, de una vez por todas:

Tú no eres tu cuerpo.

Eres un ser infinito, no un cuerpo. Eres mucho más grande que tu cuerpo.

¿Te gustaría que te mostrara?

Ahora mismo, toma un momento, cierra tus ojos y sal y toca las orillas exteriores de ti.

No de tu cuerpo, sino de ti, el ser.

Ahora ve 100 yardas más lejos, en todas direcciones.

¿Estás *ahí también?*

Ahora ve 100 millas más allá, en todas direcciones...

¿Estás *ahí también?*

Ahora ve 1,000 millas más allá en todas direcciones.

¿Estás *ahí también?*

Ahora ve 100,000 millas más allá en todas direcciones.

¿Estás *ahí también?*

¿*Notaste que, sin importar a donde te pidiera que fueras, ahí estabas?*

¿*Podría un ser así de grande caber dentro de un cuerpo tan pequeño como el tuyo?*

Una pista...: ¡NO!

Así que, ¿considerarías una posibilidad totalmente distinta?

Tú no eres tu cuerpo. Eres un ser infinito. Tu cuerpo es tu cuerpo. Tú eres tú. Deberían tener una conexión (una gran conexión, de hecho). Pero no son uno y lo mismo.

Si tratas de comprimir a un ser así de grande en un cuerpo, así de pequeño, duele.

¿Estás de hecho creando dolor y sufrimiento en tu cuerpo porque estás tratando de comprimirte dentro de él, porque crees que solo eres tan grande como tu cuerpo? ¿Y estás validando las realidades de otras personas de que eres sólo así de grande?

¿Lo destruyes y descreas todo ahora, por favor? Acertado y equivocado, bueno y malo, POD y POC, todos los 9, cortos, chicos y más allás.

¿*Qué tal si hubiera una forma totalmente diferente de ser con tu cuerpo?*

Tu cuerpo tiene su propio punto de vista. Tú tienes el tuyo.

Esto es lo extraño: tu cuerpo tiene una consciencia propia. La ciencia nos dice que cada molécula tiene consciencia y cada átomo. Cuando los juntas en la forma de un cuerpo, aún tiene consciencia.

Todo lo que hayas hecho para negar e ignorar totalmente el hecho de que tu cuerpo tiene sus propios puntos de vista, su propia consciencia, su propio conocimiento y su propia habilidad para cambiar las cosas, sin importar tus intentos para interponerte, ¿estás dispuesto a renunciar a todo eso y a destruirlo y descrearlo, por favor? Acertado y equivocado, bueno y malo, POD y POC, todos los 9, cortos, chicos y más allás.

El primer paso para realmente desarrollar una posibilidad diferente con tu cuerpo es empezar a comunicarte con él. Empieza por preguntarle a tu cuerpo sobre todo lo que le concierne.

¿Alguna vez has tenido una relación en la que ambos se ignoraban mutuamente y no se hablaban? ¿Tenía algo de divertido? ¿Cuándo esa persona venía y te pedía un favor, querías realmente concedérselo o no?

¡Es lo mismo con tu cuerpo!

Así que, ¿te permitirías, por favor, tener una grandiosa relación con tu cuerpo? ¿Cómo? Empieza por preguntarle por todo lo que le concierne. Cuando estás dándole a tu cuerpo todo lo que quiere, se siente tranquilo y en paz. Y cuando estás haciendo eso, él te dará todo lo que deseas. Realmente.

Si quieres cambiar algo, entonces pregúntale a tu cuerpo, ¿qué se requiere para cambiar esto? Así que, en vez de decir: ¡Oh, Dios mío, no puedo creer que tengo un trasero tan grande!", pregunta: *"Cuerpo, ¿qué se requiere para que tenga unas nalguitas firmes, pequeñas y hermosas como las que en realidad me gustaría tener? Cuerpo, ¿qué podemos hacer para cambiar esto?"*

Tu cuerpo te lo dirá. Por supuesto, también podrías destruir y descrear todo lo que no le permite cambiar, pero eso lo haría demasiado fácil. Hay muchas, muchísimas personas que ya han hecho esto y han reportado que en realidad ¡funciona!

Continúa preguntando a tu cuerpo sobre todo lo que le concierne.

Cuerpo, ¿qué te gustaría comer? Cuerpo, ¿a quién te gustaría comerte?

Cuerpo, ¿qué tipo de movimiento te gustaría hacer?

Cuerpo, ¿qué tipo de ropa te gustaría usar?

Cuerpo, ¿con qué tipo de persona te gustaría tener sexo?

Alimentación consciente

Veamos la primera pregunta: Cuerpo, ¿qué te gustaría comer?

En un restaurante, cierra tus ojos, abre el menú, mira hacia abajo, y entonces abre tus ojos. La primera cosa en que se fijen tus ojos es lo que a tu cuerpo le gustaría. ¿Cómo sabes si has ordenado lo correcto? Se sentirá ligero cuando lo ordenes ¡y orgásmico cuando lo comas!

Luego come los primeros tres bocados de cada cosa que está en tu plato con total consciencia.

Así que, en otras palabras, tomas un bocado con total consciencia acerca de dónde y cómo se activa cada papila gustativa en tu lengua.

Solo toma un momento, ponlo en tu boca y come únicamente lo que se sienta verdaderamente orgásmico.

Eso es lo que le gusta a tu cuerpo.

Una vez que lo entiendas, sabrás, y será difícil comer cualquier cosa que no le guste a tu cuerpo.

¿Es posible que falles muchas veces y no lo hagas exactamente "bien"?

¡Muy posible! ¿Qué tal si eso estuviera bien?

Practica el encantamiento de cuerpos

Comprender la comunicación de tu cuerpo es algo que sucederá con el tiempo. Lo que se requiere es práctica. Literalmente, estarás aprendiendo un nuevo lenguaje energético. Tu tendencia natural es juzgarte como equivocado, como malo y como que no lo estás entendiendo. Así que, comienza por reconocer los pequeños aciertos.

Yo probé esto en una de las primeras clases de Access a las que asistí. Estaba en la hora de almuerzo y le pregunté a mi cuerpo qué quería comer. Iban a traerme una ensalada con mi comida, y la mesera me preguntó qué aderezo quería: Mil Islas, Ranch, Queso Azul, Mostaza con Miel o Italiano.

Mi cuerpo hizo *"yummy"* en la Mostaza con Miel. Algo hizo "yummy", aunque no puedo realmente describirlo en palabras. Digamos que se sintió como algo con más paz. Pero mi punto de vista era *"Me gusta el Ranch"*, así que lo pedí.

Me sirvieron la ensalada y tenía el aderezo de mostaza con miel. Aparentemente mi cuerpo se me adelantó y fue directo hacia el cuerpo de la mesera consiguiendo lo que quería. Así que lo probé, lo puse en mi boca y era lo más delicioso que había probado. ¡Totalmente orgásmico! ¡¿¡¿¡Aderezo de mostaza con miel!?!?! ¡Y no me gustaba el aderezo de mostaza con miel! Mi cuerpo decía: *"¡A mí sí! ¡Y yo soy el que está comiendo!"*

Así que lo que tienes que entender es que tu cuerpo es el que está comiendo, tu cuerpo es el que está copulando, tu cuerpo es el que se está moviendo, tu cuerpo es el que lleva la ropa, **no tú.**

Estando totalmente agradecido por este hermoso cuerpo tuyo

¿Qué tan seguido eliges ser gentil, amable y delicioso con tu cuerpo?

La dificultad está, de nuevo, en la validación de las realidades de otras personas en relación con la encarnación; tú ignoras a tu cuerpo, tú lo haces a un lado y luego regresas y lo recoges cuando estás listo... pero, de otro modo, lo ignoras y nunca hablas con él.

¿Qué paso con lo de estar agradecido por tu cuerpo exactamente como es ahora mismo? ¿Qué paso con eso? Si quisieras cambiar algo sobre él, entonces dile: *"Cuerpo, no sabía lo que era estar agradecido por ti y lo siento, y desde este espacio me gustaría cambiar algunas cosas. ¿Es posible?"*

¿Se siente eso algo diferente? ¿Es ese un tipo de relación, completamente diferente al que la mayoría de las personas tienen con su cuerpo?

¿Cuántas personas en este planeta están felices en sus cuerpos? Sólo mira por tu ventana ahora mismo, si puedes hacerlo: ¿A cuántas personas puedes ver ahí afuera que disfruten sus cuerpos? No muchas, desafortunadamente...

¿Alguna vez juzgas a tu cuerpo? ¿Solo un poquito?

¿Te despiertas alguna vez y empiezas tu día con una letanía de juicios cuando te paras frente al espejo? Sé que no te gusta admitirlo, tú que eres tan consciente y espiritual y tienes tantos conocimientos y todo eso... pero, ¿alguna vez lo has hecho? Solo estoy verificando. Con tu cuerpo, siempre recibirás más de aquello que juzgas como incorrecto.

"¡Esto está empezando a ponerse flácido; Dios, pensé que tenía más aquí y esto se está empezando a poner gris; y estas son muy pequeñas y se están colgando; y... ¡Oh, mejor ni hablemos de esto!"

Ahora... ¿cuántas personas tienen cuerpos "normales"? ¿Hay algo así como un cuerpo normal? ¿Realmente? ¿En verdad?

El criterio estándar de lo que era normal y deseable hace 100 años es distinto de lo que es ahora. A través de los años y por largo tiempo, una versión más rellenita de cuerpo fue más valorada. Eso significaba que estabas sano; significaba que tenías suficiente comida para comer. No eras "uno de esos flacuchos esqueléticos que parecían a punto de morir o que el viento se los podía llevar porque no comían suficiente". Por lo tanto, los estándares cambian a través de los años. ¿Qué es un estándar?

Juicio: una serie continua de juicios.

¿Estarías dispuesto a dejar de validar la realidad de todos los demás sobre cómo deberían verse los cuerpos? ¿Estarías dispuesto a empezar a honrar tu propio punto de vista? ¿El de tu cuerpo? Todo lo que no permita eso, ¿lo destruyes y descreas, por favor? Acertado y equivocado, bueno y malo, POD y POC, todos los 9, cortos, chicos y más allá. Gracias.

Todo lo que hayas hecho para crear la letanía de juicios sobre tu cuerpo, como una forma de empezar tu día, ¿lo destruyes y descreas ahora, por favor? Acertado y equivocado, bueno y malo, POD y POC, todos los 9, cortos, chicos y más allá. Gracias.

¿Cómo DESEA verse tu cuerpo?

Tu cuerpo tiene un punto de vista sobre como desea verse. Si estás tratando de imponer algo basado en tus decisiones y juicios, ¿alguna vez van a encontrarse ustedes dos? Si tu cuerpo quiere verse de una forma y está dirigiéndose en esa dirección, y tú quieres que se vea de otra forma y estás tratando de hacer que vaya en esa otra dirección, ¿qué es lo que ocurre en medio de ambas? Ese es el espacio en el que ocurren los juicios.

¿Qué pasaría si pudieras soltar tus puntos de vista y solo estar agradecido con tu cuerpo así como es? ¿Qué otra cosa podría ser posible a partir de ahí? ¿Podría ser eso potencialmente una fuente de mayor gratitud por estar vivo? ¿Por ti? ¿Por tu dulce cuerpo?

Todo lo que no permita que esto se dé, ¿lo destruyes y descreas, por favor? Acertado y equivocado, bueno y malo, POD y POC, todos los 9, cortos, chicos y más allá. Gracias.

La bola de nieve de los juicios

Hace algunos años, la portada de una revista Time decía: "¿Por qué el ADN no es lo que determina tu cuerpo?"

¡Espera un minuto! ¡Nos han estado diciendo que en tu ADN está lo que decide todo! ¿Y si no es así? ¿Qué tal si ese no fuera el caso? ¿Qué tal si es algo completamente diferente?

En lugar de no ser capaces de cambiar, ¿qué tal si realmente podemos cambiar nuestros cuerpos al funcionar de modo diferente energéticamente?

Tú y tu cuerpo son energéticos por naturaleza.

¿Qué quiero decir?

Veamos uno de esos días en que empiezas el día con juicios. Sabes a lo que me refiero, ¿cierto? Es cuando despiertas y sientes como si tirasen de tu cabeza en el extremo sur de un elefante orientado hacia el norte –y el elefante se está sentando sobre tu cabeza.

Comienzas con los juicios y es como una gran bola negra de nieve que crece y crece y crece y te hace más pesado y más pesado… Esa es una energía particular, ¿correcto?

Ahora, por otro lado, ¿has tenido uno de esos días cuando te despertaste y todo era hermoso, maravilloso y fenomenal y no empezaste con juicios? ¿Comenzaste, en cambio, con una pregunta o posibilidad en tu cabeza? Una pregunta como: "Guau, *¿cómo puede mejorar esto?*" o "*¿Qué más es posible?*" En lugar de añadir más juicios, empezaste añadiendo a las posibilidades.

¿Es esta una energía diferente a la del primer ejemplo? Por supuesto.

Nosotros literalmente aprendemos a imponer juicios sobre nosotros y nuestros cuerpos. ¿Qué pasaría si pudieras despertar y vivir tu vida y crear tu cuerpo más desde esa segunda energía en lugar de la primera?

¿Y si esa fuese una posibilidad? ¿Y si simplemente nadie jamás te dijo que podías funcionar desde ahí? Si lo eligieras, ¿se sentiría tu cuerpo diferente? ¿Tu vida? ¿Cuál preferirías elegir?

Todo lo que no te permite crear y generar una vida y un vivir llenos de esa segunda energía (por todas las proyecciones, expectativas, separaciones, juicios y rechazos de que no es posible), ¿lo destruyes y descreas ahora, por favor? Acertado y equivocado, bueno y malo, POD y POC, todos los 9, cortos, chicos y más allás. Gracias.

Incluso la ciencia sabe esto...

Aquí hay otra cosa interesante que la ciencia ha sabido durante largo tiempo: **cada vez que miras una molécula o un átomo, tú lo cambias.** Tu consciencia interactúa con la consciencia del átomo, la molécula o la partícula subatómica, y la cambia.

¿Qué tal si la idea de que no puedes cambiar tu cuerpo fuese solo una mentira que fue infligida sobre ti? ¿Qué tal si fuera solo una mentira que te compraste de alguien hace mucho tiempo y qué tal si ya no tuvieras que tenerla más? Si puedes cambiar un átomo, ¿no deberías ser capaz de cambiar más de uno… como los que están en tu cuerpo?

Porque, si de verdad eres un ser infinito, entonces todo lo que trata sobre ti y que parece ser una limitación está enraizado en una mentira. Ninguna limitación es infinita –o puesto de otra manera– toda limitación es finita. ¿Tiene eso sentido?

¿El dolor es real?

Uno de los últimos recursos de tu cuerpo para lograr llamar tu atención es crear dolor. Eso es algo que él sabe que tú escucharás. Ha tratado los susurros, el toque de una pluma y la mano moldeando tu cara…

Finalmente, dice: *"¡Oye! No he podido conseguir que escuches de ninguna otra manera. No escuchaste al placer, porque ya no crees que exista. No escuchaste a la otra sensación realmente rica que te di para que supieras que algo más estaba sucediendo. Así que será con dolor. ¡Trata de evadir eso! Estúpido ser, que supuestamente está realmente consciente, ¡grandísimo idiota!"*

Mira, tu cuerpo es un organismo sensato, sensorial, sensacional, diseñado para darte información ¡todo el tiempo! Cuando no puede llegar a ti, empieza a gritar –y eso es lo que interpretamos como dolor. Ese es tu cuerpo hablando. Tu cuerpo se ha cansado de que no lo escuches. Ha estado tratando de darte información desde el primer día y tú siempre lo interpretas como: *¡Oh, Dios mío! Me siento de esta manera... ¡Esto duele!"*

Lo que puedes preguntar:

"Oye, cuerpo, ¿qué estás tratando de comunicarme con esto que yo no estoy entendiendo? Y por favor, dímelo en una forma en la que yo lo pueda entender fácilmente porque no soy muy listo".

Cada sensación es una toma de consciencia que no estás dispuesto a tener.

"¡No, es una sensación! ¡Lo prometo! ¡Es intensa!"

Claro que lo es. Estás en lo cierto. Definitivamente es real. ¿Y si fuese una intensidad de consciencia? ¿Y si es intensa porque es una toma de consciencia de la que realmente te das cuenta, intensamente? ¿Es esa una posibilidad?

Solo prueba. Comprueba: *¿es esto ligero para ti?*

¡Agárrate a tu asiento! Voy a confundirte un poco.

Hay algunas otras posibilidades que requieren que tú HAGAS UNA PREGUNTA.

Hasta ahora deberías estar consciente: SIEMPRE hay otras posibilidades y más preguntas por hacer. ¿Cómo puede mejorar eso?

(Por favor, no lances el libro hasta el otro lado del cuarto. Dulce, dulce libro. Solo grita. Eso generalmente funciona).

Así que antes he dicho que 98 por ciento de tus pensamientos, sentimientos y emociones no te pertenecen.

Ahora entiende esto: entre 50 y 100 por ciento de lo que sucede en tu cuerpo ¡tampoco te pertenece!

Pregunta: "¿Es esto mío, de alguien más o de algo más?"

Una de esas se sentirá más ligera para ti. Esa es la consciencia de la "respuesta" que estás buscando. Ahora, sigue con algunas preguntas más…

1. Si te vuelves más ligero en "¿Es esto mío?", pregunta:

¿Qué consciencia no estoy dispuesto a tener aquí? Entonces solo detente y escucha.

Esto es muy importante: **Te detienes y escuchas.**

Dale a tu cuerpo una oportunidad para que te diga.

¿Qué consciencia no estás dispuesto a tener aquí?

2. Si te vuelves más ligero en "¿Es de alguien más?", ¡por favor, devuélvelo al remitente!

Tu cuerpo sabe • 83

Solo pides: "Se lo devuelvo al remitente" y entonces haces la demanda de dejar ir cada lugar en el que te lo hayas comprado como tuyo. Luego haces POD y POC (POD y POC es la forma corta de *Acertado y equivocado, bueno y malo, POD y POC, todos los 9, cortos, chicos y más allás.*

¿Por qué? Porque si es de alguien más, no puedes hacer nada al respecto.

Por favor, ten en cuenta que tu cuerpo te dirá todo lo que está sucediendo con todos los cuerpos que le rodean. Todo el tiempo.

Así que, si te empieza a doler tu hombro, lo que quieres hacer es preguntar:

"¿Qué pasa aquí, cuerpo? ¿Es esto mío, de alguien más o de algo más?"

Déjame darte algunos ejemplos:

En el trabajo
Una señora usó "¿A quién le pertenece esto?" y "¿Es esto mío?" cada vez que tenía un antojo de comerse una dona. Seis semanas después, *había perdido 20 libras, porque había estado comiendo donas por todos los demás en la oficina. Con esta pregunta eliminó sus antojos de donas, y 20 libras, solo por dejar de comer por todos los demás.

En mi práctica
A principios del 2000, cuando por primera vez me introdujeron esta herramienta, cambió mi vida y cambió mi consulta como quiropráctico. Usando esta herramienta, descubrí que podía crear cambios en un 50 a 90% de los problemas en los cuerpos de las personas, que antes no había podido cambiar. Literalmente. De hecho, esta herramienta se volvió tan importante para mi consulta, que me descubrí usándola en alrededor de 95% de las sesiones que estaba haciendo. Creaba resultados que me sorprendían completamente.

Hubo una mujer que vino a verme, que tenía un dolor tremendo en su rodilla izquierda. Ya había tenido una cirugía en su rodilla derecha y vino a mí porque se acababa de lastimar su rodilla izquierda en una forma similar y esperaba algo de alivio en el nivel del dolor.

Después de 20 minutos de trabajo, usando principalmente la herramienta de "¿A quién pertenece esto?", su dolor había disminuido en un 80%. Después de otros 40 minutos de trabajar juntos, ella reportó que 99% del dolor había desaparecido. ¡Y nunca regresó!

No estoy diciendo que este sea el caso para todos los dolores de rodillas, pero así fue en este caso en particular. Tener esta herramienta y la disposición a utilizarla, fue lo que salvó a esta mujer de mucho dolor y creó una consciencia en su mundo de que lo que ella pensaba que tenía que ser así (el vivir con ese dolor en su rodilla), no necesariamente tenía que serlo.

En el supermercado
Un hombre que había tomado una clase de Access y recibido esta información, estaba caminado en el supermercado. Él pasó al lado de una mujer mayor quien le pidió que se agachara a recoger un rollo de papel sanitario para ella pues le dolía su espalda. Sin pensarlo, él le preguntó: "¿A quién le pertenece eso?" Ella respondió: "A mi esposo". E instantáneamente, se agachó y tomó el papel sanitario. Extraño y verdadero.

En el gimnasio
Solía ir al gimnasio y ejercitar todo el tiempo, porque tenía cantidad de juicios respecto a mi cuerpo. Así que estaba ejercitando mucho. Solía pesar 25 libras más que ahora y tenía un 3% menos de grasa corporal. Yo era ENORME. Y no importaba cuanto ejercitara, aún me sentía mal con respecto a mi cuerpo.

Después de empezar con Access, fui un día a hacer ejercicio. Entré sintiéndome realmente bien en relación con mi cuerpo, realmente bien en relación conmigo mismo, y en cuanto crucé el umbral del gimnasio, todos estos puntos de vista entraron en mi cabeza: *"Oh, Dios mío, mi cuerpo está fatal; mis bíceps están demasiado pequeños, no he hecho sufi-*

ciente; necesito comer mejor, necesito bajar la cantidad de grasa; necesito dejar de comer Big Macs y Coca". Y pensé : "Guau, doy asco".

Así que hice esta pregunta:

¿A quién le pertenece esto? ¿Es mío?

Y se disipó, desapareció. Instantáneamente. Ni siquiera era mío. Tengo que decírtelo, ¡también pensé que era extraño! ¡Pensé también que era demasiado fácil! El hecho es que simplemente funcionó. Me sorprendió totalmente.

Eres como un gran receptor de radio psíquico : andas captando basura de todos los que te rodean todo el tiempo y todos lo van captando de todos los demás y compartiéndolo a su alrededor…

¿Qué tal si solo fuera una persona la que está pensando en el planeta y todos los demás solo estuviéramos captando de ella?

¿Cuánto del dolor y el sufrimiento que tú crees que ha estado en tu cuerpo, de hecho, no es tuyo? Y en lugar de eso, ¿será que tu cuerpo te ha estado dando consciencia del dolor, sufrimiento y juicios de otras personas?

¿Estarías dispuesto a verlo ahora? Por favor podrías empezar a preguntar:

"¿Es esto mío, de alguien más o de algo más?"

Así que aquí vamos… Número tres.

3. Si se siente más ligero en "¿Es de algo más?", ¡eso significa que es de la Tierra!

La Tierra está pidiendo tu apoyo para facilitarla. Y al igual que tu cuerpo, la única forma que conoce la Tierra para llamar tu atención, es la de darte dolor.

Tú (Sí, ¡TÚ!) tienes capacidades para facilitar a la Tierra. Si no las usas cuando la Tierra está pidiendo tu apoyo, tu cuerpo, comenzará a doler.

Por ejemplo, después del terremoto de Fukushima en 2011 y su subsecuente fuga radioactiva, varias personas me llamaron con problemas en el pecho. Lo único que ayudó a aliviar su tos fue hacerles estas preguntas y luego reconocer que sus cuerpos, estaban contribuyendo a tratar de aliviar los problemas que estaban ocurriendo para la tierra, los océanos y la gente afectada por la radiación.

Sí, ahora pueden llamar a los enfermeros con las batas blancas. Digan que soy tonto, digan que estoy loco. REALMENTE a mí también me sorprendió la primera vez que accedí a esta información y FUNCIONÓ para cambiar los síntomas de las personas. Sé que hay muchos de ustedes que podrían decir que fue un efecto "placebo" o podrían atribuirlo a alguna artimaña.

Por otro lado, probablemente muchos de ustedes, que están leyendo este libro, están ahora mismo reconociendo: *"¡Oh, Dios mío, no estoy loco! Alguien más ha puesto en palabras lo que yo he sabido durante años"*. Y es para ustedes que se escribió este libro. La gente de mente cerrada no cambia el mundo. Sigue perpetuando todo lo que mantiene la limitación aquí. La gente vaca del mundo se ha salido con la suya haciéndonos pasar por equivocados durante demasiado tiempo.

Y, desde mi punto de vista, es tiempo de que los soñadores como tú, quienes verdaderamente desean cambiar el mundo, tengan las herramientas para hacerlo –sin importar lo raro que pueda parecer al principio.

¿Cuántos dolores, rigideces o salidas tienes actualmente en tu cuerpo que, de hecho, son de la Tierra (o de otras personas en ella), demandando o requiriendo tu apoyo? Todo lo que permita que eso se quede bloqueado, ¿lo destruyes y descreas ahora, por favor? Acertado y equivocado, bueno y malo, POD y POC, todos los 9, cortos, chicos y más allá. La Tierra nos

ha estado regalando a todos por miles de años. ¿Es ahora el momento de empezar a recibirlo?

¿Y de regalarle de vuelta?

HERRAMIENTA

Practica con tu cuerpo

Saber lo que verdaderamente desea tu cuerpo toma práctica. Recordar preguntarle a tu cuerpo toma práctica.

Y descubrir qué preguntar también toma práctica.

¿Sabías que simplemente digerir la comida toma una enorme cantidad de energía de ella? El hecho de que estés obteniendo energía de tu comida es poco más que una mentira. Nosotros y nuestro cuerpo requerimos, de hecho, de mucha menos comida de la que nos han dicho.

Durante los siguientes días, ¿estarías dispuesto a jugar a hacer algunas preguntas cada vez que "sientas" hambre, sin molestarte en tratar de hacerlo bien?

Empieza con preguntas de sí y no (es más fácil). Por favor, ten en cuenta que la respuesta con la que te sientas más "ligero" es la que es verdadera para tu cuerpo. Aquí están algunos ejemplos:

Cuerpo...

¿Requieres algo? Sí/No
¿Es eso tuyo o de otro cuerpo?

¿Requieres comida? Sí/No
Si es ligero en sí, ¿es eso tuyo o de otro cuerpo?

¿Requieres de alguna bebida? Sí/No
¿Es eso tuyo o de otro cuerpo?

¿Hay algo en el refrigerador que desees? Sí/No

¿Es eso tuyo o de otro cuerpo?

¿Requieres… brócoli…? Sí/No
(Por favor, pregunta por cualquier cosa que estés pensando comer) ¿Es eso tuyo o de otro cuerpo?

¿Te gustaría alguna otra cosa? Sí/No
¿Es eso tuyo o de otro cuerpo?

¿Requieres movimiento? Sí/No
¿Es eso tuyo o de otro cuerpo?

¿Requieres ser tocado? Sí/No
¿Es eso tuyo o de otro cuerpo?

¿Requieres sexo? Sí/No
¿Es eso tuyo o de otro cuerpo?

Por favor, ten en cuenta que generalmente comemos para evitar SER EL ESPACIO que en verdad somos y la ligereza que en verdad somos. Nosotros no reconocemos ese espacio como nosotros, así que lo percibimos como algo que está incorrecto y hacemos todo para regresar a la pesadez que nos es más familiar. En este caso, comiendo.

Pero, ¿qué tal si lo que tú ERES es ESPACIO? ¿Y ligereza?

Todo lo que has hecho para comer y así evitar ser el espacio de ti, o para llenar el espacio de ti, ya sea comiendo o por cualquier otro medio, ¿lo destruyes y descreas ahora, por favor? Acertado y equivocado, bueno y malo, POD y POC, todos los 9, cortos, chicos y más allá. Gracias.

Comenzando a
recibir

NOTA PARA EL LECTOR

Pidiéndole a la silla

Me gustaría tomar un momento para mostrarte algo...

¿Cómo sería ahora mismo si le pidieras a la consciencia de la silla en la que estás sentado que haga que tu cuerpo esté más cómodo?

Pide.

¿Estás más cómodo?

Para muchas personas, sucede.

¿Es eso raro o qué?

¿Estás deseando que alguien te lo hubiese dicho antes?

La consciencia es parte de todo. A pesar de que, generalmente, no quieras saberlo, de hecho, eres unicidad con todo.

Tú eres ese espacio entre las moléculas (y átomos) de tu cuerpo. La parte del átomo que parece sólida es solo 0.0001 por ciento de todo el átomo.

El resto es espacio y posibilidad y consciencia... Tú...

¿Qué tal si el espacio entre las moléculas y la consciencia de tu cuerpo es el mismo que el espacio entre las moléculas de la silla?

Que es igual al espacio entre las moléculas del aire. Que es igual al espacio entre las moléculas de la pared. Que es igual al espacio entre las moléculas del edificio.

Que es igual que el espacio entre las moléculas de la calle y de la tierra que te rodea, y el sistema solar completo, la galaxia entera y el Universo entero.

¿Qué significa esto?

Significa que eres mucho más grande, que estas mucho más conectado, mucho más en conexión y comunión con todo, y que tienes mucho más opciones que las que has reconocido... jamás.

Jamás.

Y si lo permites, esa conexión y comunión, podrían llevarte a más facilidad de la que nunca imaginaste posible...

Capítulo 4
Pregunta[2] y se te dará

¿Cuál es tu punto de vista sobre este mundo? ¿Hay suficiente para todos? ¿Suficiente comida? ¿Suficiente dinero? ¿Suficiente amor?

¿Suficiente espacio? ¿Suficiente gozo? ¿O hay una cantidad limitada, de manera que, si tú tienes, por ejemplo amor, alguien más tendrá que quedarse sin él?

¿Puedes echar un vistazo a esto por un momento?

Tu punto de vista crea tu realidad. La realidad no crea tu punto de vista. Así que, si tú tienes el punto de vista de que vivimos en un universo de carencia y escasez, ¿qué es lo que en realidad estás creando?

Mi punto de vista y mi saber es que vivimos en un universo de total abundancia. La Biblia estaba en lo correcto sobre una cosa: *Pide y se te dará.* ¿No es eso raro: tan solo pides (preguntas) y recibes?

¿Pero cómo? Si hay un cómo…, es sólo estar presente en tu vida y estar dispuesto a recibir las energías de otra posibilidad. Al ser la totalidad del recibimiento, dejas todas tus barreras abajo y recibes todo. Sin exclusión. En la facilidad, el gozo y la gloria, recibes lo bueno, lo malo y lo feo.

Ahora, aquí hay una pequeña dificultad para muchos de nosotros…

---

[2] "Ask" en inglés significa tanto preguntar como pedir.

Si pedimos un millón de dólares hoy y no aparecen mañana, pensamos: *"Oh, el Universo no funciona; estoy tan equivocado, estoy haciendo esto mal"*.

Pero lo que tiene que suceder es que el Universo, literalmente, se tiene que reacomodar a sí mismo para que tengas lo que has pedido. Eso es lo que él está haciendo desde el momento en que pides (preguntas). Sin embargo, lo que pasa es que, cuando no se presenta, entonces empezamos con: *"Oh, no se está dando"*, y entonces se detiene, por supuesto, porque ya decidimos y concluimos que no está pasando. Ese punto de vista crea la realidad que se muestra.

Le hemos gritado nuestra conclusión al Universo: "¡No se está presentando!", y el Universo escucha y amable y cortésmente obedece.

En cambio, podríamos preguntar (de nuevo esas malditas preguntas): *"¿Se está mostrando, en realidad, en una forma totalmente diferente de lo que pude alguna vez haber imaginado? ¿Cómo puede mejorar esto?"*

Por favor, entiendan esto, mis hermosos amigos...

Siempre va a verse diferente a la forma en que ustedes pensaron que iba a hacer. ¡Siempre!

La manera en que pensaban que se iba a ver está basada en todos sus juicios sobre cómo debería verse, no basada en la consciencia de cómo podría verse, porque los juicios de cómo debería verse impiden que puedan darse cuenta de cómo podría verse. Y todos esos puntos de vista de cómo debería verse son precisamente la razón por la que no pudo mostrarse antes.

¿Me están siguiendo? ¿Quieren leer eso de nuevo?

¿Qué tal si TÚ comenzaras a recibir? Sí, querido: tú.

¿Que anhelas?¿Ser visto? ¿Ser escuchado? ¿Ser recibido, en totalidad?

¡Oh sí! Te puedo escuchar en mi cabeza:

"Por supuesto, qué pregunta tan tonta. Si tan solo me recibieras, entonces todo estaría bien; yo sería validado y valioso. Entonces existiría".

Aquí está mi pregunta. Creo que al principio susurraré:

¿Y qué hay acerca de recibir? ¿Más fuerte?

¿Y QUÉ HAY ACERCA DE RECIBIR?

"Oh, yo recibo", dices. "Claro que lo hago. Quiero decir, recibir no es problema. Si alguien me quiere dar algo, yo recibo, claro que lo hago. Amo recibir; no, no, no: yo no tengo problema para recibir".

¿Alguien más se siente un poco pesado? La mayoría de las personas no reciben mucho en este planeta, ¿lo has notado? Creas o no, eso se aplica a muchos de los que ahora mismo están leyendo este libro.

Solo mira esto por un segundo, por favor:

Siempre fuiste el más capaz a tu alrededor, que trataba de probar que no lo era; pero siempre supiste que nadie tenía tanta capacidad como tú, así que siempre has sido el que estaba siempre dispuesto a estar por su cuenta y a hacer todo por su cuenta, aun cuando pensabas que necesitabas a los demás (a quienes rara vez necesitas).

Eso no permite recibir mucho. Lo que permite es una gran cantidad de control y mucha fuerza dirigida para tratar de crear cosas en la existencia.

Recibir es un juego de pelota totalmente diferente.

Como ejemplo, digamos que vives en un pequeño país en el norte de Europa. La mitad del año está oscuro y es infernalmente frío. Llamemos a ese país, Suecia, solo por diversión.

Ahora, imagina que te despiertas y es el **primer día de primavera** en Suecia.

¿Cómo es?

Después de 6 meses de oscuridad, ¿estás más vivo que en cualquier momento en el maldito Universo o qué? Piensas: *"Oh, sol... sol. ¡Guau!"*

Sales a un clima de cero grados, bebiendo capuchinos, con tu cara hacia arriba volteando hacia la débil luz del sol, sonriendo. Hace tanto frío, que puedes ver tu aliento... ¿y a quién le importa? ¡Tú lograste salir una vez más del invierno! Ese es el sentimiento de: *"¡Oh, Dios mío, estoy vivo! ¡Venga! ¡Que venga todo! ¡Estoy caliente!"*

Ahora contrasta eso con **una mañana en la mitad del invierno.**

Despiertas y piensas: *"¿Por qué tengo que estar aquí? ¿Puedo apretar el botón de pausa en el despertador 27 veces más? ¿Puedo llamar y decir que estoy enfermo hoy? No, es mi propio negocio. El dueño va a saber que estoy mintiendo".*

Y cuando sales de tu casa, no quieres que nadie te vea o te hable. Estás teniendo un día realmente malo.

¿Notas que esas son dos formas totalmente diferentes de estar en el mundo? ¿De cuál de ellas preferirías tener más?

La primera es infinito recibir. Con la primera energía, puedes recibir todo el dinero, gente, amor, sexo y relaciones que alguna vez pudieras llegar a desear.

Sin embargo, la otra es la que tendemos a elegir con mayor frecuencia, el punto de vista de: *"No, no voy a recibir nada de nadie. Estoy en mi propia burbujita y se acabó. Aquí me mantendré y pondré esta barrera* acá, y esta otra por acá, y entonces cerraré totalmente mi cuerpo y mi cara. Ahora sí... estoy seguro".

No hay mucho recibimiento en esta realidad. De hecho, esta realidad está dedicada a la total exclusión de él. Todo aquí está basado en: *"Si yo te doy esto, ¿qué voy a recibir a cambio?"* y *"Si acepto esto, ¿qué voy voy a tener que darte?"*

Hay una alternativa. Como ser infinito –que es lo que tú en verdad eres– tú puedes recibirlo todo. ¡Todo! ¿Se sintió eso más ligero? La cosa es que... tienes que ELEGIRLO.

Todo lo que no te permite que lo elijas, ¿lo destruyes y descreas ahora, por favor? Acertado y equivocado, bueno y malo, POD y POC, todos los 9, cortos, chicos y más allás. Gracias.

Oh y, por cierto, no existe eso de problema de dinero. Todos los "problemas" de dinero son creados por lo que no estás dispuesto a recibir.

Uno de mis mayores maestros

En esta realidad, tienes que estar recordándote a ti mismo elegir recibir. No es algo que hagamos, pues es algo que no nos enseñan.

Déjame contarte una historia corta. Tengo un caballo que es uno de los seres más fenomenales con el que me he topado. Su nombre es *Playboy*.

Es un antiguo caballo de carreras y solía pertenecer a mi amigo Gary. Como yo no era muy buen jinete cuando conocí a Gary (y a *Playboy*), nunca se me ocurrió siquiera montarlo. Sin embargo, él solía dar vueltas en el lugar donde Gary guardaba a sus caballos, pararse frente a mí e inclinar su cabeza. Entonces corría un poco más, regresaba e inclinaba su cabeza de nuevo –directamente frente a mí.

Gary trató de venderlo, pero ninguna de las ventas se daba. Finalmente, un día andábamos montando por unos senderos y pregunté: *"Gary, ¿puedo montarlo?"*

Estábamos lejos de la civilización en ese sendero. Y *Playboy* usualmente corría y se alejaba con cualquiera que lo estuviese montando. Dado mi estatus de jinete novato, Gary estaba un poco dudoso en cuanto a permitirme montarlo. OK, él estaba realmente indeciso, pero finalmente cedió y dijo sí.

Así que lo monté, puse las riendas prácticamente colgando hasta el suelo, de forma de no tener ningún tipo de control sobre la boca del caballo, para nada.

Playboy volteó hacia mí y pensó: "Mi hombre". Yo lo vi y pensé: "Mi caballo".

Le di un toque de espoleo para ir a medio galope y partimos al ritmo de *bloopedy, bloopedy, bloopedy, bloop…* Era un pequeño, dulce y suave galope, en el que él estaba cuidándome totalmente. En un punto, estábamos tomando una curva y yo empecé a caerme de la montura. *Playboy* movió su trasero debajo de mí, a manera de no perderme. Maravilloso caballo. Maravilloso ser.

Por mi parte, yo tenía lágrimas corriendo por mis mejillas mientras cabalgábamos. No fue parecido a nada de lo que yo hubiera experimentado antes, y ni siquiera estoy seguro de cómo ponerlo en palabras.

Imagina tener a alguien en quien sabes que puedes confiar totalmente, que mira tu alma y reconoce cada aspecto de ti como ser —sin absolutamente ningún juicio ni ninguna proyección de error. Fue como ser totalmente amado, totalmente cuidado, totalmente reconocido y sin ser juzgado, a tal grado que hizo que todo el juicio explotara fuera de mi mundo. Todos los pensamientos se desvanecieron. Todas las necesidades desaparecieron.

Ahora sé que ese día tuve una experiencia de ser. Tuve una experiencia de unicidad, donde todo existe y nada es juzgado. Pero no hubo solo lágrimas y espacio. ¡FUE DIVERTIDO! ¡Fue intenso!

Fue como montar un cohete de no-juicios hacia un universo de ser simple, intenso, espacioso, sin juicio y gozoso. No sé CÓMO ocurrió (ni me importa). Sólo sé QUE ocurrió.

Esto es lo que he llegado a saber que es posible como nuestras vidas y en conexión con esas cosas en el Universo que desean regalarnos. Todo lo que se requiere es que lo elijamos **–y estar dispuestos a recibirlo–** y luego permitirnos que aparezca.

Todo lo que no permita que aparezca para ti, EMPEZANDO AHORA ¿lo destruyes y descreas todo, por favor? Acertado y equivocado, bueno y malo, POD y POC, todos los 9, cortos, chicos y más allá. Gracias.

Aun con esa comunión que tuvimos –y tenemos– *Playboy* y yo, durante muchísimo tiempo, yo no estuve dispuesto a recibir de él, no totalmente. Siempre había alguna parte de mí que mantenía separada, como si esa fuera la única forma de tenerme a mí, según me había definido a mí mismo. Estoy seguro que tú no estás haciendo eso en ninguna parte de tu vida, ¿o sí?

Un par de años más tarde a él le dio cáncer. Con mi agenda de viajes, y rehusándome a recibir de él, él decidió que era mejor irse a tener la vida que estaba teniendo.

Verán, él no dejaba que nadie más lo montara. Él es mi caballo y yo soy su hombre. Es así. Una vez, después de que fuera mi caballo, *Playboy* dejó que Gary lo montara para mostrarme cómo montarlo de una manera determinada. Él llevó a Gary tres veces alrededor del ring y luego se paró. Era como si estuviera diciéndole a Gary: "*Ya puedes bajarte. Deja que Dain se vuelva a subir*".

Así que cuando Playboy tuvo cáncer, otras personas y yo le preguntamos:

"¿Hay algo que podamos hacer aquí?" Él respondió: *"Sip, realmente me gustaría que Dain me montara una vez por semana. Pero estaría dispuesto a dejar que el entrenador me montara una vez por semana si Dain me monta una vez por mes".* Yo dije *"Muy bien, hecho".*

Y él respondió: *"Oh, y otra cosa más, tú tienes que empezar a recibir de mí o me iré de aquí".* Solo que yo no sabía exactamente lo que él quería decir en ese momento. Así que, teniendo acceso a las herramientas que tengo, utilicé una de ellas. **PEDÍ QUE SE ME MOSTRARA lo que él quería decir, ya que yo no tenía ni una pista.**

Poco después de eso, me fui de viaje a Europa. Estaba haciendo sesión tras sesión, tras reunión, tras sesiones, tras reuniones, tras clase, tras clase, tras reunión, tras sesión, tras reunión y así sucesivamente. No estaba escuchando a mi cuerpo y me estaba enfermando. Normalmente funciono como el sol, un niño de seis años y el conejito de Energizer, mezclados en una forma extraña –y solo porque lo puedo hacer, no significa que sea la mejor opción.

Mi cuerpo me estaba diciendo muy claramente lo que se requería. Tenía que empezar a recibir, como, por ejemplo, bajar todas mis barreras y recibir de mi caballo, de la Tierra, de la gente y todo lo demás que me rodeaba, que estaban dispuestos a regalarme a mí y a a mi cuerpo.

Me acosté en mi cama, puse mis manos en mi cuerpo y hablé con mi caballo. Sé que suena realmente chistoso. Pero lo hice, fue como *"Está bien, Playboy, obviamente tienes algo que regalarme, ¿qué es lo que me he estado negando a recibir?"* Y después hice POD y POC a todo lo que no me permitía recibir lo que fuese.

Esta energía de ser, presencia, amabilidad, cuidado, gentileza y gozo de la encarnación llenó mi cuerpo y pensé: *"¡¡¡¡Oh, mier*, esto es lo que he estado rechazando por los últimos 8 años!?!?!*

Rechazando.

He estado trabajando continuamente en recibir, durante los últimos 10 años, en todas las cosas que he hecho. Todo se trata de recibir más, saber más, ser más y percibir más.

Con todo, no me daba cuenta de lo mucho que aún estaba rehusándome a recibir.

¿Es posible que haya algo (o tal vez muchas cosas) que sigas rehusándote a recibir?

¿Estarías dispuesto a dejar de rehusarte? ¿Ahora mismo?

¿Del Universo?

¿De aquellos a tu alrededor que verdaderamente desean regalarte?

¿De mí?

¿Aún si no sabes cómo se verá o lo que requiera?

Todo lo que no permita esto, ¿lo destruyes y descreas ahora, por favor? Acertado y equivocado, bueno y malo, POD y POC, todos los 9, cortos, chicos y más allá. Gracias.

HERRAMIENTA

El Universo te respalda

¿Estarías dispuesto a empezar cada mañana haciendo esta pregunta?:

¿Quién soy hoy y qué grandiosas y gloriosas aventuras voy a tener y ¿ RECIBIR hoy?

¿Qué se requeriría para que tengas lo que deseas en la vida? No busques una respuesta, solo recibe la energía de ello. Ahora pregúntate si estás dispuesto a recibir sin preconcebir lo que tendrías que recibir para tener lo que deseas.

¿Estás dispuesto a recibir sin proyecciones, expectativas, separaciones, conclusiones, juicios, rechazos o respuestas sobre qué es lo que tiene que ser o cómo tiene que verse?

Todo lo que no permita eso, ¿lo destruyes y descreas ahora, por favor? Acertado y equivocado, bueno y malo, POD y POC, todos los 9, cortos, chicos y más allás. Gracias.

¿Qué es en verdad posible para ti entonces? ¿Qué cambiarías si supieses que el Universo está de tu lado?

Porque lo está. **El Universo está totalmente de tu lado.** Te respalda.

Muy en el fondo tú sabes eso. Siempre lo has sabido.(Incluso si ha estado oculto, muy en el fondo de algún oscuro, raramente recorrido, escasamente amueblado, interminable corredor de ti mismo).

¿Estarías dispuesto a empezar a recibir la energía de ese SABER ahora?

Todo lo que no permite eso, vamos a descrearlo y destruirlo ahora:

¡1... 2... 3! *Acertado y equivocado, bueno y malo, POD y POC, todos los 9, cortos, chicos y más allá. Gracias.*

El Universo te respalda. Desea regalarte. Sí, a ti.

NOTA PARA EL LECTOR

¿Qué tal si hubiera algo correcto en todo lo que has elegido?

Tal vez estés contemplando dejar de leer ahora.

Si eso es lo que elegiste, ¡hazlo!

¿Qué tal si hubiera algo correcto en todo lo que alguna vez has elegido?

¿Qué tal si dejar de leer ahora fuera exactamente lo correcto para ti?

No tengo ningún punto de vista.

Sé que piensas que lo tengo. Pero no.

Lo genial es que puedes empezar a leer de nuevo en cualquier momento, tal vez en 10 años, tal vez mañana.

¿Cómo puede mejorar eso?

Incluso puedes hacer trizas este libro y aún elegir captar SU ENERGÍA en otro momento en tu vida.

Ahora, ¿cómo puede ser aún más extraño?

La potencia del
— cuidado —

NOTA PARA EL LECTOR

¿Qué tal si todos somos gigantes dormidos?

¿Qué tal si nosotros tenemos esta SORPRENDENTE potencia y capacidad –y solo es totalmente diferente a la forma en que pensamos que iba a ser?

¿Qué tal si tu mayor potencia no es la fuerza y la maldad y la rabia que puedes impartir?

¿Qué tal si tu mayor potencia es la gentileza que puedes ser, la amabilidad que puedes ser, el cariño que eres y el espacio de infinita permisión que eres?

¿Te das cuenta de que, si eliges ser eso, no permite que el juicio exista?

¿Suena eso más como tú?

¿Qué tal si todos somos gigantes dormidos? **Si, tú también.**

Por favor, haz esta pregunta todos los días:

Si estuviera en verdad cuidando de mí y del mundo hoy, ¿qué elegiría ahora mismo?

Tu vida cambiará.

Capítulo 5
¿Y si cuidar fuera la esencia de ti?

Toma mi mano y deja que te conduzca por la línea del tiempo por un momento... De nuevo eres un adolescente... un cuerpo que no encaja muy bien... palabras que no saldrán correctamente... y una constante ebullición de sentimientos y emociones. Esos gloriosos años de dicha facilidad y gozo totales que todos hemos experimentado...

¿Recuerdas estas tres palabras: "No me importa"?

Elige una de las muchas veces en que las pronunciaste para ti mismo, para tus amigos, padres, maestros, un chico simpático, una chica simpática, rechazándote, nuevamente...

¿Era verdad no te importaba? Claro que no.

Te importaba mucho más de lo que jamás admitirías –incluso a ti mismo.

Todos sabemos eso sobre los adolescentes.

¿Y si eso aún fuera verdad?

¿Qué tal si te importa mucho más de lo que jamás quisiste saber? ¿Y si te importara muchísimo más que lo que jamás hayas querido reconocer con nadie, incluyéndote a ti? ¿Y qué tanto has decidido que "que te importe" es lo que te ha metido en problemas? ¿Que es la intensidad del cuidado que tú brindas lo que te hace débil? ¿Y es responsable por tus heridas y tu dolor?

Querido amigo, no es tu cuidado lo que es responsable de tu sufrimiento y tu dolor. Es cuando cortas el cuidado que tienes –por ti y por los demás – lo que te causa daño y dolor.

El cuidado por otras personas es siempre lo primero que tratamos de cortar cuando pensamos que alguien está tratando de hacernos daño.

Sentimos que es más fácil juzgar a alguien y pensar sobre lo que hicieron mal (de tal manera que puedas justificar el no estar cerca de ellos), que bajar tus barreras y decir *"¿Sabes qué?, realmente es difícil decirlo, pero te adoro. Me gustas mucho y me duele mucho que no quieras que esté tan cerca de ti como yo quisiera. Eso es en realidad lo que pasa y es por ello que trato de juzgarte y ver lo incorrecto de ti y trato de separarme de ti".*

¿Alguna vez has tratado de decirle eso a alguien? ¿Qué pasaría? Todos sus circuitos se freirían; te verían como si fueses de otro planeta. Y muy posiblemente se derretirían –en la suavidad que siempre quisieron ser y para ser la cual nunca se sintieron seguros.

Desafortunadamente, nadie hace eso aquí. No es porque no podamos, es porque hemos aprendido a no hacerlo. Sentimos que no podemos cuidar a personas que están eligiendo no recibirlo. El problema es que sí te importan y no puedes ser de otra forma. Te estás comprando una mentira cuando piensas: "Oh, no me importan".

¿A quién estás matando cuando haces eso? A ti. Solo dejaste de cuidarte a ti mismo al comprarte la mentira de que puedes dejar de cuidar a cualquier otra persona. Para intentar que dejen de importarte, solo puedes hacerlo cortando tu cuidado por todos, y eso te incluye a TI. Y… ¡de todos modos no funciona!

¿Y si no lo hicieras? Si tu punto de vista fuera: "No importa lo que pase, yo, de todos modos, voy a cuidar de mí mismo. Y de todos modos, a mí me van a importar, a pesar de lo que las personas a mi alrededor elijan". Esa es la única forma en que te permitirás a ti mismo tener el gozo de tu realidad –estando dispuesto a que de hecho te importe tanto como verdaderamente te importa y a no evitarlo, sin importar lo que todos los demás elijan.

Porque, de hecho, eso involucra cuidarte a ti mismo.

Todo lo que hayas hecho para tratar de probarte a ti mismo que no te importa, y para no reconocer lo mucho que sí te importa –aun tratándose de la gente que te ha hecho daño–, *¿lo destruyes y descreas ahora, por favor? Acertado y equivocado, bueno y malo, POD y POC, todos los 9, cortos, chicos y más allás.*

Somos seres de unicidad

Tienes que superar esa mentira de que, en algún punto, no te importa, hermoso ser. No es que estés mal y seas malo por creer que no te importa. Tan solo es lo que aprendiste desde muy joven. Tan solo es lo que la mayoría de la gente elige para nunca tener que ver qué tan verdaderamente diferentes son y qué tan verdaderamente diferente les gustaría que fuese el mundo.

Mucha gente se ha desconectado completamente de toda su vida, basada en esto únicamente: *no querer reconocer cuánto les importa y cómo la mayoría de las personas aquí se han negado a recibir –y dar– ese cuidado.*

¿Cuánto cuidado te has negado a recibir?
¿Cuánto cuidado te has negado a ser?
¿Lo reconocerías?
¿Reconocerías que no es el verdadero tú?
¿Y que no es verdadero para ti?

Tú deseas algo diferente.

Si no, no estarías leyendo este libro. Tú deseas otra cosa diferente a dejar de cuidar o que deje de te importarte con el fin de poder permanecer "en" esta realidad. Sabes que algo más grandioso es posible...

¿Reconocerías teso? Pase lo que pase. ¿Lo reconoces ahora?

Todo lo que no permita esto, ¿lo destruyes y descreas ahora, por favor? Acertado y equivocado, bueno y malo, POD y POC, todos los 9, cortos, chicos y más allás. Gracias.

A propósito, el cuidarte a ti mismo y el gozo van de la mano. Dejar de cuidarte a ti mismo y a los demás no funciona.

¡No funciona!

No podemos hacerlo y mantener el gozo. No podemos hacerlo y tener abundancia. No podemos hacerlo y tener conexión. No podemos hacerlo y crear posibilidades. El cuidado es una de las mayores cosas que están faltando en esta realidad –el cuidado. Si todos en el planeta ahora mismo, tuvieran cuidado de sí mismos y de unos hacia los otros, ¿funcionaría nuestro planeta como lo está haciendo? ¿Se sentiría de la manera en que se siente? ¿Habría genocidio? ¿Guerra?

¿Cómo sería si demandaras que la totalidad de tu cuidado se muestre para ti, sí o sí? ¿Demandarlo, ya sea que tarde mil años... una semana ...o se manifieste ahora mismo?

Ahora mismo.

Y todo lo que no te permita recibir –y ser– el verdadero cuidado por ti que haría que estar vivo fuese un gozo, ¿lo destruyes y descreas ahora, por favor? Acertado y equivocado, bueno y malo, POD y POC, todos los 9, cortos, chicos y más allás.

¿Aprendiste a estar enojado con la gente?

Entiende esto: tú eres unicidad (donde todo existe y nada es juzgado). Tú eres eso. Cuando separas tu ser, dejas de existir como tú.

Y déjame decirte que yo aún estoy trabajando en ello. No soy el modelo para la consciencia, si es lo que pensabas.

Déjame darte un ejemplo, uno realmente tonto, especialmente cuando hablamos de unicidad...

Iba a encontrarme con una amiga mía para tomar un café. Y entonces, ella no me llamó. Yo había reservado el tiempo, hice planes y ella no llamó. En vez de eso ella llamó la mañana siguiente: *"Perdón por no haberte llamado anoche. Trabajé hasta tarde y después estaba ya muy cansada"*.

Lo primero que quería hacer era decirle:

"¡P*RRA! ¿¡¿Cómo te atreves a deshonrar mi sagrado tiempo?!?"

Ese fue al primer lugar al que yo quise ir. Entonces, como no se sentía bien, hice una pregunta: *"¿Cuál sería realmente MI punto de vista en esta situación?"* (Pista: cuando estás eligiendo lo que es verdadero para ti, se siente "bien" o "ligero". Cuando no estás eligiendo lo que es verdad para ti, siempre se siente "pesado".) Después de un momento, me di cuenta:"Este no soy yo. Estoy feliz siempre que alguien hace lo que sea que quiere hacer, ya sea que me involucre o no).

Raro. Estaba sorprendido ante lo que en realidad era mi punto de vista. Entonces, eché un vistazo a mi pasado y me di cuenta de que este siempre había sido mi punto de vista cuando era más joven y, debido a eso, ME DIJERON que a mí no me importaba lo suficiente.

Me dijeron que estaban pisoteándome –y me lo compré.

Me dijeron que la gente se estaba aprovechando de mí. **Así que aprendí a estar molesto con la gente. Aprendí que no podías simplemente ser amable con la gente todo el tiempo, tan solo porque funciona para ti.** Aprendí que uno tiene que estar molesto en las situaciones apropiadas.

¿Tú también aprendiste eso?

¿Verdad?

¿Te hace eso sentir más ligero?
¿Te hace eso sentirte más conectado contigo?
¿Te hace eso sentirte más cerca de cualquier otro?

Si las respuestas a todas las preguntas anteriores son un "no" para ti también, entonces tal vez podrías considerar hacerte estas preguntas:

¿Me han enseñado a juzgar como si eso fuera cuidar?
¿Me han enseñado a juzgar en lugar de cuidar?
¿Me han enseñado que separarme de otros y ver lo incorrecto en ellos es en verdad cuidarme en realidad a mí mismo?
¿Qué otras elecciones tengo que me puedan hacer sentir más ligero y feliz que aquellas que he estado eligiendo?

Hay otras opciones disponibles que de hecho involucran cuidarte a ti mismo. Solo tienes que estar dispuesto a elegirlas. Cuando estés dispuesto a elegirlas, entonces serás capaz de verlas.

Todo lo que no te permita saber cuáles son esas elecciones y, de hecho, ser capaz de elegirlas, ¿lo destruyes y descreas ahora, por favor? Acertado y equivocado, bueno y malo, POD y POC, todos los 9, cortos, chicos y más allá.

He aquí otra diferente para ti: ¿Sabes cuál es una de las cosas más intimidantes para los que intimidan?

Es cuando no puedes ser manipulado hacia el enojo, la rabia, el odio, los juicios y la separación. Una de las cosas más intimidantes para las personas que tratan de intimidarte es cuando no te separas de ellos sin importar lo que traten de hacer. Eso los asusta.

Entonces no saben cómo manipularte y no saben cómo oprimir tus botones.

Entonces, regresemos otra vez al momento en que mi querida amiga me llamó, después de dejarme plantado la noche anterior. Se suponía que yo debía estar enojado por todo lo que me habían enseñado, pero elegí de forma diferente. Elegí ser yo. (Por cierto, todo esto toma solo 10 segundos.) Desde ese lugar de mí, le dije: "Hola, hermosa, ¿cómo va todo?".

"Oh, muy bien, lamento tanto no haber estado ahí anoche, tenía tantas ganas de verte", contesta ella.

Pude sentir que todo mi ser se relajaba. Porque ese era realmente el problema. Me sentí herido porque pensé que ella no quería verme. Me sentí herido, así que me enojé para tapar eso y que nadie pudiese ver que yo me sentía menos valioso y menos deseable.

Estaba muy agradecido de haber sido capaz de ser así de vulnerable conmigo mismo y elegir diferente. Me di cuenta de que estar así de enojado no me funcionaba. No estaba evitando estar enojado porque no funcionaba para ella o porque sería malo para ella. No funcionaba para mí, para quien me gustaría ser.

¿Cuántas elecciones estás haciendo que, en realidad, no funcionan para ti, porque te enseñaron que se suponía que eso tenías que elegir?

¿lo *destruyes y descreas ahora, por favor? Acertado y equivocado, bueno y malo, POD y POC, todos los 9, cortos, chicos y más allá. Gracias.*

Ahora, para un punto de vista aún más interesante: duele porque no te reciben

Por favor, sé consciente de que cuando alguien es cruel contigo, es doloroso porque no te recibirán, y no recibirán tu cuidado y no recibirán el suyo propio, y eso es doloroso para ti.

No es que estén tratando de lastimarte a ti. Eso te importa menos. Es que quisieras sacar el dolor y el sufrimiento que percibes en el mundo. No importa lo que alguien te haga, aun así, te importa. No importa si es abuso o acoso o maldad o enjuiciamiento o crueldad o robo o cualquier otra cosa, con todo, ellos te importan.

Tú crees que se supone que no te tienen que importar.

Por ejemplo: *"Oh, me hicieron esto que es incorrecto, así que ahora, se supone que no me tienen que importar"*. Pasas toda tu vida tratando de que no te importen... pero te importan. Aun así, te importan.

Así que, todo lo que has hecho para comprarte que podría dejar de importarte alguien, cuando simplemente no puedes, ¿lo destruyes y descreas ahora, por favor? Acertado y equivocado, bueno y malo, POD y POC, todos los 9, cortos, chicos y más allá. Gracias.

Te estoy pidiendo que, por favor, estés dispuesto a no juzgar... que estés donde todo es solo un interesante punto de vista. Esto también es conocido como permisión, donde todo lo que cualquiera elige (incluyéndote a ti) es solamente un interesante punto de vista. Entonces, podrás ser la diferencia que permitirá que las cosas cambien.

¡A ti te importa mucho más y eres demasiado amplio para excluir cualquier cosa!

Cuando lo haces, cuando te alejas de la gente y pretendes que no te importa, también tú te excluyes. *Es por eso que se siente tan horrendo.*

¿Estarías dispuesto a cuidarte tan grandiosamente, y estarías dispuesto a ser tan diferente que te convirtieras en tal intensidad de cuidado y espacio, que le mostraras al mundo que es posible?

¿Cómo sería si tuvieras tal intensidad de cuidado y gratitud que tú te CONVIRTIERAS EN ELLO? ¿Es posible que te gustara tener gratitud y cuidado por tu vida y tu vivir en cada momento? ¿Estar agradecido por lo que cada momento trajera, donde quiera que estuvieras y con quien quiera que estuvieras?

¿No es eso lo que has estado buscando toda tu vida?
Nos enseñan a no ser vulnerables.
Nos enseñan a no cuidar (a que no nos importe).
Nos enseñan a no estar presentes.
Nos enseñan a no dar.
Nos enseñan a amurallarnos contra todos y todo, y a tratar de controlar el mundo que nos rodea para tratar de conseguir nuestra parte antes que nadie más lo haga –*y para 99% de las personas que están leyendo este libro, eso simplemente no funciona.*

Si no funciona para ti, ¿estarías dispuesto a elegir algo diferente ahora?

¿Que tal si tú, siendo tú, eres cuidado, gratitud, regalo, presencia, vulnerabilidad y la diferencia que el mundo requiere?

Solo tenlo en cuenta...
∽∽∽∽∽

¿Qué tal si tú, siendo tú, eres cuidado, gratitud, regalo, presencia y vulnerabilidad?

¿Es eso ligero para ti?
¿Es eso verdadero para ti?
¿Qué es lo que tú sabes?
¿Qué te gustaría elegir a TI?

¿Quieres saber CÓMO ser eso?

No hay un cómo. Lo sé. Es irritante.

Solo tienes que hacer la demanda de ser eso y después haces una pregunta. (Sí, una pregunta. De nuevo).

Primero, la demanda:

"No importa lo que tome, yo estoy demandando que voy a cuidarme a mí mismo y a estar agradecido por mí. No importa cuánto me tome estar dispuesto a tener eso o cómo se vea, estoy demandando que eso suceda –y eso comienza ahora".

Después pregunta:

"Oye, Universo, ¿qué va a tomar? Porque yo no sé lo que va a ser tener que estar en un constante estado de gratitud y cuidado y espacio, puesto que no conozco a nadie que viva ahí y porque nunca nadie me enseñó cómo hacerlo".

Le preguntas al Universo porque no tienes ni idea. Realmente no es tu trabajo tener una pista, hermoso y dulce tú. Tu trabajo es simple y sinceramente requerir que ocurra y entonces hacer la pregunta.

Luego haces "POC y POD" a todo lo que no permita que se muestre: *Todo lo que no permita que se muestre, destrúyelo y descréalo. Acer-*

tado y equivocado, bueno y malo, POD y POC, todos los 9, cortos, chicos y más allás.

Y el Universo te escucha y dice:
"¡¡¡Yeyyy!!! ¡Al fin hiciste la pregunta! ¡¡¡Yupi, esto va a ser tan divertido!!! ¡Ahora podemos jugar juntos! Y sí, sé que no tienes idea, así que mira esto: te voy a dar algunos pasos realmente fáciles para empezar.
¿Bien?"

Algunos días serán fáciles y algunos días va a ser tan difíciles que simplemente vas a querer saltar del planeta... pero ahora, estás encaminado...

No te des por vencido... Ahora es el momento...
Solo sigue preguntando... Y sigue eligiendo...
Y sigue avanzando...

Y lo que estás pidiendo sucederá...

(Por favor... por favor... no importa lo que sea, si reúnes el valor para seguir moviéndote... nada te volverá a detener jamás... Puede que te haga ir más lento, pero en verdad nunca volverá a detenerte jamás...)

Si yo pudiera desear una cosa para ti – y regalarte una cosa– , esa sería que nadie ni nada volviera a ser capaz de detenerte de nuevo al crear la vida –y el mundo– que verdaderamente te gustaría crear, tener y de la cual te gustaría ser parte.

Todo lo que no permita que eso se muestre y todo lo que se interponga en el camino de que tú lo recibas, ¿lo destruyes y descreas ahora, por favor? Acertado y equivocado, bueno y malo, POD y POC, todos los 9, cortos, chicos y más allás.

──── **NOTA PARA EL LECTOR** ────

No significativo

Veamos algunas de las veces en que pensaste que realmente no te podía importar menos...

Mi pregunta es si realmente no te importa –o si eres lo suficientemente listo como para NO HACERLO SIGNIFICATIVO.

¿Y si eres más consciente de lo que jamás has reconocido?

Cualquier cosa o persona que haces significativa te atora. Tienes que juzgar donde sea que es correcto o es incorrecto, está bien o está mal, si se quedará o se irá, dará o quitará...

¡Oh, qué gozo!

Te puede importar profunda, muy profundamente alguna persona y, aun así, no hacer a esa persona significativa en tu vida.

Importar no es igual a necesitar. O significativo.

El verdadero cuidado es libertad total.

HERRAMIENTA

Preguntando: ¿VERDAD?

He aquí una de las más simples herramientas de Access.

La uso todos los días – al facilitar las clases, administrar mi negocio y en mis relaciones.

Aquí está:

¿Quieres ser capaz de escuchar las mentiras que dice la gente a tu alrededor?

¿AUN CUANDO NO SABEN QUE ESTÁN MINTIENDO?

Solo pregunta "¿Verdad?" antes de hacer una pregunta.

Puede ser en voz alta o dentro de tu cabeza. No importa. Tú y todos en la habitación sabrán si esa persona está mintiendo o no.

Mintiéndote a ti (y a ellos mismos).

Es una pequeña herramienta muy útil. Contribuye grandemente a cambiar el mundo.

Sería malo si la probases. Definitivamente aumentaría tu consciencia de lo que está ocurriendo alrededor tuyo y en tu vida.

Y no quieres eso, ¿cierto?

Relaciones
¿fenomenales?

NOTA PARA EL LECTOR

Una de las grandes cosas…

…que todos hacemos es frenarnos para no cambiar, para no perder nuestra conexión con los demás.

Es una de las mayores limitaciones que nos hemos impuesto a nosotros mismos. Solo date cuenta de eso.

Lo que podrías descubrir es que, al elegir cambiar, serás una invitación para la gente que desea cambiar.

Aun si ello cambia tu conexión con ellos.

Nota que estoy diciendo cambiar. **Será diferente**.

Puede o no puede significar que los pierdas.

Las personas que no deseen cambiar, con frecuencia simplemente se irán o te dirán que estás equivocado y se alejarán de ti.

Las personas que en verdad deseen cambiar no te echarán la culpa. Ellos dirán: *"Guau, ¿qué estás haciendo? Estás muy diferente.*

¿Puedo tener algo de eso?"

Oh, y tal vez puedas ponderar lo siguiente:

¿Con quién preferirías jugar y a quién preferirías dedicar tu tiempo, energía y atención?

¿A los que se resisten a que cambies o a los que se inspiran con tu cambio?

Capítulo 6
¿Estás dispuesto a ser suficientemente diferente para tener una relación grandiosa?

En este planeta gastamos mucho –MUCHO– tiempo y energía en el amor y las relaciones. Somos tan lindos, nosotros, hermosos seres en este planeta.

Tenemos tantos juicios, conclusiones y puntos de vista sobre lo que es y no es el *verdadero amor*. Casi todos nosotros estamos buscando la relación perfecta –incluso si pretendemos que no lo estamos haciendo.

Sin embargo, como yo lo veo, ¡hay tantas otras posibilidades de ser unos con otros! Tantas.

Simplemente no nos enseñan a adoptar ninguna de ellas aquí –esas posibilidades no son parte de esta realidad.

¿Qué tal si pudieras cambiar el paradigma completo de las relaciones?

¿Qué tal si pudiéramos cambiarlo por algo que realmente funcionara para todos nosotros? ¿Qué tal si ya no tuviera que tratarse de control, celos y envidia, correcto o incorrecto? ¿Qué tal si se tratara del regalo que podemos ser para –y a favor de– los demás?

Por favor, date cuenta: no estoy tratando de hacer que estés equivocado. Jamás.

Mi única intención es invitarte a una manera completamente diferente de ser.

Solo tú sabes si eso es ligero para ti.

Solo tú sabes si es verdadero para ti.

Una perspectiva totalmente diferente de las relaciones

Personalmente, en cuanto a relaciones, sé cómo hacerlo realmente mal. Debido a ello, he tenido que echar un vistazo en esta área muy dinámicamente, para ver que más podría ser posible.

Empecemos por una definición diferente de relación. Yo sé que es diferente. Sé que probablemente me querrás ver un poco raro por esto. Únete al club.

Defino relación como: "el grado de distancia (o separación) entre dos objetos".

¿Por qué? Porque para que dos objetos se relacionen entre sí tienen que estar separados; de otra manera, están en unicidad y entonces ya no están en relación, porque no están separados. ¿Tiene eso sentido?

He visto y examinado y examinado lo que crea una buena relación y debo decirte que para nada es lo que yo pensaba que era. Así que, revisando esta área, me di cuenta de que hacemos algo diferente al ideal que todos parecemos estar luchando por alcanzar. De ahí mi definición diferente de la palabra relación.

Déjame tratar de explicarla...

Si estamos en relación tenemos que estar separados y ser distintos. Así que, si tienes que crear algo de lo que estás separado y eres distinto, ¿no tendrías que crear separación para mantenerlo?

Aquí hay otra cosa extraña: por el mismo concepto de relación en esta realidad, tú tratas de tener esto con SOLO UNA persona, lo que por necesidad te excluye a ti, ya que siempre hay dos personas en la relación. No excluirás a la otra persona, hasta que te canses de tratar de dar y dar y dar y dar y que no funcione.

¿Sabes a qué me refiero? Te excluirás con más frecuencia de lo que los excluyes a ellos. Así es como funciona usualmente:

PRIMERO
Ves a la persona con la que piensas que te puedes convertir en uno. Durante 10 segundos, ven la grandeza que es posible en cada uno.

¡¡¡Yeyyy!!!

SEGUNDO
10 segundos más tarde, tú estás juzgando y tratando de cortar–y de divorciarte de– cada parte de ti que no iguala sus juicios, mientras ellos eliminan más y más y más de sí mismos para tratar de igualar tus juicios –y te preguntas por que las cosas se desmoronan con el tiempo.

¡Se desmoronan porque ninguno de ustedes está ahí como la persona que era cuando iniciaron la relación!

De eso es de lo que tratan la mayoría de las relaciones.

Me gustaría ver que fuera diferente también. Es por eso que te estoy presentando esta manera diferente de ver en esta área en particular.

¡SÉ que podemos elegir crear algo diferente!

Pero para que eso ocurra, tenemos que reconocer lo que está presente ahora y lo que estamos creando ahora. Tenemos que reconocer dónde estamos —aunque parezca difícil, doloroso o imposible de cambiar—, si es que alguna vez vamos a ir a algún lugar diferente.

¿Conoces a alguien que tenga una relación verdaderamente cariñosa y grandiosa?

¿Verdad? Piénsalo por un segundo. ¿Sí? Si es así, eres afortunado.

¿Sabías que 90% de las personas prefieren tener una mala relación que no tener una relación? (Si eres parte de ese muy pequeño porcentaje de la población que tiene una grandiosa relación, esto no aplica para ti).

Eso es porque ellos se ajustan cuando tienen una relación. En esta realidad, casi todos están buscando encajar, buscando tratar de beneficiarse, buscando ganar y buscando no perder.

En esta maravillosa realidad, encajas cuando tienes una relación. Te beneficia que las personas no piensen que eres un perdedor. Cuando tienes con quien tener sexo, ganas. ¡Eres un ganador! Ahora bien, lo que es bastante cómico es que es irrelevante si de verdad estás o no teniendo sexo…

Cuando tienes con quien tener sexo, cuando tienes alguien con quien copular, por definición eres ganador en esta realidad. Todos quieren ser un ganador, ¿correcto? ¿¿¿Es esa una de las razones por las que te esfuerzas por estar con alguien, incluso cuando en verdad no quisieras necesariamente estar con alguien???

Así que hay muy poca honestidad en esta área porque las personas quieren probar que no están perdiendo. Quieren probar que encajan con todos los demás y quieren probar que están ganando…. Gran estrategia. Es gran parte de lo que nos mantiene mintiéndonos a nosotros mismos y entre nosotros sobre lo que realmente nos está pasando.

¿Y si ya no tuvieras que comprarte eso más? ¿Qué otras posibilidades podrían abrirse para ti? ¿Para todos nosotros? ¿Cuántas relaciones has elegido que no hayan sido una contribución a tu vida, pero te permitieron terminar con el estigma de estar solo? Ya no estar solo, a propósito, es otra razón por la que 90% de las personas preferirían tener una mala relación a ninguna relación.

¿Qué tan loco es eso?

¿La realidad de quién estamos todos validando? ¿La realidad de quién estamos viviendo, en cualquier caso?

¿Quién será el primero que se atreva a decir: *"Oye, yo elijo diferente; me elijo a mí"*. Aquí está la parte realmente rara. Las personas que han elegido eso, con frecuencia han sido capaces de finalmente crear una relación *que funcionó para ellos —aun si fue diferente de lo que les dijeron que se suponía que tenían que elegir de acuerdo con el punto de vista de todos los demás.*

¿Es eso de algún interés para ti? Si es así...*todo lo que no permita que eso se dé para ti, ¿lo destruyes y descreas ahora, por favor? Acertado y equivocado, bueno y malo, POD y POC, todos los 9, cortos, chicos y más allá. Gracias.*

Todo lo que te compraste sobre necesitar tener una relación y sexo para poder encajar, beneficiarte, ganar y finalmente no sentirte como un perdedor, ¿lo destruyes y descreas ahora, por favor? Acertado y equivocado, bueno y malo, POD y POC, todos los 9, cortos, chicos y más allá. Gracias. (Sugerencia: tal vez necesites aplicar esto 30 veces diarias durante los próximos 30 días. Es un pozo muy profundo.)

¿Podría haber algo más grandioso que el amor?

¿Qué tal si en lugar de esforzarte por tener amor estuvieras dispuesto a tener gratitud, cariño y no juicio? Si, en cambio, estuvieras dispuesto a elegir eso, te sacaría de todos los juicios que están vinculados a ese programa del amor…

¿Qué es lo que acabo de decir?

¿Sacarte del programa del AMOR? (¡Blasfemia!)

Sé que, para la mayoría de ustedes, esto va en contra de sus creencias más básicas.

El amor es belleza. El amor es Dios.
El amor es lo que nos salvará.
El amor es el centro mismo de nuestro ser.

¿Correcto?

¿Pero cuantas definiciones de amor hay? ¿Te has dado cuenta de que la palabra amor tiene más definiciones que casi cualquier otra palabra?

Así que, cuando digo *te amo*, ¿qué significa eso para ti? ¿Es algo así como lo siguiente?

"Te amo a ti y solo a ti y nunca quiero estar con nadie más que contigo, y nunca pienso en nadie más, ni jamás quiero recibir nada de nadie más, ni quiero dar nada a nadie más. ¡Tú eres lo único para mí! ¡Te amo! Oh, a propósito… espero lo mismo de ti."

Ahora –¿significa eso lo mismo para mí? No…

Significa algo diferente para cada uno de nosotros.

¡Sin embargo, esperamos que cuando le decimos a alguien *Te Amo*, signifique lo mismo para él o ella que para nosotros! ¡No se puede!

Ellos han tenido una vida totalmente diferente, han sido criados de manera distinta, tienen experiencias totalmente diferentes de las que nosotros tuvimos.

¡Todo eso es una enorme fuente de confusión! Y debido a que todos estamos tan ocupados buscando el ideal del amor incondicional, ¡no nos damos cuenta!

¿Y si "el amor" fuera una programación social diseñada para asegurar que lo que sabes que debería ser posible como amor incondicional (amor sin juicio de lo que es correcto, incorrecto, bueno, malo o cualquier otra cosa) nunca se muestre?

¿Dónde ves amor incondicional en el mundo? ¿Dónde ves a alguien eligiéndolo en el mundo? ¡Excepto tú!

Tú estás tratando de hacerlo todo el tiempo y nunca lo logras, juzgándote constantemente: *"¿Por qué no puedo hacer esto? ¿Por qué no puedo provocar este cambio en el mundo? ¿Por qué no puedo hacer que ocurra esto? ¿Por qué soy yo la única persona que parece saber que esto es posible?"*

¿Cómo lo sé? Porque yo era una de esas personas.

SABÍA que debería ser posible. Siempre me juzgué por todos los lugares en los que no pude crearlo. (Sin embargo, estoy seguro de que tú nunca has hecho eso…)

Sigues tratando de conservar el ideal de lo que se supone debe ser el amor, mientras ves que nadie a tu alrededor lo está eligiendo; en ese momento, quieres salir del amor y solo matarlos por no ver lo que es posible. Simpático y no necesariamente tu más brillante elección, querido amigo.

¿Has sido programado para ver el amor como la máxima posibilidad?

¿Lo es? ¿O LO ERES TÚ? El amor está diseñado para llevarte a querer alcanzar algo afuera de ti y, de hecho, no es posible crear lo que se supone que el amor va a crear a través de ese lugar. Pero es posible a través de ser tú.

¿Qué tal si en vez de solo amor estuvieras dispuesto a tener gratitud, cuidado y ningún juicio: POR TI?

Si estuvieras dispuesto a elegir eso, en cambio, te sacaría de todos los juicios que vienen con el programa del amor… ¡Y, de hecho, es posible tener y ser cada uno de estos (gratitud, cuidado y no juicio)! Y no requieren que busques fuera de ti algo que es imposible encontrar. Si estuvieras dispuesto a tenerlos para ti, estarían casi mágicamente disponibles para todos los demás también.

¿Y será posible que la combinación de gratitud, cuidado y no juicio se parezca más a la energía de lo que pensaste que ibas a lograr del amor?

De ser así, podría ser que finalmente puedas crear lo que pensaste que el amor te iba a dar.

Querido amigo, ¿sabías que eres psíquico?

¿Alguna vez has estado en una relación? ¿De algún tipo? Supondré que sí.

Digamos que ibas a llamar a tu pareja. ¿Supiste alguna vez que estaba enojado(a) antes de que contestara el teléfono? ¿O cuando estaba triste? ¿O cuando necesitaba que los llamaras? ¿O cuando necesitaba hablar?

Lo supiste todas las veces. (Ya sea que estés dispuesto a admitirlo o no.) De hecho, apostaría que la razón por la que llamaste en primer lugar es porque sabías que estaba con alguna molestia o necesitaba algo de parte tuya. No me creas. Solo revisa tu propia vida y observa.

¿Cómo sabes estas cosas? *¡Porque eres psíquico!* Eres consciente de esos tipos de energía.

Has estado consciente de ellas toda tu vida. Por favor, fíjate, cuando digo psíquico, no estoy hablando de Madame Rosinka leyendo tu mano o la señorita Chloe leyéndote las cartas. Estoy hablando de una persona que percibe energías. Si estuvieras dispuesto a afinar esa habilidad, podrías hacer toda clase de cosas con ella.

Pero, por ahora, estoy hablando de alguien (TÚ) que está consciente de las energías que lo rodean (por ejemplo, los pensamientos, sentimientos y emociones de aquellos que te importan).

Desde el momento en que fuiste concebido, has estado asimilando los pensamientos, sentimientos y emociones y los puntos de vista sexuales de toda la gente que te rodeaba. Inicialmente estabas tratando de dilucidar cómo hacer esta realidad.

¿Cómo es que mamá *hace esta realidad?*
¿Cómo es que papá *hace esta realidad?*
¿Cómo es que mis hermanos *hacen esta realidad?*
¿Cómo es que mis parientes *hacen esta realidad?*
¿Cómo es que mis amigos *hacen esta realidad?*

Asimilaste todo eso y te convertiste en una propagación de todos los puntos de vista de estas personas sobre lo que es esta realidad... difícilmente alguno te incluye, porque no estabas preguntando: *"¿Qué me gustaría como realidad?"* Tú estabas preguntando: *"¿Cómo le hacen aquí en este extraño planeta? ¿Cómo encajo yo aquí? ¿Cómo lo hago correctamente? ¿Cómo lo hago igual que todos los demás aquí? ¿Cómo hago para ganar y no perder aquí?"*

Así que andas dando vueltas haciéndolo como todos los demás lo hacen, como si esa fuera la única forma en que se puede hacer. Parte de lo que te vendieron fue esta gran idea de cómo funcionan las relaciones... Y todo solo porque eres tan psíquico como en verdad eres, mi amigo. Porque pudiste asimilar las esperanzas, sueños, realidades y locuras de todos los demás.

Lo sé, ¡no querías escuchar esto!

Pero si tu actual relación sigue el mismo viejo camino que todas las demás relaciones, ¿estás consciente de que TÚ DEBES SER el que eligió ese camino?

¿No es esto algo genial? Si cada relación en la que has estado sigue el mismo camino, ¿cuál es el común denominador de esas relaciones? ¡TÚ!

¿Quién es el único que puede elegir algo diferente? ¡TÚ!

Lo sé, como yo, probablemente tú has estado esperando encontrar a alguien–o algo– que sea diferente... alguien que TE COMPRENDA... alguien que haga que todo lo que tú has decidido que debe ser verdad funcione. Pero, adivina qué, eso solo ocurrirá cuando demandes que vas a elegir lo que funcione para ti, sin importar el punto de vista de nadie más y sin importar si nadie más te entiende.

Elegir esta realidad como la base de tu realidad nunca funcionará, porque no te incluye a TI. Siempre se trata de la limitación, lo incorrecto, y los juicios –no sobre las posibilidades.

Así que, todo lo que has hecho para elegir esta realidad por encima de tu consciencia de lo que en verdad te gustaría elegir,¿lo destruyes y descreas ahora, por favor? Acertado y equivocado, bueno y malo, POD y POC, todos los 9, cortos, chicos y más allá. Gracias.

De cualquier manera no necesitabas esos brazos y piernas, ¿o sí?

¿Estás consciente de que la mayoría de las relaciones requieren que dejes de ser casi todo lo que eres? Esta es mi descripción favorita de eso:

Estás en tu casa y tu amigo(a), quien es realmente lindo(a) llega en su auto. Vienen en un coche realmente pequeño, como un *Mini-Cooper*.

Toca su pequeña bocina y dice: *"¡Hey!, ¿cómo estás? Vamos, ven… ¿Quieres tener una relación?"* Y tú contestas: "¡Oh Dios mío, eres tan lindo(a), y manejas ese lindo auto! ¡Estoy listísimo, vamos, hagámoslo!"

Y te lanzas. Él (ella) está en el asiento del piloto, claro, porque es su vida –y tú estás entrando a una relación con él (ella). Así que vas y te subes en el asiento del pasajero donde te corresponde.

Metes tus pies y te das cuenta de que el auto es demasiado pequeño para que quepan tus piernas… Así que te las cortas y las tiras fuera porque no las vas a necesitar de todos modos y tú quieres dar ese paseo en tu vida, ¿correcto? Simplemente sucede que él (ella) está manejando este autito minúsculo y tú estás como… ¡OK!

Entonces tratas de cerrar la puerta: *"Estoy listo, mis piernas ya no están, así que puedo acomodarme perfectamente en el carro de tu vida, ¡no hay problema! ¡Muy bien, vámonos!"* Quieres cerrar la puerta y te das cuenta: "¡Oh no, mis hombros y brazos son demasiado anchos para caber!" Así que te cortas un brazo y te arrancas el otro con los dientes –y cierras la puerta con tu barbilla– ¡y ahora sí, ya estás listo!

¡No tienes brazos ni piernas y finalmente puedes ir en el paseo de su vida! ¡Tener una relación con ellos, en el asiento del pasajero de su minúsculo autito! ¡Es tan genial! ¡Vamos a pasarlo bien! ¡Venga, vámonos!

Eso es lo que hacemos en las relaciones, nosotros, dulces y lindos seres. ¿Como puede eso ser mejor que nosotros?

No te equivoques amigo, yo soy experto en hacer eso. Así que, no te estoy diciendo que estás equivocados por esto –solo que podría no ser tu elección más brillante.

Solo una pequeña pregunta que podría empezar a cambiar esto...

¿Qué pasaría si, cuando conoces alguien –cuando conoces a alguien con quien tal vez estés interesado en comenzar una relación–, hicieras esta pregunta:

¿Será esta persona una contribución a mi vida?

Después CÁLLATE y escucha lo que sabes. Tendrás la consciencia de la respuesta incluso antes de que termines de hacer la pregunta.

¿Te hace sentir ligero? Entonces es un sí.

¿Pesado? Es un no. ¡¡¡No vayas ahí!!! Haz otra pregunta:

¿Qué tendría que pasar para que yo conozca a alguien que sea una contribución a mi vida y mi vivir?

¿Y qué más es posible?

¿Conoces al menos a una persona en tu vida que no se divorcie de sí misma por alguien?

Lo interesante es que, si observas cómo las otras personas ven a esta persona; muchos de ellos dicen: *"¡Oh, Dios mío, es un(a) desgraciado(a)!"* Por supuesto, tú no quieres ser el(la) desgraciado(a), así que te aseguras de divorciarte de ti, para que la gente no piense que lo eres.

Pero otras personas los verán como lo que verdaderamente son: **un líder.** Desde mi punto de vista, un verdadero líder sabe a dónde va, no necesita seguidores y está dispuesto a ir a donde tenga que ir, ya sea que alguien más vaya o no.

Cuando alguien verdaderamente no se divorcia de sí mismo, puede convertirse en un líder en el mundo. Al menos, puede convertirse en líder en su propia vida, en vez de seguidor.

Si hay dos personas que son líderes en una relación, de hecho, funciona muy bien porque ambos están dispuestos a permitir que la otra persona sea exactamente como es. Ambos desean que la otra persona crezca, que sea más y se expanda, porque no se sienten amenazados o intimidados por ello. **Más bien son inspirados por ello.**

¿De qué porcentaje de ti te divorciaste con el fin de crear tu actual o más reciente relación? ¿Más de 100 por ciento o menos? ¿O MUCHO MÁS? Para la mayoría de las personas, es MUCHO MÁS. Todo lo que hayas hecho para divorciarte de ti, ¿lo destruyes y descreas ahora, por favor, y reclamas todas las partes tuyas de las que te has deshecho porque te compraste que tenías que hacerlo? Acertado y equivocado, bueno y malo, POD y POC, todos los 9, cortos, chicos y más allá. Gracias.

¿Qué tal si el regalo más grande en tu relación fueras tú —dispuesto a ser tan brillantemente, increíblemente, peculiarmente, extrañamente, intensamente y gozosamente diferente como en verdad eres, sin divorciarte de nada de ti? Todo lo que no permita que elijas eso con facilidad, ¿lo destruyes y descreas ahora, por favor? Acertado y equivocado, bueno y malo, POD y POC, todos los 9, cortos, chicos y más allá. Gracias.

Las personas que tienen muy buenas relaciones, de hecho, tienen sus propias vidas.

No están buscando que la otra persona las valide, y no están buscando que la otra persona complete nada en ellas. Saben que están completas en sí mismas en su vida y vivir. También están dispuestas a tener a la otra persona como algo que añade a su vida y su vivir y es una contribución a ella —no un sustituto de ella.

¿Qué pasaría si tú estuvieras dispuesto a tener eso? Todo lo que no permita que eso se presente para ti, *¿lo destruyes y descreas ahora, por favor?*

Acertado y equivocado, bueno y malo, POD y POC, todos los 9, cortos, chicos y más allás. Gracias.

∽∽∽

¿Estarías dispuesto a probar una nueva forma de relacionarte con todos y todo?

Hay una cosita llamada INTIMIDAD – donde estás en comunión o unicidad. Donde todo existe y nada es juzgado. En la unicidad, yo puedo ser tú, tú puedes ser yo.

La verdadera intimidad tiene cinco elementos:

Honrar, confiar, tolerancia, vulnerabilidad y gratitud.

¿Notas que no ves la palabra copulación ahí? ¿Sorprendido? La intimidad es algo que puedes tener con todos, si estás dispuesto. No requiere de sexo (copulación) para nada.

Aunque parezca extraño, hay una persona que hace toda la diferencia aquí... Si estás dispuesto a tener intimidad con esta persona, te dará la elección de tener eso con cualquiera en tu vida, de una manera que funcione para ti y como tú lo desees.

Si tienes intimidad contigo.

Echemos un vistazo a los cinco elementos:

#1 Honrar

Esto significa honrarte a ti mismo y honrar a tu compañero. Honrar significa tratar con consideración. En todas las formas. Siempre.

Por ejemplo, ¿alguna vez te has sentido atraído por alguien o ha sido alguien atraído hacia ti por la energía de sexualness[3] que tienes disponible? Y luego, cuando estás en una relación, decides: *"¡Oh, Dios mío, no puedo coquetear con nadie más porque deshonraría a mi compañero!"*

Excepto que: ¿y si eso no fuera deshonrar a tu compañero? ¿Y si eso fuera parte de lo que amó de ti en un principio? ¿Y si eliminar eso fuera lo que realmente deshonraría a tu compañero? ¿Y te deshonrara a ti? El hecho de que coquetees no significa que te vayas a ir a casa con alguien más... jamás. Tu coqueteo significa... ¡que eres coqueto(a)! ¡Puede significar que estás un poco más vivo!

Sexualness se refiere a un conjunto de energías que son innatas en nosotros; esta es una palabra que nació en Access y que no tiene una traducción especifica porque no existe la palabra en inglés. Sexual es sexual y –ness es un sufijo que denota un estado, una condición o una calidad. En el siguiente capítulo se explica más a detalle lo que significa.

¡Podría significar que eres un poco más divertido! Le podrías preguntar a tu pareja como se sentiría respecto a eliminar una parte de ti que puede que él adore.

Ya sé, esta es una forma ligeramente diferente de ver el honrar. Mi pregunta es: *¿es ligero para ti?*

Parte de esta información vino de una mujer de 95 años llamada Mary. Cuando mi amigo Gary le preguntó si su marido Bill, quien era un vendedor que viajaba mucho, alguna vez la engañó cuando estaba lejos, ella nos sorprendió a ambos con su respuesta. Ella respondió: "No lo sé. Si el necesitó hacerlo para honrarse a sí mismo, nunca me habría

---

[3] Sexualness se refiere a un conjunto de energías que son innatas en nosotros; esta es una palabra que nació en Access y que no tiene una traducción especifica porque no existe la palabra en inglés. Sexual es sexual y –ness es un sufijo que denota un estado, una condición o una calidad. En el siguiente capítulo se explica más a detalle lo que significa.

deshonrado a mí ni a nuestra relación viniendo a casa y contándomelo. Ustedes los jóvenes piensan que tienen que sacar su ropa interior sucia y echársela en la cara a sus compañeros y exigir que los amen de cualquier manera. ¡Es una locura!"

¿Qué fue lo que dijo? Su respuesta nos tuvo a Gary y a mí hablando por un buen tiempo sobre lo que realmente era honrar. Nos dimos cuenta de que simplemente nos había dado un gran regalo a ambos al compartirnos su punto de vista. ¡Ese fue de una mujer que fue educada por una abuela victoriana! Desde ese día, me di cuenta de que lo que significa honrar a alguien se ve muy diferente a lo que yo había pensado.

Tal vez podrías revisar lo que significa para ti el honrarte a ti mismo y honrar a tú pareja – no a partir de las definiciones que te dieron antes, sino de lo que funciona para ti, aunque sean diferentes.

Todo lo que no te permita estar consciente y, de hecho, elegir lo que en verdad significa honrar PARA TI Y PARA TU PAREJA, ¿lo destruyes y descreas ahora, por favor? Acertado y equivocado, bueno y malo, POD y POC, todos los 9, cortos, chicos y más allá. *Gracias.*

2 Confiar

La mayoría de las personas piensan que confiar significa tener fe ciega. No es así. Muchas personas que tienen una relación tienen la idea siguiente: *"Bueno, sé que era un alcohólico antes de estar conmigo, pero ahora que está conmigo y una vez que vea cuánto lo(a) amo, confío en que lo dejará".* No, querido, no lo dejará.

Lo que tienes que confiar es que la persona va a ser exactamente como era en el momento que la conociste.

Si vas a confiar que van a cambiar porque te aman tanto, te expones a un estrepitoso y abismal fracaso en la relación. Esa es fe ciega (énfasis en ciega) y no funciona. ¿Tiene eso algún sentido?

Así que confía en que la persona con la que estás en una relación, va a ser ella misma, con verrugas y todo, justo como es hoy. ¿Por qué? Porque eso hará tu vida más fácil. Y hará su vida más fácil también. Y creará la posibilidad de una gran relación. Después, si cambian "para bien", puede ser una agradable sorpresa para ambos y puede ser algo que mejore la relación –no algo que te la pasas esperando para finalmente convertirlo en el compañero perfecto.

El otro aspecto de la confianza es confiar en ti. Para tener confianza en ti, tienes que estar dispuesto a saber que sabes y a saber que elegirás lo que es mejor para ti.

Todo lo que no permita eso, ¿lo destruyes y descreas ahora, por favor? *Acertado y equivocado, bueno y malo, POD y POC, todos los 9, cortos, chicos y más allás.*

#3 Permisión

Permisión es ese lugar donde todo lo que la otra persona –o cualquiera– elige es solo un interesante punto de vista. Es solo una elección y es solo un interesante punto de vista.

La mayoría de nosotros hemos aprendido a alinearnos y a estar de acuerdo o a resistirnos y reaccionar ante cada punto de vista que se nos presenta. Alinearse y estar de acuerdo es, en esencia, juzgar el punto de vista como correcto, exacto y real. Resistirse y reaccionar es juzgarlo como algo incorrecto y como algo que hay que evitar o algo de lo que hay que salir corriendo a toda costa.

En el momento en que entras en juicio, estás fuera de la permisión y fuera de la intimidad. Puedes tener ya sea intimidad o juicios. Tu elección.

¿Te das cuenta de que juzgar no es honrar? Tampoco invita a la gratitud, ni genera confianza, ni permite vulnerabilidad y tampoco es permisión.

En la permisión, todo es un interesante punto de vista. No importa lo que tú u otras personas elijan, eso solo es un interesante punto de vista. ¿Qué tal si todos tus puntos de vista pudieran ser solo interesantes puntos de vista? ¿Tendrían más tranquilidad tú y tu pareja? ¿Más libertad? ¿Menos juicios? De hecho, esta es una de las claves para eliminar los juicios en tu vida e ir más allá...

Todo lo que no permita eso, ¿lo destruyes y descreas ahora, por favor? Acertado y equivocado, bueno y malo, POD y POC, todos los 9, cortos, chicos y más allás.

#4 Vulnerabilidad

El siguiente elemento de la intimidad es la vulnerabilidad.

Vulnerabilidad es como una herida abierta. Es donde no tienes absolutamente ninguna barrera ante nada que haga la otra persona, ante nada que tú hagas, y no tienes que probar nada sobre quien eres. Puedes solo estar ahí, siendo tú.

¿Alguna vez has tenido una llaga abierta en tu cuerpo, que es tan intensa que, cuando sopla el aire, haces... ¡Auuu! Eso es como la vulnerabilidad. ¿Por qué es algo bueno?

En esta realidad, se te dice que la vulnerabilidad es algo malo. *"Oh, esta relación me lastimó tanto que voy a subir mis barreras para que nunca me vuelva a suceder"*. Una vez que pones suficientes muros y barreras hacia eso, ¿quién es el que queda atrapado tras esas barreras?

Tú quedas atrapado por las barreras que erigiste.

Así que, ¿cuántas barreras levantaste para nunca más ser vulnerable?

Lo que sea que te hizo creer que nunca más serías lastimado y que, en cambio, hace que continuamente te lastimes a ti y te juzgues a ti y a tu pareja, ¿lo destruyes y descreas ahora, por favor? Acertado y equivocado, bueno y malo, POD y POC, todos los 9, cortos, chicos y más allás. Gracias.

Por cada una de esas barreras que levantas, tienes que juzgar si lo estás haciendo bien o no, y si está funcionando o no, y si de hecho está manteniendo afuera eso malo que querías dejar afuera –lo que te mantiene en constante estado de juicio (y gasta una enorme cantidad de energía).

Si verdaderamente estás dispuesto a estar ahí sin barreras con alguien, eso crea una posibilidad totalmente diferente. Crea una suavidad en ti, un recibir todo, y, asimismo, invita esa posibilidad para ellos.

La vulnerabilidad, en directo contraste con lo que se te ha dicho, no es debilidad. Por lo contrario, es el lugar de verdadero poder y potencia.

¿Por qué? Porque cuando no tienes barreras ni juicios puedes tener una consciencia total de todo, porque no tienes nada apagándola, y un poder y potencia total están disponibles.

Todo lo que no te permita tener la potencia que la verdadera vulnerabilidad es para ti, ¿lo destruyes y descreas ahora, por favor? Acertado y equivocado, bueno y malo, POD y POC, todos los 9, cortos, chicos y más allás. Gracias.

5 Gratitud

Piensa en alguien a quien dices que amas. Siente esa energía por un momento. Ahora, en lugar de eso, trata de sentir gratitud por él o ella.

¿Es más ligero para ti?

¿Has notado que eres perfectamente capaz de tener amor y juicios al mismo tiempo? De hecho, te juzgas a ti mismo.

Juzgas para ver cuánto amas a alguien y cuánto te están amando o no te están amando, y cómo estás a la altura de las circunstancias o no lo estás …

¿Cuál es el máximo amor íntimo aquí? El máximo amor íntimo es cuando dejas a todo el mundo fuera de tu vida para estar solo con una persona. Esa es la razón por la que tanta gente deja a sus amigos cuando tiene una relación. ¿Cuántos juicios se necesitan para eso? De verdad, en esta realidad, el amor y los juicios van de la mano.

Si has estado con alguien por más de 10 segundos, ya estás juzgándolo a él o ella. Es por eso que mientras más estás con alguien, más separado te sientes de él o ella. Construyes muros con juicios a tu alrededor y ellos construyen muros con juicios a su alrededor, y entonces no pueden acercarse más que lo que esos muros con juicios les permiten.

Todo lo que hayas hecho para elegir levantar esos muros con juicios a tu alrededor y alejarte del cariño, cuidado, gratitud y recibir en totalidad, ¿lo destruyes y descreas ahora, por favor? Acertado y equivocado, bueno y malo, POD y POC, todos los 9, cortos, chicos y más allá. Gracias.

Es una tristeza muy grande. Pero ese es el paradigma de relación que nos fue dado.

¿Y si la gratitud fuera el nuevo paradigma?

No puedes tener gratitud y juicios al mismo tiempo. Sólo puedes ya sea estar agradecido o tener juicios. ¿Cuál te gustaría elegir?

Lo que es verdaderamente grandioso sobre eso es que alguien más puede tener juicios acerca de ti –y aun así, tú puedes estar agradecido por él o ella e incluso estar agradecido por los juicios que tenga de ti. ¡Es realmente genial! ¿Por qué? Porque eso te da a ti, tu ser –y no hay necesidad de que nunca más te separes de nadie de nuevo. Ni siquiera de ti. Crea la posibilidad de estar agradecido por todo lo que elija tu pareja.

Todo lo que no permita que eso se vuelva una realidad para ti, ¿lo destruyes y descreas ahora, por favor? Acertado y equivocado, bueno y malo, POD y POC, todos los 9, cortos, chicos y más allá. Gracias.

Amor: Part Deux (Segunda parte)
¿Estás dispuesto a elegir la intimidad contigo mismo?

Ahora, amigo mío, si tuvieras estos 5 elementos en tus relaciones –con hombres, mujeres, amigos, padres, hijos– , ¿podría esto abrir nuevas posibilidades para ti?

Si te fijas en lo que en realidad querías cuando hablaste de amor, ¿será que eso es más como gratitud, honrar, confiar, permisión y vulnerabilidad? ¿Y qué tal si a eso le sumamos cariño y cuidado, bondad y no juicio?

¿Verdad? ¿Es eso lo que tú deseas para otros?

¿Estarías dispuesto a elegir intimidad contigo mismo? ¿Con o sin amor?

Por favor, ten en cuenta: simplemente porque estás en intimidad contigo mismo, eso no significa que no vas a elegir tener a alguien más en tu vida. Eso no significa que te tengas que estar solo…

Por el contrario, lo que significa es que, en vez de elegir a una persona que te disminuya y te limite, de hecho vas a elegir a alguien que sea una contribución a tu vida. Ya no vas a creer que necesitas a alguien, ni lo correcto de sus juicios para llenarte y completarte.

Todo lo que no permite que eso se dé, de modo que elijas eso con total facilidad, ¿lo destruyes y descreas ahora, por favor? Acertado y equivocado, bueno y malo, POD y POC, todos los 9, cortos, chicos y más allá. Gracias.

Mi punto de vista es: si quieres tener una relación, ¡deberías tener una grandiosa y fenomenal!

Desde mi punto de vista, ¿por qué conformarte con alguien que va a satisfacer tu necesidad de encajar con el resto mundo limitado, que otras personas encuentran tan valioso? Una relación es estupenda mientras sea una contribución a tu vida.

Todo lo que no te permita percibir, saber, ser y recibir eso como una posibilidad —y cómo crearla—, ¿lo sueltas, destruyes y descreas ahora, por favor? Acertado y equivocado, bueno y malo, POD y POC, todos los 9, cortos, chicos y más allá. Gracias.

Ahora sabes que esa es una posibilidad.

Solo tienes que decir: *"Está bien, yo elegiré eso".*

Todo lo que no permite que eso se muestre, ¿lo destruyes y descreas ahora, por favor? Acertado y equivocado, bueno y malo, POD y POC, todos los 9, cortos, chicos y más allá. Gracias.

HERRAMIENTA

Destruye tus relaciones cada día

Aquí esta otra herramienta rara. Una que puede cambiar la forma en que fluye tu vida.

Todos estamos estancados entre nosotros.

Hemos compartido expectativas, proyecciones, ilusiones, desilusiones, memorias y roles, que somos entre nosotros. Estamos estancados en ellos.

¿Cómo podría ser posible estar los unos con los otros sin todo ese equipaje?

¿Sería diferente tu forma de ser con tu pareja, madre, padre, hijos y colegas?

¿Qué pasaría si empezaras cada mañana descreando y destruyendo todas tus relaciones? ¿En total gratitud por todo lo que haya sido —y por lo que está por venir? ¿Por qué? Para que puedas estar constantemente creando y generando con la gente con la que estás en relación, en lugar de aplastarte a ti mismo cargando el pasado contigo a todos lados.

Además, si ves el significado alternativo que yo le doy a la palabra relación, que esencialmente significa "no unicidad", podrías pensar en esta nueva herramienta como la destrucción de todos los espacios en en los que no has sido capaz de estar en permisión, unicidad y sin juicios de aquellos con quienes tienes una relación.

¿Cómo? Es fácil. Así...

Yo ahora descreo y destruyo mi relación con [el nombre de mi pareja]. Acertado y equivocado, bueno y malo, POD y POC, todos los 9, cortos, chicos y más allá. Gracias.

Yo ahora descreo y destruyo mi relación con mi familia. Acertado y equivocado, bueno y malo, POD y POC, todos los 9, cortos, chicos y más allá. Gracias.

Yo ahora descreo y destruyo mi relación con mi trabajo y todos con quienes trabajo. Acertado y equivocado, bueno y malo, POD y POC, todos los 9, cortos, chicos y más allá. Gracias.

Yo ahora descreo y destruyo mi relación conmigo. Acertado y equivocado, bueno y malo, POD y POC, todos los 9, cortos, chicos y más allá. Gracias.

(Si eres una de esas personas a las que les gustan las palabras, puedes agregar las siguientes palabras a los procesos anteriores. Si no es así, entonces solo ignora esta parte).

Yo ahora descreo y destruyo mi relación con [el nombre de mi pareja] y cada proyección, expectativa, separación, juicio y rechazo que cualquiera de los dos tenga respecto al otro o hacia nuestra relación, en el pasado, presente o futuro. Acertado y equivocado, bueno y malo, POD y POC, todos los 9, cortos, chicos y más allá. Gracias.

Ahora, en verdad, comienza un NUEVO DÍA.

Con menos equipaje del pasado y más posibilidades futuras.

―――― **HERRAMIENTA** ――――

Un nuevo paradigma para el cambio

¡Aquí hay una rápida GUÍA DE 5 PASOS PARA CAMBIAR CUALQUIER COSA EN TU VIDA! Por ejemplo, una relación. Puede ser con cualquier persona: tu amante, tu jefe, tu pareja... el Universo.

1. Primero: Haz una demanda.

Como: "¡Oye, esto va a cambiar y alguna otra cosa va a aparecer!"

¿Alguna vez has notado que cuando estas en una relación y tú sabes que es necesario que cambie, pero no estás dispuesto a demandar que cambie, pero sabes que es necesario, y en realidad no estás dispuesto a demandarlo, y sabes que es necesario, y finalmente llegas al punto en que : *"¡Basta de saber que es necesario. Esto va a cambiar, no me importa si me muero, no me importa si se mueren, no importa, no me importa si se acaba el mundo, esto va a cambiar ahora!"*

¿Recuerdas lo rápido que cambia? **Esa es una demanda.**

2. A continuación: Haz una pregunta.

Cada pregunta que haces abre una posibilidad completamente diferente y un nuevo potencial.

Tú estás haciendo esta demanda y entonces preguntas: *Oye, ¿qué tendría que pasar para que esto se presente de una manera diferente?* De pronto, se abre esta puerta que nunca antes viste, metes tu cabeza en ella y ahí están todos esos diferentes caminos que puedes tomar.

No los pudiste ver hasta qué hiciste la demanda y preguntaste.

3. Tercero: *Agita la varita mágica.*

Pide que se destruya y descree y deja ir todo lo que has creado o comprado que no permita que eso se revele tan pronto como sea posible, y luego di el enunciado aclarador. *Acertado y equivocado, bueno y malo, POD y POC, todos los 9, cortos, chicos y más allá. Gracias.*

(O solo: "¡POC y POD a todo eso!")

4. Ahora: ¡ELIGE (Y ACTÚA)!

Tu elección determina los potenciales que ocurrirán. En otras palabras, tienes la demanda, la pregunta, el soltar la limitación—y es la elección la que en realidad crea un potencial diferente para el futuro. ¡Tienes que elegir (y ACTUAR)!

Esta es una realidad en la que frecuentemente se requiere hacer para crear cosas. En otras palabras, ¡no puedes solo sentarte sobre tu trasero y esperar que ocurra el cambio! Las personas que creen en que tú SOLO pides y se te dará nos han vendido una crueldad muy grande. En esta realidad, tú todavía TAMBIÉN TIENES QUE HACER! Por favor, no limites lo que se pueda mostrar para ti negándote a actuar cuando sea necesario. Preguntar es una parte muy importante del proceso, no es el último paso.

Si quieres saber qué acciones tienes que tomar, simplemente haz esta pregunta cada día: *"¿Qué puedo hacer hoy que permita que esto se presente de inmediato?"*

Una de tus mayores capacidades como ser es la capacidad para elegir. Lo que a la mayoría nos gusta hacer es tener una elección que rija el resto de nuestras vidas. (Me gusta llamarla la elección de El Señor de los Anillos: "¡una elección para regirlas a todas!" Pensamos que solo deberíamos elegir las cosas buenas (correctas) y no las cosas malas (incorrectas). Pero eso exige DEMASIADO juicio –de nosotros.

¿Y si no hubiese el juicio de que *"Oh, esta es una cosa buena"* o *"Esto es algo malo"*? ¿Y si solo fuese: *"Guau, hice esa elección"*. Y si esa elección funciona bien, elegir más de lo mismo. Y si no funciona bien, ¿qué tal si pudieras volver a elegir?

Ese es otro aspecto de la magia de ti: la capacidad de siempre elegir de nuevo.

Ahora.

∽ ∽ ∽ ∽ ∽ ∽

Y ahora.

∽ ∽ ∽ ∽ ∽ ∽

Y ahora.

Con esto, así como con todas las cosas, si ves algo que deseas, ¿estarías dispuesto a comenzar a moverte en esa dirección para que eso se muestre hoy? Aún mejor, AHORA. Empieza a demandar el cambio, haz preguntas, estate dispuesto a dejar tus limitaciones, ELIGE algo diferente, y luego ¡ACTÚA!

5. Finalmente: RECIBE todo.

Para que esto funcione, para que eso cambie, tú tienes que estar dispuesto a recibir todo lo que se muestre, sin juzgar ni excluir. Confía en el Universo.

Por favor, ten en cuenta que tú no controlas cuando algo se presenta o exactamente cómo luce. El Universo lo hace. El Universo está consciente de las posibilidades INFINITAS –posibilidades que van mucho, mucho, mucho más allá de cualquier fantasía que tú pudieras tener de cómo, por ejemplo, una relación perfecta tendría que verse.

Como tú no estás sólo en el mundo, el Universo tiene que re acomodar los universos de muchas personas para crear un mayor expansión en el mundo. Tú puedes pedir (preguntar por eso) hoy y recibirlo en 10 años –o en 10 segundos a partir de ahora. Así que, si no se presenta mañana, no es que estés equivocado, amigo mío.

Ocurrirá. ¡Ya has comenzado! Ahora mismo… leyendo esto…

Y por favor ten en cuenta que probablemente se verá completamente diferente de lo que jamás imaginaste.

Sex
ualness

NOTA PARA EL LECTOR

Por favor, ten en cuenta…

Una de las cosas más seductoras en el mundo es cuando alguien te mira sin juicio.

Cuando eso sucede, todo tu ser dice: *"Por favor, no te vayas. Por favor, no te vayas. Quédate por favor"*

¿Estás dispuesto a ser eso?

¿Para ti?

Capítulo 7
Hablemos de sexo, nenes...

Mis queridos hermosos amigos, en parte, el motivo por el que juzgamos nuestros cuerpos y nos sentimos desconectados y separados de ellos es porque, en realidad, nunca hemos recibido mucha amabilidad o cuidado con ellos.

Esa una de las mayores farsas de esta vida. Es una de las mayores tristezas de esta realidad. No tenemos un lugar o espacio en el que nuestros cuerpos sean simplemente nutridos y cuidados.

Muchas veces reprimimos el sexo, debido a experiencias que hemos tenido, que fueron deshonrosas y crueles; y no fueron la belleza ni tuvieron las sensaciones, ni el gozo, ni la diversión, ni la ligereza, ni la posibilidad de dos cuerpos que al juntarse pueden –y podrían– ser. Y en nuestro deseo de eliminar el sexo, eliminamos esa energía de regalar y recibir que podría ocurrir entre *todos nuestros cuerpos*.

¿Considerarías en cambio aceptar tu **sexualness**?

Sexualness incluye energía sanadora, cariñosa, nutritiva, gozosa, generativa, creativa, expansiva y orgásmica.

Todo lo que no permita que esa maravillosa energía de sexualness se convierta en una realidad para ti, ¿lo destruyes y descreas ahora, por favor? Acertado y equivocado, bueno y malo, POD y POC, todos los 9, cortos, chicos y más allás. Gracias.

Esta una de esas energías que nosotros hemos matado en nuestras vidas: la energía de la sexualness. Por favor, ten en cuenta que yo no estoy diciendo sexualidad. Estoy diciendo sexualness. **Tiene un significado totalmente diferente.**

Lo voy a escribir una vez más, ya que es un concepto muy diferente. *Sexualness* es energía sanadora, cariñosa, de cuidado, nutritiva, expansiva, gozosa, generadora, creativa y orgásmica. *Esa es la energía de la sexualness.*

Y *sexualness* no trata sobre juntar partes del cuerpo. Trata sobre el ser y la energía que nuestros cuerpos en realidad tienen. Es algo así como cuando los cachorros se acurrucan juntos. ¿No podríamos todo nosotros usar un poco más ese acurrucamiento de cachorritos? ¡¡Creo que sí! Cuando tu cuerpo está funcionando desde la *Sexualness*, se encenderá... estará encendido como un interruptor eléctrico; encendido en la forma de "¡Yuju, estamos vivos!"

Sí, la copulación (el sexo) sería realmente divertida desde ese lugar, pero verdaderamente no es necesaria –y la *sexualness* es mucho más que sólo eso.

Es la **energía de vivir** que nos han enseñado a apagar desde que éramos pequeños. Y de nuevo digo: NO es copular. Copular es juntar las partes del cuerpo. Y eso siempre debería ser una opción.

Una vez más...

Sexualness:
Energía sanadora, cariñosa, de cuidado, nutritiva, expansiva, gozosa, generadora, creativa y orgásmica de ser.

Copulación:
Juntar partes del cuerpo.

Este es el principio de un diferente paradigma para ser con tu cuerpo y en tu mundo, que de hecho te permite que recibas totalmente, abiertamente, y cambies la aspereza y la crueldad en la que esta realidad se ha convertido.

Solo verifica si es ligero para ti...

Y déjame darte dos ejemplos. El primero ya lo he usado previamente.

El abrazo

Imagina recibir un abrazo cariñoso de alguien —uno de esos abrazos en que simplemente te derrites en esa persona y ella se derrite en ti— y sientes como si tu universo y el de ella pudieran seguir, seguir y seguir...

Ten en cuenta que la copulación no está en él, pero hay una total *sexualness* presente. (Si miras de nuevo los aspectos de la *sexualness*, verás que todos están rodeados por ese nutritivo abrazo que expande el mundo).

Ten en cuenta, también, que no hay sexualidad en él, porque no tienes que juzgar lo que no vas a recibir y no tienes que probar nada; tampoco no hay nada raro o extraño.

Después de todo, solo es un abrazo.

Mi pregunta es: ¿Y si la copulación pudiera ser tan nutritiva y espaciosa —y aún más divertida— que un gran *abrazo*?

Ser un doctor en quiropráctica

Cuando yo estaba en la escuela de quiropráctica, me dijeron que eliminara toda mi energía sexual para que no me demandaran legalmente. En otras palabras, me dijeron que no fuese la energía de la *sexualness*.

Se suponía que debía poner mis manos en las personas para sanarlas y cambiar las cosas en sus cuerpos y sus vidas, eliminando la propia energía de sanación, nutrición y cuidado que me permite justamente hacer eso mismo.

Para mí eso era una locura.

Sólo fíjate: ¿tuviste algún juicio ahí, aunque sea por un segundo? ¡Eso proviene de que nunca se nos haya dado la consciencia de que hay una diferencia entre *sexualness* y sexualidad! La hay –y es una diferencia fundamental.

Mirando hacia atrás, pienso que lo que "ellos" querían que yo eliminara era la sexualidad, esa energía rara, llena de juicios y bizarramente cruel que algunas personas ejercen sobre otras cuando quieren copular con ellas. Pero "ellos" nunca hicieron ninguna distinción, probablemente porque "ellos" no sabían que había una diferencia. Así que me dejaron con la creencia de que debía eliminar TODO, incluyéndome a mí, que es lo que la energía de Sexualness es. (Porque la energía de *sexualness* te incluye a ti al igual que a todos los demás. La energía de *sexualness* incluye. La sexualidad excluye.)

Esta es la razón por la que estoy delimitando esta área para ti: para que tú ya no tengas que eliminar tu *sexualness*, solo porque eres alguien que no quiere imponer sobre otros esa extraña energía llena de juicios, bizarramente cruel, no nutritiva de sexualidad que tal vez no sea para nada parte de ti.

DE NUEVO: ¡HAY UNA DIFERENCIA! (Sé que esto es realmente extraño para algunos de ustedes).

La Sexualidad: siempre es un juicio y, a menudo, una prueba de "mira qué sexual soy", sin recibir, y frecuentemente invocando un extraño sentimiento de inadecuación e incorrección.

Sexualness: es una energía sin juicios, sanadora, de cuidado y cariño, nutritiva, de gozo, generadora, expansiva, creativa y orgásmica, que no solo puede sanar cuerpos y vidas, sino también cambiar la faz de la tierra.

¿Cuál preferirías elegir? ¿Te enseñaron a ti también a eliminar la energía de la *sexualness* desde que eras muy joven? A la mayoría de nosotros nos pasó, desafortunadamente.

Así que todo lo que hayas hecho para apagar esa sexualness, para juzgarla, hacer que la juzguen en ti, como si fueras una mala persona si la tuvieras, o como si fueras a resultar ser una mala persona, una puta o algo, si llegaras a ser tan sexual, ¿lo destruyes y descreas todo ahora, por favor? Acertado y equivocado, bueno y malo, POD y POC, todos los 9, cortos, chicos y más allá. Gracias.

¿Y permitirás ahora, por favor, que la energía sanadora, de cuidado y cariño, nutritiva, gozosa, creativa, generadora y orgásmica que tú realmente eres se muestre totalmente con facilidad? Acertado y equivocado, bueno y malo, POD y POC, todos los 9, cortos, chicos y más allá. Gracias.

¿Gratitud Orgásmica? (¿¿¿Orgasmitud???)

Imagina si estuvieras totalmente agradecido por ti. Por todo lo que tú eres, por cada parte de ti.

¿Cómo sería eso? ¿Sería sanador? ¿Sería cuidadoso, cariñoso y nutritivo? Sí, porque si estás agradecido por ti, no estás en juicio de ti mismo, ya que no puedes tener gratitud y juicios al mismo tiempo.

¿Tendrías gozo? Sí, porque el verdadero gozo es una sensación de paz. Y puedes tener paz de verdad cuando estás más allá de juzgarte a ti mismo. ¿Sería nutritivo? Sí, porque no juzgarte es una de las cosas más nutritivas que puedes hacer por ti mismo.

¿Sería eso generador? ¿Sería eso creativo? En otras palabras, ¿será que puedes traer diferentes cosas a la existencia y a la realidad gracias a ella? Sí.

¿Y sería eso orgásmico?

Tener gratitud por ti y *sexualness* total van de la mano. No puedes tener gratitud y juicios al mismo tiempo, y tampoco puedes tener *sexualness* y juicios al mismo tiempo. Los juicios siempre eliminan la *sexualness*.

La elección de ser *sexualness* te eleva por encima de la limitación impuesta por el juicio. (Puede ser que quieras retroceder y leer de nuevo los elementos de la *sexualness*, si esto no está teniendo sentido).

En verdad si entendieras lo maravilloso que podría ser tener sexualness total y gratitud total juntas, ¿por qué habrías de elegir cualquier otra cosa? ¿Por qué volverías a elegir juzgarte? ¿Y por qué razón no lo estás eligiendo ahora mismo?

Todas las proyecciones, expectativas, separaciones, juicios y rechazos que te has estado imponiendo, que crean la necesidad impelida de sexualidad y la destrucción de la sexualness, ¿lo destruyes y descreas todo ahora, por favor? Acertado y equivocado, bueno y malo, POD y POC, todos los 9, cortos, chicos y más allás. Gracias.

Todo lo que no te permita elegir tener una total sexualness y una total gratitud por ti mismo y tu cuerpo (y el gozo que eso te traería), ¿lo destruyes y descreas todo ahora, por favor? Acertado y equivocado, bueno y malo, POD y POC, todos los 9, cortos, chicos y más allás. Gracias.

Ser una invitación

Cuando estás siendo *sexualness*, eres una invitación para todos. Eres la posibilidad sanadora y la cuidadosa y cariñosa posibilidad que no tienen en sus vidas. Te conviertes en la nutrición y el cariño que no tienen en sus vidas, la capacidad generadora que no tienen en sus vidas, la capacidad creativa, la expansividad y la posibilidad orgásmica de vivir. Y no tienes que copular con ellos –jamás– para ser eso.

La sexualidad por otro lado es: *"Nuestra interacción trata solamente de lo que puedo obtener de ti a través de la copulación. Es el medio, el fin y la meta. Te lo quiero dar y quiero copular contigo. Y si no copulamos, entonces no hay por qué interactuar contigo".*

Así que, ¿considerarías la posibilidad de que tener la energía de sexualness pudiera ser en realidad una gozosa expresión de la vida y el vivir? Todo lo que no permita que eso se revele para ti, ¿lo destruyes y descreas todo ahora, por favor? Acertado y equivocado, bueno y malo, POD y POC, todos los 9, cortos, chicos y más allá. Gracias.

¿Estarías dispuesto a incorporar más de la energía de sexualness que en verdad eres y que no sabías que existía hasta que lo leíste hace unos cuantos minutos?¿Estarías dispuesto a destruir y descrear todas tus condiciones preconcebidas de sexualidad y juicios que en realidad no te están funcionando? ¿lo destruyes y descreas todo ahora, por favor? Acertado y equivocado, bueno y malo, POD y POC, todos los 9, cortos, chicos y más allá. Gracias.

Por favor, entiende: no estoy tratando de imponerte un punto de vista. En serio. Lo que estoy intentando hacer es invitarte a una posibilidad completamente diferente de vivir. Como siempre, por favor no trates de comprarte nada de aquí que no te funcione. Pero, al menos, pruébalo para ti.

Si alguien me hubiese dado estas distinciones y herramientas hace 11 años, hubiera podido estar en un lugar más feliz.

Parte de mi depresión era que lo que yo veía en el mundo y lo que otras personas veían como realidad eran simplemente muy diferentes de lo que yo SABÍA que debería estar disponible. No teniendo a casi nadie más que considerara valioso lo que yo consideraba el valor, el gozo y las razones para vivir (amabilidad, energías sanadoras, nutritivas, de cuidado y cariño, gozosas, generadoras, expansivas, creativas y orgásmicas, y el no juicio) que eran todo lo que yo quería en el mundo, me hacía dudar si alguna vez se presentarían o podrían mostrarse. Y si esas cosas no podían darse, desde mi punto de vista, no valía la pena vivir.

Ahora se dan. ¡Y vale la pena vivir la vida!

¿Orgásmico e imparable?

Si tuvieras la energía de la sexualness, ¿serías parable o imparable?

Imparable

Teniendo eso, ¿elegirías doblegarte y renunciar, de acuerdo a los juicios de otras personas? ¿Por qué elegirías doblegarte en concordancia con la pesadez de sus juicios, cuando se puede tener tanta diversión? Serías no juzgable porque sus juicios ya no tendrían efecto sobre ti. Por lo tanto, serías imparable e ilimitable, y nadie te podría controlar.

O sí, también serías realmente gozoso, y mucho más amable —contigo y con todos los demás— y tendrías mucha más energía.

¿Cuántas personas en tu vida estarían totalmente intimidadas por esto? Casi todos ellos —con excepción de aquellos que también estuviesen dispuestos a ser orgásmicos.

¿Estarías dispuesto a divertirte más —y ser más divertido?
¿Estarías dispuesto a ser imparable?

¿Estarías dispuesto a ser más orgásmico? (Porque el orgasmo es la energía que crea la vida). Todo lo que no permita que eso se muestre, ¿lo destruyes y descreas todo ahora, por favor? Acertado y equivocado, bueno y malo, POD y POC, todos los 9, cortos, chicos y más allás. Gracias.
A propósito, no se requiere que copules: nunca.

¿Y si pudieras elegir tener esa maravillosa energía orgásmica siempre que lo desearas?

¿Qué se requeriría para realmente tener un vivir orgásmico?

¿¡¿¡¿Orgásmico qué?!?!?, dices.

¡Vivir orgásmico! Es donde eliges tu vida y las experiencias que tienes porque son divertidas, gozosas, intensamente maravillosas y expansivas.

¿Qué se requeriría?

Una de las cosas que se requeriría sería la elección de tu parte. Tienes que estar dispuesto a considerar un vivir orgásmico como algo valioso —en vez de algo que tratas de evitar a toda costa para poder ser normal, promedio, real e igual a todos los demás.

Tienes que estar dispuesto a tomarlo como una contribución a tu vida, en lugar de verlo como algo malo.

¿Estarías dispuesto a tener un punto de vista totalmente diferente?

¿Me harías a mí (y a ti) un favor, por favor? ¿Soltarías la idea de que tienes que tener sexo (copular) para tener un orgasmo? Y en vez de eso, por favor ¿permitirías que fuera una energía de posibilidad gozosa y un fluir generativo a través de tu vida entera y de tu vivir?

Continuamente.

(Solo porque eliminas del orgasmo la necesidad de copular, ¡por favor no elimines el orgasmo de la copulación!)

¿Qué quiero decir? Bueno, ¿alguna vez has probado un bocado de comida que sabía tan deliciosamente *yummy*, tan sabroso, con tantos niveles de sabor recorriéndolo, que podías sentirlo a través de cada célula de todo tu cuerpo? ¿Es orgásmico eso? ¡Sí! (A propósito, si no lo has hecho, ¡es el momento!)

¿Alguna vez has bajado una colina esquiando tan rápido y estabas riéndote tan fuerte que pensaste que te ibas a orinar en los pantalones?

¿Fue eso orgásmico? ¡Sí!

¿Alguna vez te sentaste en la playa o en las montañas, con el sol acariciando tu piel, sintiéndote tan bendecido de estar vivo que te sentiste uno con todo? ¿Fue orgásmico? ¡Sí!

¿Alguna vez tomaste un baño en el que, desde el momento en que te metiste al agua llena de vapor, tu cuerpo se sintió bullendo y radiante con esa intensidad de la sensación de ello? ¿Orgásmico? ¡Sí de nuevo!

Todas esas son las experiencias de un vivir orgásmico. Son solo una diminuta porción de las infinitas posibilidades que están disponibles.

¿Notaste que ninguna de ellas involucraba copulación? Extraño, ¿eh?

¿Cómo sería, si fuera más valioso para ti tener más en tú vida que aparezca para ti de esa manera? ¿No sería mucho más divertido?

¿Y qué estás esperando? Se te han dado las herramientas. ¡Crea el cambio que permita que eso se presente! Podrías apenas abrir la puerta para que eso suceda hoy, pero, si nunca la abres, se quedará cerrada para siempre. Si la abres ahora, podría quedarse abierta para siempre. Tu elección.

Vivir orgásmico o ser normal, común, real e igual que todas las aburridas personas que has llegado a conocer. ¿Cuál elegirías? La parte divertida es... realmente es solo una elección.

¿Y cuáles son exactamente esas herramientas que tienes? Déjame hacer un rápido repaso:

DEMANDA: Haz una demanda de que la forma en que las cosas se han estado presentando, va a cambiar ahora y que algo diferente va a aparecer.

PREGUNTA: "¿Qué tendría que pasar para que esto se muestre?" y "¿Qué puedo cambiar, elegir y contribuir y recibir que permita que esto se muestre?"

POC y POD: Pide que se destruya y descree y suelta todo lo que no permite que eso se muestre tan pronto como sea posible. Y después aplica el enunciado aclarador: *Acertado y equivocado, bueno y malo, POD y POC, todos los 9, cortos, chicos y más allás.*

ELIGE y ACTÚA: Tu elección determina los potenciales que van a ocurrir. En otras palabras, tienes la demanda, la pregunta, dejar ir la limitación, y es la elección y la acción lo que realmente crea el diferente potencial para el futuro. ¡Tienes que elegir!

RECIBE todo: Por favor date cuenta de que tú no controlas cuándo algo se va a dar o exactamente cómo se va a ver. El Universo lo hace. Para que esto funcione, para que las cosas cambien, tienes que estar dispuesto a recibir todo lo que se presente, sin juicio ni exclusión.

Ahí lo tienes: un repaso de la forma abreviada para cambiar cualquier cosa.

¿Demasiado extraño? Eso está bien. De cualquier forma, no querías realmente ese cambio, ¿o sí?

Especialmente no esta cuestión de la sexualness...

De cualquier forma, ¿quién querría ser orgásmico? ¿Cierto?

---- HERRAMIENTA ----

Cuerpo orgásmico: como tener más energía en cualquier momento, con total facilidad

Empieza por recordar la última vez que tuviste un orgasmo. (Aun si fue hace 150 años...)

Ahora, haz que esa energía orgásmica surja de la Tierra.

La Tierra tiene una enorme cantidad de ella: es como un pulsante caliente gran orgasmo...

¿De qué otra forma podría tener ese centro fundido que toma cientos de millones –o billones– de años para enfriarse?

Bueno, jala esa energía de orgasmo de la tierra a través de tus pies, pásala por tus tobillos, a través de tus rodillas, a través de tus caderas, a través de tu abdomen, a través de tu plexo solar y tu pecho, a través de tus brazos, a través de tu cuello y hacia afuera por tu cabeza.

Más. ～ ～ ～¡ ¡Más! ～ ～ ～¡¡¡Más!! ～ ～ ～¡¡¡¡Más!!!

¿Cómo se siente ahora tu cuerpo?

Oh, a propósito, si en este punto tu dulce cuerpo quiere moverse en una forma particular, por favor... ¡déjalo!

Si empezaras cada día (y cada noche) de esta forma... Eso no sería bueno para ti. Para nada.

(Esa fue una broma, por si no te diste cuenta.)

Más allá de tu

familia

(Ahora, ¿esta esto realmente permitido?)

NOTA PARA EL LECTOR

Es tu elección, NO tu educación, lo que crea tu realidad...

¿Qué has elegido solo porque podías, que no tuvo sentido para nadie; que es un indicio para ti de lo diferente que eres?

¿Has experimentado tal vez crueldad o el abuso y, de alguna manera, has elegido ser una persona bondadosa?

¿O creciste con poco dinero y has elegido cambiar eso? ¿O creciste con personas que constantemente juzgaban, pero elegiste trascender la necesidad de juzgar?

¿Por favor reconocerías que has creado una realidad diferente a la que te dieron siendo niño?

¿Por favor reconocerías lo increíblemente potente que TÚ eres?

¿Y reconocerías que ES TU ELECCIÓN, NO TU EDUCACIÓN, LA QUE CREA TU VIDA Y TU VIVIR

Capítulo 8
¿Y si tú elegiste a tus padres?

Imagina esto... Eres esta hermosa chispa parpadeante de ser en el Universo. En medio de tu triple salto mortal en una suave burbujeante nube, eliges tomar un cuerpo por un rato... Solo por diversión –y tal vez como un paso en tu camino hacia la consciencia.

De cualquier manera, encuentras a estas dos personas, las juntas de golpe y ¡bam!

¡Ahí está tu ser! ¡Ahí está tu cuerpo!

Es como una pieza de información vital que no se nos da...

¡Tú elegiste a tus padres, tú, el potente bebe! Solo míralo, ¿te hace sentir más ligero?

Entiende esto: cuando tú encarnas, no solo obtienes un cuerpo, ¡recibes toda esta realidad! Es casi como si estuvieras viendo uno de esos infomerciales de media noche, y este en particular que te está vendiendo vidas aquí en el planeta Tierra.

Tú lo estás viendo desde allá arriba, como el pequeño resplandeciente ser, desde tu nubecita, y piensas: *"Oh, ¿en serio, amigo?, ¿Podría ir a la Tierra? ¡Guau!"*

De la TV-Nube escuchas: *"Sí, y si actúas ahora, no solo vas a obtener un cuerpo, sino que además recibirás todas las limitaciones que esta realidad tiene para ofrecer. ¡Tendrás que luchar para salir de la realidad limitada en cada momento! ¡La tendrás abatiéndote! ¡La tendrás tratando de sofocarte! ¡Estarás rodeado de todo tipo de personas que no quieren saber que no hay nada más disponible! ¡Tendrás algo por qué luchar en cada momento de tu vida hasta que mueras, para probar que fuiste exitoso! ¡Pero solo si actúas ahora! Los operadores están preparados".*

Y tú piensas: *"¡Bien, lo haré! Suena como una aventura".*

Es por esto que digo: "Somos simpáticos, solo que no muy listos".

Crecer en un gueto

Si crees que tu elección de padres e infancia fue interesante, déjame compartirte la mía por un momento. Desde que tuve dos hasta la edad de nueve, crecí en un gueto. Era el único chico blanco en 8 millas cuadradas. Yo era el único chico blanco que conocía en mi escuela. Es interesante que un chico –en este caso yo– haga esta elección.

Afortunadamente, a pesar de que la mayoría de las personas en el gueto tienen mucho odio en sus universos; muchos de los niños pequeños que conocí no habían aprendido a juzgar –y odiar, con base en el color– todavía. Claro, la mayoría de las personas mayores que conocí ahí estaban llenas de ello, pero uno se las arregla para aprender a sobrevivir.

Tuve algunos amigos realmente maravillosos en el gueto, todos ellos tenían un color de piel diferente a la mía. No me di cuenta de que éramos diferentes hasta que tuve como ocho años. Fue entonces cuando por primera vez alguien me armó un pleito por ser de diferente color. Viendo todo ello en retrospectiva, me doy cuenta de que a los chicos se les enseña a juzgar. No es algo con lo que venimos.

El gueto es realmente la máxima corona de esta realidad. Todos aprenden a odiar primero y a hacer preguntas después –si es que las llegan a hacer. Es ese odio lo que permea todo y crea la falta de esperanza que mantiene a la gente en ese ciclo y nunca permite que nada cambie. Es la alineación y el estar de acuerdo; la resistencia y reacción a lo correcto y a lo incorrecto de los puntos de vista que hay, lo que mantiene todo atorado. ¡Es como hablar sobre la basura del máximo programa de mercadeo multinivel! No hay permisión en el gueto.

Al mismo tiempo, tenía abuelos ricos y un padre que estaba en buena posición. Así que iba a visitar a mi padre o a mis abuelos los fines de semana, cada dos semanas. Y luego volvía al gueto.

Mi abuela me quitaba toda la "buena" ropa que había usado durante el fin de semana con ella, y me ponía mi ropa corriente, porque cada vez que regresaba a la casa del gueto, la gente con la que vivíamos mi mamá y yo me robaba toda mi ropa buena –y todo lo que valiera la pena robar–. ¡Oh, qué alegría!

Debió ser algo digno de verse... Mi abuela me llevaba en su Lincoln Continental último modelo y me dejaba frente a una de estas casas del gueto, me desvestía afuera del carro y me quitaba mi ropa y me volvía a poner mi ropa corriente... Era como "Ricky Ricón se encuentra con Tito Puente".

Mi papá y mi abuela tenían el punto de vista de: "Somos blancos. Somos ricos. Somos superiores". Mi punto de vista era: *"Traten de vivir mi vida. Aquí la gente me odia por ser blanco. La gente me odia porque piensan que tengo dinero, ¡aunque no lo tengo!"*

Así que vivía en este peculiar y conflictivo universo. Un universo conflictivo es uno en el que tienes un universo que es una cosa y también otro universo que es totalmente diferente, y no puedes lograr que sean congruentes. Simplemente no hay manera. Así que funcionas en este universo conflictivo, en el que verdaderamente no tienes idea de lo que en realidad es verdad... Eso fue parte de mi realidad cuando yo estaba creciendo. Interesante elección, ¿eh?

Y a propósito, ¿qué tanto de tu infancia (y tu realidad actual) se sienten como un universo conflictivo para ti?

Todo aquello que creó tu infancia y realidad como un universo conflictivo, ¿lo destruyes y descreas todo ahora, por favor? Acertado y equivocado, bueno y malo, POD y POC, todos los 9, cortos, chicos y más allá. Gracias.

Yo sabía. Y tú también.

De lo que me di cuenta fue que vine a dar a mis padres la consciencia de que no tenían que vivir en juicio. ¿Tuve éxito? No.

Solía tratar de ver por qué o cómo podía soportar tanto odio, enojo y virulenta hostilidad dirigidos hacia mí, de manera constante, mientras vivía en el gueto, y aun así solo quería abrazar a esas mismas personas y decirles *"No tienes que ser así. Vamos, abracémonos."*

Quería entender por qué y cómo yo podía ser así, ya que, si podía encontrar una razón, entonces podría haber mostrado a las otras personas cómo serlo, y mostrarles a otras personas cómo tenerlo, también.

¿Supones tú que algo de eso puede haber sido verdad para ti? ¿Alguna vez has querido simplemente mostrar a las personas que tienen otras elecciones? ¿Alguna vez has querido solamente abrazarlas y hacerles saber que todo podría ser diferente y mucho más fácil?

Pero, desafortunadamente, no puedes mostrar a otras personas cómo serlo o tenerlo.

Es una elección.

Una elección que está más allá de cualquier razón y justificación. Más allá de todo lo que es cognitivo.

Cuando eliges algo, nadie te lo puede quitar jamás.

Y tú siempre tienes una elección. Siempre.

¿Viniste a tus padres para regalarles algo que se negaban a recibir?

¿Y qué tal si tú viniste a darle a tus padres algo –algún regalo o toma de consciencia? Tal vez viniste para mostrarles que son amados, o que podrían tener una vida más grandiosa, o que no tenían que sufrir, o que no tenían que juzgar, o que la rabia y la tristeza no era su única elección.

La mayoría de nosotros, debido a que ellos se negaron a recibirlo, decidimos que éramos unos fracasados. ¿Sabes qué? No es que hallas fallado –ellos simplemente no lo querían. ¿Me escuchaste, mi hermoso amigo? **No es que tú hayas fallado. Ellos simplemente no podían o no quisieron recibir eso –o a ti.**

Y no es tu culpa. De ninguna manera. Realmente. En verdad. Lo prometo.

Tampoco es culpa de ellos. Ellos solo tenían puntos de vista ya fijos. No es que sean malos o estén equivocados, solo fue lo que ellos estaban dispuestos a elegir. Estaban haciendo lo mejor que podían con las herramientas que tenían. Algunos de ellos tuvieron herramientas tan lamentablemente inadecuadas...

Somos tan simpáticos (y no muy listos).

¿Qué hicimos entonces para tratar de cambiarlo? Parece que una cosa que hacemos con mayor frecuencia es tomar al padre que menos nos quiere y crear una relación con alguien que es exactamente igual.

Aparentemente, nos imaginamos que, si podemos cambiar a esa persona, vamos a poder finalmente sanar lo que no pudimos sanar en el padre que no nos amó tanto como esperábamos. Entonces finalmente podríamos ser capaces de salir del juicio de que nosotros somos unos fracasados.

Pensamos que finalmente seremos capaces de dejar de juzgarnos, porque estamos seguros de que esta falla nuestra debe ser el origen de lo incorrecto que hemos percibido que hay en nosotros toda nuestra vida.

¡Guau!

¿Y qué tal si nada de eso fuera verdad? ¿Y si no fuera tu misión sanar a tus padres? ¿Y si no hay ABSOLUTAMENTE nada incorrecto en ti? ¿Ni en ellos? ¿Y si esa persistente sensación de estar mal fuera enteramente de algo más?

Si esto se aplica a ti, ¿a qué edad decidiste que eras un fracaso?

¿Dos... cuatro... seis? ¿Segundos después de nacer? ¿En el segundo mes después de la concepción?

A cualquier edad que hayas decidido que eras un fracaso porque tus padres se negaron a ver el regalo que eres, ¿estarías dispuesto a soltar todo eso ahora, y a destruirlo y descrearlo, y a reclamar, reconocer y adueñarte de que eres el regalo que viniste a ser (incluso si aún no sabes lo que es)? Acertado y equivocado, bueno y malo, POD y POC, todos los 9, cortos, chicos y más allás. Gracias.

"No eres NADA mejor que nosotros, querido"

¿Cuánto de tu vida has creado con el fin de validar los puntos de vista de tu familia sobre lo que es posible y lo que no es posible?

Ese es más o menos el punto de vista que prevalece en el mundo: no puedes salir y ser algo diferente –especialmente más grandioso que lo que fue tu familia. Puedes ser un poco menos que, pero no puedes ser mejor. No puedes estar libre del juicio. No puedes hacer más dinero. No puedes disfrutar de tu vida más que lo que lo hizo tu familia, porque ellos fueron los que te enseñaron como salir adelante en esta realidad.

O pasas toda tu vida peleando y resistiéndote a cualquier punto de vista que tenga tu familia –probando una y otra vez que eres justamente igual que ellos, solo que en la otra cara de la moneda de su realidad.

¿Qué tanto de tu vida te la has pasado siendo tu papá, mientras te resistías a ser tu papá, mientras eras tu papá, mientras te resistías a ser tu papá?

¿Qué tanto de tu vida te la has pasado siendo tu mamá, mientras te resistías a ser tu mamá, mientras eras tú mamá, mientras te resistías a ser tu mamá?

Todo lo que mantiene eso en existencia, ¿lo dejas ir todo ahora, y lo destruyes y descreas ahora, por favor? Acertado y equivocado, bueno y malo, POD y POC, todos los 9, cortos, chicos y más allás. Gracias.

Si elegiste a tus padres, ¿supones que estarías dispuesto a mirar y ver que regalo has recibido al escoger a estas dos personas?

Haz esta pregunta: "¿Qué regalo he recibido al elegir a estas personas como mis padres?"

Todo lo que no te permita ver el(los) regalo(s) que has recibido al elegir a los padres que elegiste, ¿lo dejarías ir todo eso ahora por favor? Acertado y equivocado, bueno y malo, POD y POC, todos los 9, cortos, chicos y más allás. Gracias.

Como recordatorio: ¿Qué has elegido, sólo porque podías, que a nadie más le hizo sentido, que es un indicio para ti de lo diferente que eres?

Por favor, ¿puedes reconocer que tú has creado una realidad diferente de la que simplemente se te dio cuando eras pequeño?

Por favor, ¿puedes reconocer lo increíblemente potente que TÚ eres?

¿Y podrías AHORA reconocer que es TU ELECCIÓN, NO CÓMO TE CRIARON lo que determina tu vida y tu vivir?

Y todo lo que no permita que eso se revele para ti ahora, por favor, ¿lo destruyes y descreas? Acertado y equivocado, bueno y malo, POD y POC, todos los 9, cortos, chicos y más allás. Gracias.

¿Qué te gustaría elegir ahora como tu vida?

NOTA PARA EL LECTOR

El camino a la consciencia

¿Quieres tener un mundo diferente? ¡Deja de juzgarte a ti mismo!

Cuando dejas de juzgarte a ti y dejas de juzgar a todos los demás, te conviertes en la diferencia y el cambio que has deseado, y que, tal vez, has pedido tu vida entera.

Tú sé tú. Cuando creas y generas un vivir que es gozoso para ti, eres el cambio en el planeta y eres el regalo que sana el planeta. Si alguna vez has estado buscando un **"camino a la consciencia"** es este. Y no me refiero a mi libro o a Access Consciousness . Me refiero a ti, siendo tú.

No se trata de ir y hacer alguna tarea imposible con algún sueño imposible en algún lugar imposible que ni siquiera sabes lo que es y ni siquiera tienes las herramientas para hacerlo.

No se trata de vivir en una cueva y meditar toda tu vida. No se trata de abandonar esta realidad y todas las cosas deliciosas y divertidas que puedes hacer y tener y ser aquí.

Se trata de vivir con tranquilidad, honrándote a ti y a los demás, creando tu vida con **todo** lo que te gustaría tener en ella, todo con una sensación de facilidad, gozo y gloria*.

De ESO es de lo que se trata.

Tienes las herramientas. Eres las herramientas. Ahora es el momento, mis hermosos amigos.

* *Gloria: "expresión exuberante y abundancia".*

Todo es
elección

NOTA EXTRA PARA EL LECTOR, DE 2012

Estoy sentado, algo pensativo, antes de rescribir este capítulo de *Siendo tú, cambiando el mundo*. Con el fin de rescribir este capítulo, tuve que revisar un tema que pensé que había dejado atrás hace mucho tiempo. Y, al hacerlo, soy confrontado con lo diferente que simplemente es mi punto de vista del mundo, en comparación con el de la mayoría de las personas a quienes llamo mis hermanos y mis hermanas. (Ustedes.)

Previamente, para mí, este capítulo era un capítulo en un libro más amplio de posibilidades. El haber vivido lo que te voy a describir cambió mi vida entera, literalmente.

Pero, tener que revisar el tema desde la perspectiva de decirles lo que ocurrió y lo que aprendí de ello, con el fin de, en verdad, describir lo que podría ser posible para ustedes, los lectores, me abrió los ojos de nuevo.

Déjame decirte algo más antes de entrar en el tema que tenemos a mano.

Literalmente dos días antes de que la versión sueca del manuscrito de Siendo tú fuera mecanografiado, el editor me llamó para preguntarme si podíamos retirar este capítulo del libro. Decir que eso me sobresaltó es quedarme corto. Saben, he recibido mails de cientos de personas diciéndome que este fue el capítulo (de la primera edición), que les dio una perspectiva que literalmente les cambió la vida.

Mi respuesta a mi muy bondadoso editor fue: "No". Pero, a medida que la escuchaba expresar las razones por las que tenía que quitar el capítulo, me di cuenta de que, en el manuscrito inicial de Siendo tú, no les había dado suficiente información a ustedes, los lectores. Asimismo, me di cuenta de que al razón para escribir este capítulo, en primer lugar, era dar a las personas una perspectiva diferente. Y eso es lo que hice.

Con todo, más información era necesaria. Así que me ofrecí a rescribir este capítulo para hacer del mismo lo que yo quería que fuera cuando lo escribí, aunque no fui capaz de ello.

Sí, yo también cambio...

Me di cuenta de que muchas veces en nuestras vidas, cuando vivimos algún evento, muy a menudo damos por hecho que las otras personas van a llegar a tener la misma perspectiva a la que nosotros llegamos como resultado de ese mismo evento – aun cuando sus experiencias de vida han sido diferentes a las nuestras. Nosotros, al parecer, simplemente asumimos, de una manera bastante fundamental, que los otros ven el mundo como lo vemos nosotros

Tú podrías pensar que, como yo hago lo que hago para vivir, tendría que saber esto de memoria. Por una parte, sí lo sé; y por la otra, acabo simplemente de recibir un enorme regalo de consciencia –uno que esperemos que explique más efectivamente el potencialmente controversial tema de este capítulo.

Además, si sacara este capítulo del contexto de todo el libro, podría parecerles duro a muchas personas. Ese no es exactamente el efecto que yo estaba buscando.

Así que, lo que ves frente a ti es de alguna manera un capítulo diferente al que de otra manera hubieras leído, si mi editora sueca no hubiera estado cuidándolos, y en el proceso, cuidándonos a todos nosotros.

Incluso, en la nueva versión en inglés, este capítulo va a cambiar a partir de finales del 2012. Si quieres saber lo que la primera versión decía, puedes consultar una copia de segunda mano en alguna parte...

Considera esta como una invitación para que tengas una consciencia totalmente diferente sobre algunos temas muy controversiales, sobre los cuales he llegado a tener una perspectiva diferente.

¡Muy bien! Queridas hermanas y hermanos de este hermoso planeta que tenemos la suerte de llamar hogar, aquí lo tienen...

NOTA PARA EL LECTOR

Entendimiento versus consciencia

"¿Entiendes?"

¿Cuántas veces en tu vida has escuchado esa pregunta? ¿O lo has preguntado?

Por favor, tómate un minuto para revisar esto.

¿Estás tratando de vivir tu vida desde un punto de vista cognitivo?

¿Estás tratando de entender cómo funciona todo para hacerlo bien?

La mayoría de nosotros lo hace.

Aquí está otra posibilidad que podrías considerar: ¡No funciona! Empezamos teniendo el punto de vista de: "Pienso, luego existo". A partir de ahí concluimos que la consciencia es cognitiva. Pero no es así. Nosotros hemos elegido muchas cosas que no eran cognitivas.

Pensamos que entender es tener consciencia, pero no lo es.

La consciencia muchas veces no tiene ningún "entendimiento". porque no tiene un punto de vista al respecto. La consciencia simplemente es.

El entendimiento es inferior a la consciencia. El entendimiento es una función de tu mente. La consciencia es una función de ti, el ser.

Tratar de vivir nuestras vidas desde un punto de vista cognitivo es una de las mayores limitaciones que tenemos.

Y, por favor, trata de no captar esto cognitivamente... Sólo pregunta: ¿Es esto ligero o pesado?

Para ti.

Capítulo 9
Y si la muerte fuera una elección en lugar de algo incorrecto, ¿podrías entonces vivir plenamente?

¿Estarías dispuesto a saltar al profundo vacío final, conmigo por un momento? ¿Por favor?

Ahora... puede ser que esto vaya en contra de todo lo que tú crees... Muy bien, ¡ten en cuenta que te previne! Espera. Y recuerda: Todo

Todo es lo opuesto de lo que parece ser.
Nada es lo opuesto de lo que parece ser.

Todo es lo opuesto de lo que parece ser.
Nada es lo opuesto de lo que parece ser.

Todo es lo opuesto de lo que parece ser.
Nada es lo opuesto de lo que parece ser.

Todo es lo opuesto de lo que parece ser.
Nada es lo opuesto de lo que parece ser.

Todo es lo opuesto de lo que parece ser.
Nada es lo opuesto de lo que parece ser.

Todo es lo opuesto de lo que parece ser.
Nada es lo opuesto de lo que parece ser.

¿Te das cuenta de que tanto la muerte como el cambio son considerados como algo completamente incorrecto en esta realidad? La muerte es percibida como una de las peores cosas que podrían suceder. Por cierto, también el cambio. ¿Qué pregunta hay en ese punto de vista? Ninguna. Y cuando no haces una pregunta, cortas y cierras tu consciencia — de cualquier otra perspectiva que pudiera ser posible.

Por tanto, me pregunto qué se podría mostrar, si no viéramos a la muerte, al dolor o al cambio como algo incorrecto y, en vez de eso. nos empezáramos a pregunta:– ¿Qué es lo que realmente está pasando aquí? Si todo es una elección, yo me pregunto ¿cómo es que esto fue creado?

¿O por qué razón? ¿Ves cómo simplemente al hacer esas pequeñas preguntas se pueden abrir posibilidades totalmente diferentes? Ellas te sacan de las conclusiones en las que no hay posibilidades y permiten que las puertas de otras posibilidades se abran.

Toma algo tan horroroso como el 9/11. Si tienes la conclusión de "¿Eso fue tan horrible?", ¿qué toma de consciencia puede haber ahí? ¿Qué posibilidad puede haber ahí que no hayas considerado aún? Las posibilidades están ahí en casi cada situación, tú tienes que estar dispuesto a buscarlas y pedirles que se muestren. ¿Cómo haces eso? ¡Haciendo preguntas! (¡Oh! Eso de nuevo…)

¿Qué tal si todas esas otras posibilidades fueran algo así como pequeños niños asustados?

¿Qué es lo que quiero decir con eso?

En el mundo de tratar de llegar a una conclusión sobre cualquier cosa (que es el mundo en el cual vivimos actualmente), estas posibilidades han sido tan olvidadas y abandonadas, y se ha dicho de ellas, desde hace tanto tiempo, que no tienen ningún valor, que ellas están ahora ocultas. Ya no están dispuestas a salir a jugar más —a no ser que tú las busques y les hagas saber que estás dispuesto a que estén presentes en tu vida. Tú haces eso al hacer una pregunta y al estar después dispuesto a estar abierto a una posibilidad totalmente diferente. Esta parte es muy importante. Con el fin de que una nueva perspectiva o toma de consciencia o posibilidad entre en tu mundo TÚ tienes que estar dispuesto a permitirla. Sí, TÚ.

Intentémoslo. Vamos a los eventos del 9/11 y veámoslo desde el espacio de "¿Qué más es posible?" e incluso, tal vez hagamos algunas preguntas...

Para comenzar, ¿no es interesante que dos edificios, que generalmente albergan a casi 50.000 personas, tuvieran únicamente 3.000 muertos ese día? En cualquier otra situación eso sería, por lo menos, considerado increíble. Unos lo podrían llamar un milagro. ¿Qué tal si el hecho de que únicamente 3.000 personas murieran ese día en vez de 50.000 fuera un increíble milagro? ¿Y qué tal si cada uno de ellos estuvo haciendo lo mejor de sí para darnos a todos nosotros un regalo increíble—un maravilloso llamado a despertar— con ese proceso?

Sí, yo sé que muchos de los miembros sobrevivientes de las familias, que han experimentado el dolor de la pérdida de sus seres amados, podrían toser inicialmente ante este concepto, y los entiendo totalmente. Lo que yo estoy tratando de hacer es presentar una explicación diferente que pueda darnos a todos nosotros—incluso a los miembros de esas familias que quedaron atrás—un más gran nivel de paz y consciencia.

Déjame que lo explique un poco más.

¿Qué tendría que pasar para que te des cuenta de que hay elecciones que tú haces como el ser, que van muchísimo más allá de tu comprensión cognitiva? Si cada elección que haces no tuviera que tener un entendimiento cognitivo o una consciencia cognitiva, tendrías más elecciones disponibles? Y reconocerías que tú lo estas eligiendo, aun cuando no tenías cognición sobre eso?

¿Y si había algo que las personas en los dos edificios y en los aviones sabían, que va más allá de esta realidad? ¿Qué tal si ellos en verdad son seres infinitos, lo que significa que sus consciencias van más allá de esta simple realidad y de la limitada consciencia y la limitada elección? ¿Qué tal si, en algún nivel, ellos sabían que podían hacer una contribución para CAMBIAR EL MUNDO? ¿Qué tal si la forma en que ellos eligieron hacerlo fue permitiendo que sus cuerpos mueran ese día con el fin de despertar a otras personas, a nosotros?

El mundo cambió ese día. Puedes argüir y decir que cambió para mal. Y puede que eso sea verdad, o ¿es posible que el mundo pudiera estar mucho peor si los sucesos del 9/11 no hubieran ocurrido? ¿Y si esa fue una llamada de –"despiértate" para forzar a la gente hacia una consciencia de que el cambio es necesario? ¿Qué tal si eso fue parte de una demanda para una mayor consciencia? ¿Y qué tal si cada persona que eligió que su cuerpo muriera ese día contribuyó a esa consciencia PARA EL MUNDO?

Mi pregunta es: ¿te hace esto sentirte más ligero?

Sé de personas que, ese día, su reloj despertador no funcionó. O se subieron a un taxi y estuvieron estancados en un atasco vehicular. O sus hijos se enfermaron; simplemente recibieron un mensaje claro de que tenían que darse la vuelta y no ir a esos edificios ese día... Literalmente, ¿qué tal si esto fue algo que crearon las personas que estaban eligiendo algo diferente de morir ese día? ¿Y qué tal si esas personas sabían que el más grandioso regalo que ellas podían dar era quedarse? ¿Qué tal si hay algo mucho más grande que está pasando de lo que nosotros estamos dispuestos a considerar? Una vez más, lo que es verdad para ti, te hace sentir ligero. ¿Qué es lo que te hace sentir más ligero?

Una cosa interesante que sucedió directamente después del 9/11 es que las personas de Nueva York invitaron a personas totalmente extrañas a sus casa y cuidaron de ellas, en vez de tener miedo por sus vidas o por sus posesiones. Eso no había sucedido en Nueva York desde los años 60. En la ciudad, todos asumieron un cuidado y una solidaridad como NUNCA antes la ciudad lo había experimentado. ¿Podrías tu considerar eso como un regalo?

Otra cosa interesante que he notado: preguntando a muchas personas cuándo comenzaron su camino a explorar las posibilidades más allá de esta realidad, muchas de ellas me dijeron que iniciaron esa exploración el 2001 o 2002 o 2003, los siguientes años al 9/11. ¿Coincidencia? Tal vez. O tal vez las personas que fueron lo suficientemente valientes como para cambiar ese día, realmente tuvieron el efecto que estaban buscando tener.

Y por favor, entiende: ¡No estoy hablando sobre una elección cognitiva!

"Si me escondo, tal vez no muera"

Parece ser que hay dos formas comunes con las que las personas ponen a sus cuerpos en el camino hacia la muerte. Una de ellos es cuando eres joven y decides que no vas a vivir pasada cierta edad. Es solo una decisión. Luego pasas esa edad y tu vida se detiene porque pensaste que tendrías que estar muerto, así que proyectaste suficiente vida hacia ese punto. Y luego te preparaste para morir. Raro, ¿eh?

¿Tienes tú una fecha para caerte muerto?

Me gustaría contarles sobre alguien a quien llamaremos Cynthia. Ella tenía 54 años cuando la conocí y absolutamente nada en su vida estaba funcionando. Le hice muchas preguntas y finalmente hallamos la limitación que literalmente la estaba matando. Y tengo que decirles, esto fue una sorpresa para mí.

Cuando Cynthia tenía alrededor de tres años, ella había decidido que no iba a vivir más de 51 años. Y todo en su vida comenzó a salirse de sus manos cuando cumplió 51 años. Dejó de hacer dinero, dejo de tener amistades: todo simplemente se detuvo.

Cincuenta y uno era su fecha de expiración.

¿Tienes tú una fecha de expiración, de cuando tu cuerpo se supone que tiene que ir? ¿A qué edad? ¿Ves la locura de este punto de vista? Por ejemplo, Cynthia tomó su decisión a los tres años. ¿Qué sabe exactamente una personita de tres años de edad sobre la muerte y sobre crecer o envejecer y de cuándo le gustaría morir? Este es otro ejemplo de una elección no cognitiva que estaba afectando enormemente la vida de alguien.

Si tú tienes una de esas fechas para caerte muerto, ¿estarías dispuesto por favor a destruir y descrear todo con lo que te alineaste y con lo que estuviste de acuerdo, y todo a lo que te resististe y reaccionaste que permitió que eso existiera? Acertado y equivocado, bueno y malo, POD y POC, todos los 9, cortos, chicos y más alláds. Gracias.

Pero espera, hay más...

Otra manera común de poner tu cuerpo camino hacia la muerte es si tienes una relación o alguna situación de la que quieres escapar y entonces dices: "Oh, estoy muerto" o "Simplemente me quiero morir".

Y tomas la decisión de morir de tal manera que puedas salir de eso. Tú pones a tu cuerpo rumbo a la muerte, y se te hace realmente difícil tener una vida y es difícil para ti tener cualquier tipo de abundancia. Es raro, lo sé. Muy raro.

Déjame que te dé un ejemplo. Gary estaba trabajando con una mujer de 70 años a quien le diagnosticaron cáncer de pecho. Él le pregunto:

¿Para escapar de qué te estás muriendo?

Ella le respondió: "Mi relación."

¿Has considerado divorciarte?

Ella le contestó: ¡Oh no! Yo no podría hacerles eso a mis hijos, nunca.

Él le preguntó: ¿Cuántos años tiene tu hijo menor? Ella le dijo: "54"

No importó cuan duramente Gary trató, ella no estuvo dispuesta a cambiar su punto de vista. Él le devolvió su dinero y le dijo que no la podía ayudar. Ella se murió con cáncer de pecho.

La mayoría de la gente piensa: si me escondo, tal vez no me muero.

No, en realidad ¡si tú eliges vivir, entonces, entonces no mueres! Si, ya sé, como muchos de los otros temas que hemos tocado, este también es raro.

Primero tienes que deshacer la decisión de morir, SI ES QUE ESTAS DISPUESTO. (Por cierto, eso es exactamente para lo que el enunciado aclarador sirve: deshacer toda la basura que no pudiste hasta ahora.

Segundo, tú tienes que – de verdad – hacer la elección de realmente vivir. (Muchas personas tienen problemas para sobrepasar un proceso de enfermedad, pobreza y depresión porque aún no eligen VIVIR).

Y mira, si algo de esto ligero para ti, ¿es el momento de elegir diferente ahora?

¿Elegir vivir?

Para aquellos de ustedes que saben que esto se aplica y les gustaría cambiarlo, ¿les gustaría cambiarlo, ahora?

¿Estarías dispuesto ahora a destruir y descrear todas las veces que tú decidiste morir y que quisiste morirte para salirte de algo? Y todo lo que no permita eso, ¿puedes dejarlo ir ahora, por favor? ¿Y harías tú ahora la elección y la demanda de vivir? ¿Sin importar cómo se vea y sin importar lo que se requiera?

Y todo lo que no permita eso, destruyámoslo y descreémoslo ahora, por favor. Acertado y equivocado, bueno y malo, POD y POC, todos los 9, cortos, chicos y más allás. Gracias.

Gracias de mi parte y de parte de tu cuerpo.

(Por si acaso, simplemente fíjate en tu cuerpo ahora. ¿Está algo más ligero?)

Déjame contarte una historia con un final más feliz. Hubo una mujer con la que yo trabajé, vamos a llamarla Chandra; a ella le diagnosticaron fibromas uterinos y tenía los resultados del ultrasonido para probarlo.

Cuando le pregunté: ¿Cuál es el valor de aferrarte a esto? Ella se dio cuenta de que esta era la única forma que ella conocía de sanar a la gente a su alrededor. Su cuerpo estaba literalmente tratando de sanar a otros tomando sus dolores y enfermedades. (Algo que es mucho más común de lo que las personas pueden darse cuenta).

Con unas cuantas preguntas y usando el enunciado aclarador para deshacer lo que ella pensaba que no podía deshacer de ninguna otra manera. y un poco de trabajo con ESB, ella se liberó de los fibromas. Volvió al laboratorio de ultrasonido porque quería ver si había algún cambio después de nuestra sesión y antes de entrar a cirugía, puesto que ya tenía la cita programada para que le quitaran los fibromas. El técnico del ultrasonido no podía creer lo que veía cuando comenzó a pasarle la vara del ultrasonido sobre su abdomen, mientras, además, comparaba con las imágenes del scanner previo (con fibromas). Él finalmente se pronunció y dijo que el primer ultrasonido debió de ser incorrecto porque ahora no había detectado ningún fibroma. Jaja. ¡Chandra estaba feliz!

En algún momento, de alguna manera, en nuestra sesión, Chandra recibió lo que ella necesitaba para elegir algo diferente. Por favor, ten en cuenta que es siempre la elección de las personas —no la mía.

PEQUEÑA NOTA A LOS LECTORES

Te debes estar preguntando cómo es que yo llegué al punto en el que pude confiar en mi consciencia sobre estas cosas que he estado compartiendo contigo (por ejemplo, que Cynthia realmente hiciera la elección de morir a las 3 o que Chandra estuviera en el momento correcto para cambiar la situación sobre los fibromas). Con esto, como con todo lo demás, yo usé la herramienta que acabo de compartir con ustedes: ciencia espacial.

¡Oops! Lo siento, herramienta incorrecta. Es mucho más fácil que la ciencia espacial.

Comencé teniendo consciencia de que lo que es verdad siempre nos hace sentir ligeros. Y luego simplemente dejé que mi mente siguiera cualquier cosa que se presentara. Y cuando algo creaba más ligereza, yo seguía por ahí. Cuando se ponía más pesado, sabía que esa no era la dirección a seguir, así que cambiaba de rumbo con mis preguntas.

¿Y cómo sé que lo que hice realmente funcionó y que no me lo había imaginado en mi cabeza?

PORQUE LA VIDA DE CYNTHIA Y EL CUERPO DE CHANDRA

SE PUSIERON MUCHO MEJOR. Cynthia ha estado creando más y más y mucho más desde entonces. El cuerpo de Chandra ha sido una continua fuente de asombro y de cada vez mayor gozo para ella desde entonces. Así que, por favor, ten en cuenta que lo que yo busco al trabajar con alguien es en realidad QUE LA SITUACIÓN EN VERDAD CAMBIE.

Aunque hablo de muchas cosas raras, diferentes temas, desde un extraño punto de vista, yo soy en realidad una persona muy, muy pragmática. Si alguna herramienta que estoy usando no funciona para cambiar algo, entonces buscaré otra, y generalmente encuentro otra herramienta, una diferente perspectiva, una diferente manera de ver las cosas que permita que la situación cambie. Esa es la forma en que Access a estado creando desde hace 25 años, trabajando con gente real para hacer cambios reales, ya sea que ese algo sea algo que se puede cambiar o no—y ya sea que esta realidad diga que es algo que se puede cambiar o no.

¿Recuerdas en la introducción cuando mencioné la idea de ser capaces de poder mover nuestros cuerpos desde aquí hasta Fiji instantáneamente? Es porque he visto persona tras persona tras persona, que no sabían que un cambio en particular era posible. Y a través de las preguntas, y el estar abiertos, sin tener conclusiones, usando el enunciado aclarador para deshacer los puntos de vista que mantenían la limitación, ellos cambiaron ese preciso tema que no pensaron que era posible cambiar.

Así que mi pregunta es: ¿Que más es mutable? ¿Qué más es posible?

¿Qué más tenemos nosotros la capacidad de cambiar que no sabíamos que teníamos la capacidad de cambiar? Y…¿qué tendría que pasar para que todos nosotros tengamos las herramientas para cambiar TODO lo que quisiéramos cambiar? Ahí es a donde quiero llegar. ¿Quieres jugar? El cambio está directamente a continuación…

Si la muerte es una elección, quizá también lo sea VIVIR…

Déjame contarte de una elección que hice alguna vez… estaba, hace un par de años, montando en Costa Rica. Estaba sobre mi hermoso caballo mitad costarricense y mitad caballo de carrera (que es como un cohete con cuatro patas). Él es el caballo más veloz que yo jamás haya montado, y yo he montado algunos bastante rápidos.

Así que, ahí estábamos dando una cabalgata, y había una persona en el grupo, que era principiante, pero decidió que iba a ir con el grupo avanzado. Entonces, él estaba montando directamente adelante de mí.

Estábamos subiendo por un terraplén que era puro barro, y los caballos tenían que subir este terraplén para salir del río.

El jinete novato, que se hacía pasar por un jinete avanzado, se las arregla para subir el terraplén, y en cuanto llega a la cima, se detiene justo frente a mí. Mi caballo en ese punto estaba a medio escalar, pero no pudo seguir. Así que se comienza a caer hacia atrás, sobre mí, cayendo sobre todo el terraplén con dos metros de lodo y hacia un espacio con dos metros de agua y grandes rocas.

Y ahí estaba yo —haciendo frente a una elección— una elección entre continuar viviendo o morir. Yo sabía que la elección entre la vida y la muerte es como un chasquido de dedos. Es tan fácil dejarse ir, nunca había experimentado esto antes. Cuando yo quería morir, previo a encontrar Access, yo me iba a matar seis meses después si mi vida no cambiaba. Bueno, aquí estaba la oportunidad. Lo vi y lo supe: "Guau. Es así de fácil. Oh… Si lo elijo, podía simplemente dejarme caer de espaldas y terminar con todo…"

Mi elección era: "¿Sí? ¿No? ¿Sí? ¿No?" "¡NO!"

Pensé: "No, eso no va a suceder hoy". Así que mi caballo se volteó de lado.

Ahora, estamos de lado y pensé: "Ok!, eso está mejor. No caerá hacia atrás sobre mí". Solo que ahora se viene sobre mí de lado. Justamente antes de que yo entrara totalmente bajo el agua y justo antes de que aterrizara sobre mí, mi espalda estaba sobre las rocas y yo tenía los pies hacia arriba. Cómo si fuera a hacer pesas (un leg press) con mis piernas y el caballo que pesa mil libras… El comenzó a caerse encima de mí y de nuevo dije: "No". Literalmente mi cuerpo hizo (whoosh) y el caballo hizo (whoosh). Y en verdad, cayó de una manera que no tuvo sentido.

Me enderezo y salgo del agua en la que había estado sumergido y él está ahí parado: se esfuerza y se para, y yo pienso: "Bueno, yo cambié algo". Las personas que estaban detrás de mí dijeron: "Fue realmente peculiar, caíste y tu cuerpo fue a parar por aquí, y luego él cayó pero no cayó ahí, cayó y fue a dar por allá, y luego hizo ese giro…"

Una mujer que observó el incidente completo mientras cabalgaba detrás de mí, me dijo que, en un punto, cuando yo estaba sumergido, mi caballo, mientras se levantaba, se paró tan cerca de mi cabeza que pareció que se iba a parar sobre ella. En sus palabras, el primer paso para levantarse fue colocar su pezuña a "una pulgada de tu cabeza".

Lo que yo le respondí a ella fue: "¡Lo acepto!" ¡Una pulgada es todo lo que necesitaba!" ¿Cómo puede mejorar eso?

Esa pulgada fue la diferencia entre la vida y la muerte. Fue solo una pulgada y fue suficiente. Me di cuenta entonces de que esos son los momentos de elección. Es así de rápido; sólo que no pensé: "Ahora giraré mi cuerpo y giraré a mi caballo".

Solo dije: "Esto va a cambiar. Yo no voy a morir hoy".

Eso fue todo. Aún sigo recibiendo tomas de consciencia de ese evento. Debido a él tuve que ver y darme cuenta: "Bueno, pude elegir irme. Elegí no hacerlo". Y: "Si elegí quedarme por aquí, más vale que haga algo con mi vida. Si pude cambiar eso, ¿qué más es posible? Coloqué una demanda en mi mundo para crear algo mucho más grandioso de lo que yo tenía hasta ese punto, porque si no iba a crear algo más grandioso, ¿para qué seguir con vida?"

Por favor, ten en cuenta, sin importar de qué espacio estés accediendo a tener consciencia en este momento, tan solo por leer este libro, ese espacio es una posibilidad que continuará creciendo.

Te darás la oportunidad. Te darás a ti mismo la posibilidad. No significa que tienes que casi morir.

Podría significar que te despiertes, pensando: "¿Sabes qué? Lo poco ya no es suficiente. Muchas gracias mundo. ¡Tráeme algo más grande!"

No tiene que tener mayor significancia. Este evento sucedió y, juntando las piezas más tarde, me di cuenta de todo lo que sucedió. Nada de ello fue cognitivo, mas me di cuenta: "¡Guau, yo tomé la elección de vivir!

Un nuevo paradigma para la elección

De verdad, todo es elección.

Por ejemplo, examinando: "Estoy enojada porque mi marido me dejo", estás asumiendo que tu marido te dejó, estás asumiendo que es algo malo y estás asumiendo que tú ahora tienes un problema basado en eso. ¿Correcto?

Y, esencialmente, te estás poniendo a ti misma en un rol de víctima.

ADVERTENCIA: la próxima sección puede que no sea fácil de creer para ti.

Quizá quieras arrojar lejos el libro.

¿Otra vez?

Por favor, ten en cuenta, yo también encontraría esto muy difícil de creer si no lo hubiese vivido tal y como lo he descrito aquí. Es posible que esto desafíe cada paradigma que hayas tenido y cada concepto de lo que has considerado verdadero en el pasado. No te estoy pidiendo que lo creas.

Te estoy pidiendo que abras tu mundo a una posibilidad diferente, una que podría darte más libertad para saber que sabes, sin importar si esto va en contra de todo tu pasado y todo lo que todos a tu alrededor te dijeronque era real, necesario o verdad. Y al hacerlo, ojalá que encuentres más de lo que es verdadero para ti.

Y si algo de lo que vas a leer aquí te hace sentir más ligero, puede que encuentres que te "libera" de alguna forma que no puedes explicar y puedes no "entender". Si es así, mi disposición para exponer esta parte de mi vida habrá valido la pena.

Aquí va:

Cuando era chico, yo experimenté muchos tipos de abuso: experimenté abuso sexual, abuso físico, abuso emocional y hasta temí por mi vida. Un pariente mayor abusó de mí y un chico mayor también abusó de mí. También experimenté ser golpeado con cinturones: mi cuerpecito desnudo de niño fue golpeado por un círculo de mujeres que odiaban a los hombres, paradas sobre mí haciéndolo. Hubo otras formas de abuso que sufrí en mi niñez, pero creo que con esto tienes una idea.

En algunos de los trabajos metafísicos que hice antes de entrar en contacto con Access Consciousness , tomé consciencia de que había sido abusado… y dije: "¡Oh, Dios mío! Eso lo explica".

Eso explicaba todas mis limitaciones para mí. Eso explicaba por qué no estaba dispuesto a sentirme bien conmigo mismo, por qué no era capaz de hacer mucho dinero, por qué me sentía como basura, por qué yo no me gustaba a mí mismo mucho y por qué no podía ver las cosas "buenas" que otros veían en mí. Eso lo explicaba todo para mí. Y dije: "Guau, ahora veo por qué soy una víctima. Bueno, está bien". Y claro, exactamente, ¿a dónde podría dirigirme desde ahí?

Yo estaba funcionando desde la conclusión en vez de funcionar desde la pregunta.

Así que, después de alrededor de un año y medio en Access, mi amigo Gary (el fundador de Access) y yo empezamos a revisar esa área del abuso que había experimentado. Empecé a contarle lo que yo percibía que había ocurrido, pero sentía que había mucho de ello que había bloqueado.

Inicialmente, lo vimos desde el mismo punto de vista que todos los demás tienen en este planeta, que es el punto de vista psicológico, que es: "Eso es una maldad". Es incorrecto, yo soy una víctima". Y créanme, yo entiendo ese punto de vista. La mayor dificultad con ese punto de vista es que también es una conclusión en vez de una pregunta. Tú matas cualquier otra posibilidad y te limitas a estar únicamente consciente de lo que ya concluiste.

Lo estábamos mirando desde ese punto de vista de injusticia, y tratando de desbloquearlo. No estaba pasando mucho, excepto que Gary y yo estábamos teniendo más consciencia de todo lo que me había ocurrido, porque apenas vislumbraba cualquier cosa, la compartía.

Lo digo de nuevo: como habíamos decidido que estaba mal el que yo hubiera experimentado todo lo que me había ocurrido, no podíamos ver otra cosa que lo incorrecto de la situación. ¿Has estado alguna vez en una situación como esta en tu vida? ¿En la que al parecer no hay ninguna ligereza? Si es así, sabes lo que es estar en ese lugar.

Una noche empezamos a hacer procesos, y en realidad estábamos entrando en más de lo que ya había ocurrido. Yo no lo vi, pero Gary recibió una canalización del abuso y el maltrato que mi cuerpo y yo habíamos experimentado. Su punto de vista era que "eso nunca debió haberle sucedido a un niño".

Notarás que ese es un punto de vista apropiado, pero no es una pregunta. Así que nos metimos en lo incorrecto de lo que me había pasado. Con ese preciso punto de vista, él me veía a mí como una víctima, y me convirtió en una víctima, porque se alineó y estuvo de acuerdo con el punto de vista de que yo era una víctima en esa situación. Eso me bloqueó a mí y a mi cuerpo.

Por favor ten en cuenta que yo no lo estoy culpando. Yo estoy diciéndote esto a ti, con el fin de que puedas ver lo que nosotros hacemos para estancarnos a nosotros mismos (y a otros) en un punto de vista de lo que es incorrecto o sobre ser una víctima. Pronto verás lo que hicimos para cambiarlo.

Yo me sentía como si estuviera cubierto por una mezcla de concreto que se acababa de solidificar. Apenas podía moverme. Mis intestinos se detuvieron. Ni siquiera sabía lo que pasaba. Pensé: "Este abuso realmente me está pegando".

No.

Lo que en realidad sucedió fue que Gary asumió el punto de vista de que eso era algo incorrecto, y eso me estanco en él. Él no funcionó desde una pregunta, a pesar de que casi siempre lo hace. Como llegó a la conclusión de que esto era algo tan horrendo y que nunca debería haber sucedido, no podía ver nada que no coincidiera con esa conclusión. Es como ver los sucesos del 9/11 únicamente como algo incorrecto. Si lo haces, nunca podrás ver que hay otras posibilidades acechando por ahí, esperando a hacer tu realidad más fácil, más grandiosa, con mayores posibilidades.

Yo estuve estancado con la idea de que había sido sometido a algo tan horrendo que nunca debió suceder, y era la víctima de eso, y eso era más poderoso que yo.

Yo era la víctima de eso y eso hacía que toda esa energía fuera más grande que yo, lo que significaba que no podía ser mejor o más grande ni siquiera que esa energía de abuso. Ese es realmente un lugar muy duro desde el cual funcionar, ya que si no puedes llegar a ser mejor o más grande que la energía de abuso, no tienes muchas posibilidades en tu vida. Y yo no las tenía. Literalmente sentía como si mi vida se hubiese detenido.

Por favor entiende esto: tu punto de vista crea tu realidad.

Aun si es otra persona la que pone un punto de vista en ti y tú te lo compras, eso determina tu realidad. Yo no estaba cognitivamente consciente de eso. La cuestión es que la mayoría de lo que nos ocurre es no cognitivo. Lo que pasó es que Gary tenía el punto de vista de que esto no debería pasarle a un niño y que yo era una víctima. Yo ya tenía el punto de vista de que era una víctima, porque ese punto de vista que la gente tiene respecto al abuso aquí: que eres una víctima. Mi punto de vista de que yo era una víctima, combinado con su punto de vista de que yo era una víctima de esa circunstancia, estancó mi vida.

Así que ahí estaba yo, en el concreto más sólido de mi vida, y ni Gary ni yo sabíamos hacia dónde ir o qué hacer al respecto.

No sabíamos qué era lo que había sucedido que nos había estancado. Yo simplemente supe que habíamos llegado a algo, y que algo sucedió. Cuando llegamos a algún lugar en el que no sabemos qué hacer, nosotros comenzamos a hacer preguntas.

Muy francamente, yo comencé a estar muy, muy enojado. Y la mayoría de mi enojo, lo estaba dirigiendo a Gary, mi mejor amigo. No era mi mejor elección y no me siento orgulloso de ello —pero con su total amabilidad hacia mí, sin importar cuán enojado yo me ponía y con el increíble nivel de permisión que tiene hacia mí (y hacia todos) sin importar lo que pase, lo sobrepasamos. Desde entonces, yo me di cuenta de que cuando me estoy enojando con las personas que me importan, es porque estoy estancado en algún antiguo patrón que va más allá de mi saber cognitivo; o porque en realidad hay un nivel de habilidad para cambiar algo al cual estoy accediendo que no había experimentado nunca antes.

Así que Gary estaba haciéndome y haciéndome preguntas, pero seguían siendo desde el punto de vista que todos aquí tienen, de que eso era algo incorrecto y yo era una víctima. Continuábamos preguntando "¿Qué está mal?" O, en un esfuerzo por buscar algo diferente que me pudiese "despejar", cambiábamos a "¿Qué más podría estar mal que no hemos visto aún?"

Notarás el punto de vista desde el que estábamos funcionando: algo está mal. Con ese punto de vista, ¿podíamos alguna vez ver algo más que no tuviera una forma de incorrecto? No. Y cada vez que preguntas: "¿Qué está mal?", ves lo que está mal. De hecho, es lo único que puedes ver. La pregunta que no estábamos haciendo en relación con esto era: "¿Qué podría ser lo que está bien de esto, que no estamos captando?"

Lo que sí sabíamos es que, si sigues trabajando con algo y no se elimina o no cambia, no estás mirando hacia donde tienes que ver. Entiende esto: si las cosas no se hacen más ligeras, es porque hay otra manera de ver las cosas. Lo que es verdad siempre te hace sentir más ligero. Cuando llegas a lo que es verdadero, eso creará ligereza incluso en la situación más pesada. Mientras las cosas sigan pesadas, es que hay una mentira por ahí en algún lugar. Así que Gary hizo la pregunta para sí mismo: "¿Cuál es la mentira aquí?"

Adicionalmente usó el enunciado aclarador. Cada vez que preguntaba:"¿-Cuál es la mentira aquí?" ,pedía a continuación que se destruyera y descreara todo lo que permitía que la mentira se mantuviera y todo lo que él no se permitía a si mismo percibir que era en realidad verdad y que podría crear libertad para mí. Y luego decía: Acertado y equivocado, bueno y malo, POD y POC, todos los 9, cortos, chicos y más allás.

(¡Vaya muy, muy buen amigo!)

Después de hacer esto durante varios días, me hizo una pregunta que cambió toda mi vida. Dijo: "Sé que va a sonar extraño..., pero ¿tuviste tú algo que ver con crear esto?"

Tomé una respiración bien profunda. Esa fuera la primera cosa que le dio ligereza a mi universo en ocho semanas. Honestamente, yo estaba asombradísimo. Yo pensé que nunca iba a salir de los muros de concreto que tenía alrededor de mí. Y ahí estaba, ¡un rayo de ligereza!

¿Recuerdas que algo que es verdadero siempre te hace sentir más ligero? Pensé: "Oh Dios mío, yo tuve algo que ver con la creación de esto". SOLO porque eso trajo tal cantidad de ligereza a mi mundo después de tanta pesadez que había sentido ahí. Y francamente, tengo que decirte que muy probablemente yo no hubiera creído que había tenido algo que ver con la creación de todas esas situaciones que me ocurrieron en mi niñez, si no hubiera experimentado las semanas de pesadez seguidas de la instantánea ligereza que sentí cuando Gary me hizo esa pregunta. Y entiendo totalmente si esta conversación está sacando a flote cosas para ti o "apretando tus botones". Puedo imaginarme cómo sería para mí si yo lo estuviera leyendo ahora, en vez de haberlo experimentado, mientras escribo esto.

Por favor, simplemente sigue leyendo...

Yo no tenía idea de qué fue lo que yo tuve que ver con crear esa situación, pero la simple toma de consciencia de que tuve algo que ver en crearlo, me permitió comenzar, incluso de una forma muy leve, a dejar de ser una víctima.

Yo había tenido ese punto de vista en mi universo de que el abuso que ocurrió era algo incorrecto y de que yo era una equivocación ambulante por permitirlo. Lo sabía. Todos lo saben, ¿no es así? ¿Adivina qué? Esa es una de las formas en la que esta realidad y sus limitados puntos de vistas sobre el abuso nos limitan. ¿Qué tal si esa no es la única posible opción a considerar?

Nosotros tenemos este punto de vista colectivo inconsciente de que el abuso es algo que solo es hecho A ALGUIEN, y eres una terrible víctima y todas esas maravillosas cosas que perpeúan una impotencia total en cualquiera que haya experimentado algo de ello.

¿Qué tal si esa no es la única perspectiva que podemos tener? ¿Qué tal si tan solo tener ese punto de vista no es algo amable hacia ese hermoso ser que ha experimentado el abuso? ¿Qué tal si las personas que han experimentado el abuso son algunos de los seres más valientes en el planeta? ¿Qué tal si ellos tienen una valentía que va más allá de la capacidad de expresarla en palabras?

Cuando Gary preguntó: "¿Tuviste tú algo que ver en crearlo?", mi universo hizo ¡BUM! Fue como un e-s-p-a-c-i-o de fuegos artificiales por primera vez después de ocho semanas. Pude sentir cómo se levantaba el bloque de concreto...

Luego me hizo otra pregunta: "¿Hiciste tú eso a propósito?"

Todo el resto de bloques de concreto estallaron –¡BUM!– y empecé a reír y llorar al mismo tiempo. Eso no tenía ningún sentido para mí. Era tan no cognitivo que ese pudiera ser el caso y yo no me podía imaginar el cómo ni el por qué ni nada más, y realmente no me importaba. Eso creó tanto espacio que, instantáneamente, supe que tenía que ser verdad. Entonces Gary me preguntó: "¿Por qué? ¿Por qué razón hiciste eso?"

Miré. Mis ojos se pusieron bizcos, porque tener que ver eso desde un punto de vista tan diferente, era un cambio muy grande para mí. Él me preguntó: "¿Lo hiciste para crear un cambio?

¡Hubo un "sí" enorme!

¡Ok!, Gary prosiguió. Así que: "¿Lo hiciste tú, para crear cambio para tu familia, otros niños, para el hombre que te abusó, todo lo anterior o alguna otra cosa?"

¡Guau! Todo lo anterior...

De repente, fui capaz de ver todo lo que había ocurrido y tener total claridad sobre eso, como si estuviera viendo toda la situación desarrollarse. ¡Lo que vi fue muy peculiar, asombroso y totalmente opuesto a lo que parecía ser!

En el caso del pariente mayor, yo me ocupé de que la familia se enterara... Pude ver que si yo no hubiera hecho eso con él, muy probablemente habría terminado convirtiéndose en alguien que era sexualmente inapropiado y haciendo cosas realmente crueles y repugnantes a otros chicos, e incluso podía haber llegado a prisión por eso. Yo cambie el curso de su vida. Pero incluso y lo más importante, es que yo cambie el curso del futuro en la vida de muchos niños.

Ahora llevo años viendo las cosas desde un diferente espacio (el cual es raro para la mayoría de la gente, incluido tú, tal vez). Y, sin embargo, cuando esto surgió por primera vez, el ser capaz de reconocer que a los seis años yo fui capaz de hacer esa elección, me dejó sin aliento, por el cuidado que tuve por mi familiar y por los niños que él podía haber afectado.

¿Tener cuidado? Eso iba mucho más allá de cualquier cosa que yo pudiera concebir como tener cuidado en ese tiempo. Aun así, me hizo sentir ligero y me hizo todo más fácil. Esa es la única prueba de fuego para algo que tú no entiendes o que hayas experimentado antes: ¿Te hace esto sentirte más ligero? Si es así, es verdadero para ti, incluso si no entiendes el porqué…

Verás, eso es lo que es estar consciente de lo que lo que es verdadero hace por ti. Comprarte una mentira siempre te hace sentir más pesado y te entierra a ti mismo aún más, y es ahí donde yo estaba antes de que Gary me hiciera esas preguntas que me llevaron a esta increíble toma de consciencia. Yo vi desde este nuevo espacio el niño que yo era, reconociendo el cuidado y la consciencia que había ahí a los 6 años. Yo en realidad sabía que tenía que hacer eso, porque si no lo hacía, este tipo hubiera terminado haciendo daño a otros niños —y a sí mismo.

Fue muy interesante —por decir lo menos— haber tenido esa experiencia. Yo fui capaz de verlo todo y tener total claridad al respecto, como si estuviera viendo una situación desarrollarse. Yo supe que podía percibir el futuro —incluso a los seis años. Esa toma de consciencia de percibir el futuro Y ELEGIR CAMBIARLO fue una nota tan estridente como jamás tuve ninguna otra.

Es más, cuando vi cómo estaba mi cuerpo al respecto, el en realidad estaba bien. Mi hermoso y bello cuerpo no estaba roto ni adolorido. Yo supe cómo sanar. Él había caminado conmigo y me había sostenido. Él había hecho más que sobrevivir. El cambio todo. Y encontramos nuestro rumbo hacia las herramientas que nos iban a permitir prosperar. Ese día produjo una expansión hacia la apreciación de mi cuerpo que fue mucho más grandioso que nada de lo que y pensé que fuera posible hasta ese momento.

Lo siento, ¿me puedes volver a decir cómo es que soy una patética víctima, por favor?

Una de las cosas más importantes aquí es darse cuenta de que no importa lo que hayas experimentado, tú también vas a encontrar tu camino hacia las herramientas que te van a permitir prosperar, cualesquiera que estas sean. Ellas están disponibles. SOLO NO TE DETENGAS. TÚ PUEDES HACERLO.

Darme cuenta de todo lo que te conté antes cambió mi vida. Todo cambió ese día: todo. Fue entonces que dejé de comprarme lo que esta realidad nos dice que es verdad, como si lo fuera. Fue entonces que dejé de reverenciar esta realidad y todo lo que ella dice, y todo lo que esta realidad es. Desde mi punto de vista, eso es realmente todo lo que importa.

No se trata de luchar contra esta realidad.

Es como cuando tienes una relación en la que alguien te ha estado mintiendo todo el tiempo y llegas al punto en el que has tenido suficiente y dices : "Haz lo que sea que necesites hacer. Está perfectamente bien, pero yo ya no permito que me mientas. Se terminó. Nuestra relación como era se ha terminado ahora. No sé lo que el futuro traerá, pero nuestra relación ahora se ha terminado".

Mi relación con esta realidad se terminó ese día. Ha sido un maravilloso viaje de: "¿Qué más es posible? ¿Qué más es posible? ¿Qué más es posible?"

Cuando hacía esa pregunta en el pasado, siempre era de alguna manera expresada en los términos de "¿Qué más es posible EN ESTA REALIDAD?" Ese día, a partir de la consciencia que tuve, cambió.

A partir de entonces, preguntar "¿Qué más es posible?" incluye elecciones que nunca fueron posibles antes de eso.

Esto es muy importante. Por favor, no estoy diciendo en absoluto que el abuso sea algo correcto. Mi punto de vista es que no hay jamás una razón para abusar a alguien o algo. Eso va en contra de nuestra propia naturaleza como seres. Es una de las locuras de este planeta que a mí me encantaría hacer que deje de existir.

Y no sólo eso, estoy haciendo todo lo posible para dar a todos las herramientas para cambiar esto. Esto es algo que pararía de cualquier modo posible, si alguien que yo conozco lo estuviera experimentando.

El abuso sucede. Lo que nosotros elijamos hacer al respecto es lo que determina el curso de alguien más en el futuro. ¿Y qué tal si parte de nuestro propósito aquí es crear un mundo en el cual el abuso no pueda existir? ¿Qué tal si esa es una parte de por qué estamos aquí? Si vamos a crear eso como una realidad, realmente necesitamos funcionar desde un DIFERENTE punto de vista del que decidimos que era real en el pasado.

Lo que decidimos en el pasado que era real nos ha dado el mundo que actualmente tenemos. Necesitamos algo DIFERENTE para crear un MUNDO DIFERENTE.

Si tú o alguien que tú conoces ha experimentado abuso, no digo que estés en falta porque haya ocurrido. Para nada. Si tú has sido abusado, TÚ NUNCA ESTÁS EN FALTA.

El acto de abuso es siempre inapropiado. No hay algo malo en ti porque lo experimentaste. No eres malo porque lo experimentaste. No tienes que ser una víctima nunca más porque lo experimentaste. Tienes valentía más allá de tus fantasías más descabelladas. El hecho de que pudieras experimentar abuso y aun así funcionar y crear una vida, es un testimonio de tu valor, habilidad y de tus capacidades. Tú eres mucho más grandioso de lo que sabes—mucho, mucho más.

Todo lo que no te permita saber que eres mucho más grandioso que incluso el abuso que hayas experimentado, en cualquier forma que se haya presentado, ¿lo destruyes y descreas ahora? Acertado y equivocado, bueno y malo, POD y POC, todos los 9, cortos, chicos y más allás. Gracias.

Por favor trata de ver bajo estas perspectivas, para ver si te hacen sentir más ligero. Por favor, no te compres lo que sea que creas que es mi punto de vista. Yo no tengo ningún punto de vista, que no sea otro que me gustaría verte tan libre, feliz y fácilmente asombroso como en verdad eres. Y recuerda que lo que es verdad siempre es ligero. Una mentira siempre te hace sentir pesado.

Puedes comenzar con estas simples preguntas si tú o alguien que conoces ha experimentado abuso:

1. ¿Qué mentira me estoy comprando sobre esto que me está estancando?

2. ¿Qué es lo que sé sobre lo que ocurrió que estoy pretendiendo no saber o negando que sé?

3. ¿De qué otras maneras puedo ver esta situación para crear la libertad para mí (o para la persona que ha sido abusada)?

4. ¿Hay alguna manera en la que yo haya protegido a alguien o cambiado la vida de alguien más al permitir que esto ocurriera?

5. ¿Qué valor, potencia y capacidades tengo que me permitieron sobrevivir a este abuso, que no he reconocido y que, si los reconociera, me liberaría?

Casi nadie que conozca en este planeta está dispuesto a ver en relación al abuso desde este espacio diferente de posibilidades. Debido a las singulares circunstancias en mi vida, yo fui afortunado en descubrir y ayudar a traer esta perspectiva totalmente diferente a la luz. Esto me ha dado, literalmente —y a cientos, si no es que a miles más—, libertad, ahí donde ninguna otra cosa la tenía—ni la psicología, metafísica, u otras técnicas demasiado numerosas para nombrarlas, incluida la religión.

Esta es la razón por la que estuve dispuesto a exponer esta área de mi vida para ti –de manera que tú y las personas que amas sepan que hay una posibilidad diferente. Ya sea que elijan verlo desde este espacio o no, como siempre, es su elección.

Por favor, como siempre, elige lo que te hace sentir más ligero.

Y de nuevo, ten en cuenta que no estoy diciendo que este mismo escenario sea igual para todos los que experimentan abuso. Lo que digo es que ver las cosas desde una perspectiva diferente puede muchas veces crear una posibilidad diferente de lo que jamás nadie haya imaginado.

¿Qué podría ser descubierto en tu vida si no buscaras lo incorrecto de los eventos de tu pasado, y por el contrario preguntaras "¿Qué es lo correcto de mí que no estoy captando? ¿Y qué es lo que yo sé que estoy pretendiendo que no sé? ¿Desde qué diferente perspectiva puedo ver esto, que va a crear espacio, facilidad y libertad en torno a esta situación?" Esto es lo que yo he aprendido a hacer, y hace maravillas para abrir diferentes posibilidades que nunca consideré que podían existir.

Mira, todo esto es sobre hacer de tu vida y este mundo un MEJOR lugar para vivir. No es solamente para comprarnos un punto de vista fijo y estancarnos en él. Es sobre crear una realidad diferente, no continuar creando la misma realidad limitada ¡QUE NO FUNCIONA!

Es tiempo del cambio. Es tiempo de la diferencia. Es tiempo de que seas libre.

Es tiempo de que todo seamos libres.

¿Y si eres mucho más potente y maravilloso de lo que jamás te has dado crédito? ¿Qué podría cambiar en tu vida si lo reconocieras?

NOTA PARA EL LECTOR

¿Y si ya no tuvieras que tenerle miedo a la muerte?

¿Realmente mueres TÚ? ¿O es tú cuerpo el que muere? Piensa en eso por un momento.

¿Eres tú un ser infinito?

¿O eres solo un cuerpo?

¿O eres tú un ser infinito que ha creado (junto con la Inteligencia Universal, Dios, Consciencia o como sea que quieras llamarlo) tu lindo cuerpo?

Y si ese es el caso, ¿es posible que TÚ no mueras?

¿Es posible que solo tú cuerpo muera, como preludio al cambio de forma?

¿Será posible que tengas otras elecciones después de que tu cuerpo muere? ¿Otras gloriosas posibilidades?

¿Te daría eso más facilidad al respecto de eso llamado muerte?

¿Y qué tal si eso también fuera algo totalmente diferente de lo que pensaste que era? Con certeza, has escuchado esta idea antes…

Incluso si tu formación fue religiosa, y crees en un ser superior… y en un cielo y un infierno.

Si te vas al cielo (esperemos), lo que entra al cielo, ¿es tu cuerpo... o es tu ser? Yo me aventuraría a decir que tú, el ser, ya que, de acuerdo con todo lo que sabemos, tu cuerpo se queda aquí después de que tú te vas.

Déjame que te dé un ejemplo: había una mujer que era la esposa de un predicador, que fue a una clase que mi amigo, el fundador de Access, estaba ofreciendo. Refiriéndose a un bebé que ella conocía, que recién había muerto a los tres días de haber nacido, ella le dijo a Gary: "¿Sabes?, yo no creía en todo esto de las vidas pasadas, pero supongo que estás en lo cierto. Nosotros debemos seguir viviendo después de morir. Dios no crearía un alma para que dure solo tres días. ¿Me pregunto qué será lo siguiente para mí?"

Y, querido lector, si tú ya no tienes miedo de morir, porque tú, el ser, no muere, yo me pregunto... ¿Qué podría ser lo siguiente para ti?

Aquí y ahora, en este cuerpo, en esta vida: ¿qué es lo siguiente para mí?

──────── HERRAMIENTA ────────

El miedo siempre es una mentira

Por favor, ten en cuenta que el miedo para un ser infinito es siempre una mentira. Siempre es una mentira.

Siempre una mentira.

Una vez más: el miedo siempre es una mentira.

El miedo es ya sea el punto de vista de alguien más o un punto de vista implantado, diseñado para que no llegues a ver lo que realmente te gustaría ver, que puede cambiar tu realidad. Está diseñado para evitar que veas lo que está debajo de lo que estás llamando miedo, que es donde tú, el ser, realmente estás.

El miedo también puede ser una excitación que has identificado y aplicado mal. De hecho, la mayoría de nosotros hemos hecho esto. El miedo y la excitación son muy similares fisiológicamente. Y la mayoría de las personas han identificado mal la maravillosa energía de la excitación (cuando nuestros corazones se aceleran, nuestra respiración aumenta y de alguna manera llegamos a estar agudamente más conscientes) como miedo.

Déjame darte un ejemplo: cuando Gary era un niñito de unos seis años, él estaba por subirse por primera vez a la rueda de la fortuna con su mamá. Estaba TAN EMOCIONADO que estaba saltando mientras tomaba su mano. Ella lo miró y le dijo: "Ahora no tengas miedo, querido".

De ahí en adelante, siempre que tenía esa sensación de excitación, suponía que lo que estaba teniendo era miedo —hasta que descubrió esta información. Ahora, él pregunta: "¿Es esto miedo o excitación?" Una pista: jamás ha tenido la respuesta de que sea miedo desde que empezó a hacer esta pregunta hace ya 23 años.

¿Cuánto de lo que has estado llamando miedo es de hecho excitación, que has identificado y aplicado mal? Todo lo que eso es, ¿lo destruyes y descreas ahora, por favor? Acertado y equivocado, bueno y malo, POD y POC, todos los 9, cortos, chicos y más allá. Gracias.

¿Te gustaría que te probara que en verdad no tienes miedo?

Muy bien, ¿qué te pasa cuando estás en una situación de emergencia?

¿Te desmoronas?

No, estás calmado, frío y sereno, y manejas la situación, ¿cierto?

Bien, entonces en verdad no tienes miedo. Ahora, puede que te desmorones después, para probar que en verdad tenías miedo como todos los demás dicen que se supone que deberías. Si crees que tienes miedo, aplica estos procesos una y otra vez y (si estás dispuesto) cambiará.

¿Cuál es el valor de funcionar desde la mentira de que tienes miedo, en vez de desde la elección? Todo lo que eso es, ¿lo destruyes y descreas ahora, por favor? Acertado y equivocado, bueno y malo, POD y POC, todos los 9, cortos, chicos y más allá. Gracias.

¿Cuál es el valor de funcionar desde la mentira de que tienes miedo de elegir? Todo lo que eso es, ¿lo destruyes y descreas ahora, por favor? Acertado y equivocado, bueno y malo, POD y POC, todos los 9, cortos, chicos y más allá. Gracias.

¿Cuál es el valor de siempre tener miedo en lugar de la total excitación por la elección y elegir? Todo lo que eso es, ¿lo destruyes y descreas ahora, por favor? Acertado y equivocado, bueno y malo, POD y POC, todos los 9, cortos, chicos y más allá. Gracias.

Cuando entras en el miedo, te sacas a ti mismo de la elección. ¿Alguna vez lo has notado? esa es su función. Evitar que elijas avanzar.

¿Vas a permitir que esa pequeña y limitante mentira llamada miedo gane? Cuando te enfrentes al miedo, ¿estás dispuesto a elegir algo diferente? ¿CUALQUIER elección diferente?

He aquí un proceso de tres pasos para eliminar el miedo de tu vida, pero tienes que usarlo cuando surja el miedo, en vez de permitir que la mentira de que tienes miedo te paralice.

1. Pregunta "¿A quién pertenece esto?" Si se siente más ligero, no es tuyo. Devuélvelo al remitente.

2. Pregunta "¿Es esto miedo o excitación?" Si es excitación, ¡entonces celebra!

3. Haz POD y POC a todos los implantes distractores que están creando ese "miedo".

Si haces estas tres cosas cada vez que surja el miedo, tarde o temprano te librarás de él.

El miedo es una de las excusas, una de las razones y justificaciones con las que nadie puede discutir. Debido a que todos los demás también lo consideran real, puedes decir: "No hice esto porque tenía miedo" y todos inmediatamente dicen: "Oh, sé de lo que estás hablando". Lo usan como una validación de que el miedo es también real en sus mundos.

¿Y si estuvieras dispuesto a ser algo que es completamente diferente? Cuando doy clases, les cuento a las personas las cosas en las que me he metido que no fueron inteligentes ni fueron brillantes. Les cuento de los espacios en los que tuve algo que era parecido al miedo y de alguna manera encontré una forma para cambiarlo. Yo quiero que sepan: "Sí, también he pasado por esto y te entiendo totalmente. Y hay una posibilidad diferente que está disponible".

Permíteme hacerte una pregunta:

¿Estás dispuesto a ser esa posibilidad diferente? Permíteme hacerte otra pregunta:

¿Sabes que ya eres una posibilidad diferente? ¿Has estado tratando de pretender que no la eres? Todo lo que has estado haciendo para tratar de fingir que no eres la posibilidad diferente que puede existir más allá del miedo,¿lo destruyes y descreas ahora, por favor? Acertado y equivocado, bueno y malo, POD y POC, todos los 9, cortos, chicos y más allás. Gracias.

HERRAMIENTA

JUSTAN IPOV[4]... *Te presento a Forrest Gump*

¿Te gustaría tener una vida de total facilidad? Si hubiera una gran llave para llevarte ahí, más rápido, más completamente y con más facilidad que cualquier otra, sería esta. Permíteme que te presente a tu nuevo mejor amigo, el famoso ruso: JUSTAN IPOV.

Esto simplemente significa que permites que cada punto de vista, ya sea que sea tuyo o de otra persona, sea **SOLO UN** interesante punto de vista (**JUST AN** Interesting Point Of View).

Esto también se conoce como estar en PERMISIÓN. Suena bastante simple, ¿cierto?

Por favor, ten en cuenta esto: **tu punto de vista crea tu realidad. La realidad no crea tu punto de vista.** Así que, si no tienes juicio en tu punto de vista, no tendrás limitación en la forma en que tu realidad se pueda mostrar, ya que el juicio es el mayor limitante. Para cada juicio que tenemos, nada que no iguale a ese juicio se puede hacer presente o mostrar en nuestro mundo.

¿Alguna vez has notado que, aun cuando exactamente la misma situación les sucede a las personas, diferentes personas tienen diferentes puntos de vista al respecto? Algunos tienen juicios sobre la situación, que siempre son pesados. Algunas personas están en permisión, lo que siempre tiene una ligereza en ella. Sólo es su elección.

---

[4] JUSTAN IPOV – es un juego de palabras que usa Dain, en realidad es - Just an Interesting Point of View que significa – Sólo un Interesante Punto de Vista.

JUSTAN IPOV (Solo un interesante punto de vista) es una forma de elegir cambiar tu Punto de Vista: de uno con juicios (y limitación) a uno de permisión (y posibilidades).

Mi amigo Gary vio un programa de noticias en televisión después de que el huracán Andrew pasó por Florida. En ese programa había un hombre en ropa interior, cuya casa había sido literalmente arrasada durante el huracán. Él le dijo al reportero del noticiero "*Me mudé aquí para retirarme, compré esta casa con el dinero de mi retiro y tenía en ella todo lo que me pertenecía. Ahora todo ha desaparecido. Todo lo que tengo es esta placa de concreto (refiriéndose a los cimientos de concreto). Pero sigo vivo y me las arreglé para rescatar un par de prendas de ropa interior, así que estoy bastante bien*".

En otras palabras, este hombre estaba funcionando a partir de que era un interesante punto de vista que la casa hubiera sido arrasada. Él estaba en total permisión.

En ese mismo programa, había numerosas personas que se veían a sí mismas como totalmente devastadas, aunque en términos de posesiones materiales a ellos les había quedado mucho más que a este hombre. ¿Cuál es la diferencia? Su punto de vista. Las personas que se veían a sí mismas como devastadas NO estaban funcionando desde un interesante punto de vista. No estaban funcionando desde la permisión. Estaban juzgando y su realidad lo reflejaba. Ellos estaban MUY PERTURBADOS.

¿Quién supones que tuvo momentos más fáciles para seguir adelante y crear una nueva vida después del huracán Andrew, el hombre que estaba en permisión o las personas con enormes cantidades de juicios? Muy probablemente el hombre en permisión.

¿Cuál es la diferencia? Es su elección de punto de vista. Si un huracán se llevara tu casa, ¿qué punto de vista preferirías tener? ¿Cuál funcionaría mejor PARA TI? ¿Gratitud porque sobreviviste, o enojo y odio porque tu casa no?

Si sientes como que no eres una de esas personas que sería capaz de estar agradecida por estar viva si un huracán se llevara tu casa, está bien. Ese no es el punto. El punto es que hay una forma de llegar ahí si así lo quieres. De esto tratan todas las herramientas en este libro.

Piensa en Forrest Gump. Para él, la magia simplemente seguía sucediendo porque estaba en total permisión de todo. Su vida era mágica porque, al no juzgar nada, no limitaba las posibilidades de lo que podía mostrarse o presentarse para él. Podrías decir que no era suficientemente listo para juzgar. Tal vez era lo suficientemente listo como para NO hacerlo.

Es por ello que digo: "Tu punto de vista crea tu realidad. La realidad no crea tu punto de vista". Si eliges funcionar desde el no juicio, tu vida podría darse más como la de Forrest Gump. ¿Suena más divertido?

Como ejemplo, aquí hay varios puntos de vista diferentes y la realidad que se crea a partir de ellos. Estoy seguro de que podrías agregar muchos más por tu cuenta:

Punto de vista: Estoy agradecido de estar vivo.

Realidad creada: Una vida por la que vale la pena estar agradecido.

Punto de vista: Estoy furioso con el mundo por permitir que un huracán se llevara mi casa.

Realidad creada: Muchas, muchas razones para tener crecientes cantidades de rabia con el mundo, con Dios, con la Tierra y todos los que están en ella. Ya que tú estás incluido en el mundo, la rabia tampoco te exime. Muchas personas que tienen esos puntos de vista experimentan cosas como que la compañía de seguros no les pague durante un largo tiempo, o inesperadamente se dan cuenta de que su póliza no estaba activa durante el huracán; todas esas son más razones y justificaciones para estar aún más furiosos y verse a sí mismos como que tenían razón en primer lugar por haber elegido estar furiosos. Se vuelve un círculo vicioso.

Punto de vista: Tengo que trabajar duro para tener dinero.

Realidad creada: El dinero nunca llega fácilmente y, al parecer, siempre es una lucha para apenas ir saliendo adelante. (Si pudieras cambiar ese punto de vista, el dinero podría mostrarse mucho más fácilmente).

Por favor, ten en cuenta:

1. **El punto de vista que asumes siempre es una elección.**
2. **Cambiarlo a algo diferente porque ello funciona mejor para ti también es tu elección.**
3. **Nunca tienes que estar estancado en el punto de vista que tienes actualmente –acerca de nada.**
4. **Las herramientas en este libro, incluyendo JUSTAN IPOV, te permiten cambiar tus puntos de vista fácilmente y sin dolor. Y cuando estos puntos de vista cambian, el espacio para una nueva posibilidad se vuelve disponible para ti.**

En otras palabras, una persona puede experimentar que un huracán se lleve su casa y estar agradecida por estar viva, y otra persona puede estar furiosa con el mundo por permitir que eso sucediera. La magia sucede cuando eres capaz de cambiar tu punto de vista, de un punto de vista limitado y lleno de juicios a un punto de vista más expansivo –para ti.

Cuando cambias tus puntos de vista, tu realidad también cambia.

Después, ¡que se cuide el mundo! Podrías ir por ahí destruyendo puntos de vista limitados a tu alrededor –solo porque puedes. Y al hacerlo, inspirarás a otrosa que sepan que es posible. Y a medida que lo haces, el mundo en el que vivimos cambiará.

La forma más fácil de cambiar cualquier situación es cambiar tu punto de vista en torno a esa situación. Cuando cambias tu punto de vista, la situación que te rodea cambia para igualar tu nuevo punto de vista.

Exploremos una diferente situación en la que JUSTAN IPOV salvó el día.

Estaba yo trabajando con una mujer que quería superar sus sentimientos de celos en relación con su pareja. Ella estaba convencida de que su pareja quería estar con alguien más. Este sentimiento la estaba consumiendo, la devoraba casi en cada momento del día y de la noche, y ella no sabía que hacer al respecto.

En parte porque yo no sabía por dónde empezar en ese momento, le pedí que hiciese este ejercicio –aunque no creyera en ello. Le pedí que dijera "Interesante punto de vista que tenga este punto de vista" tres veces. Lo hizo y comenzó a sentirse más ligera. Así que le pedí que lo dijera una y otra vez, muchas veces más. En cierto momento, empezó a reírse.

Cuando le pregunté que era tan chistoso, me dijo: *"¡Que yo tenga un punto de vista neurótico como este cuando yo amo tanto a esta mujer! ¡Eso no es amor! ¡Y ya lo superé! Y si ella quiere estar con alguien más, ahora sé que yo simplemente voy a estar bien. No que quiera que eso suceda, pero, si es así, estaré bien. Muy interesante"*.

Lo que fue aún más interesante para mí, fue lo que esa mujer me relató una semana después por teléfono. Ella me dijo: *"¡Fue la cosa más increíble! Mi chica vino a casa después de que hice la sesión de 'JUSTAN IPOV' contigo, y estaba emocionada por hablar conmigo. Me dijo: 'He estado queriendo decirte esto desde hace mucho tiempo, pero nunca sentía que podía hacerlo por alguna razón. ¡Te amo tanto y te adoro tanto! ¡Estoy tan agradecida de estar contigo! No sé por qué no pude decírtelo antes, pero estoy muy contenta de poder hacértelo saber ahora. Gracias por estar conmigo. ¡Me siento la chica más afortunada del mundo!'"*

¿Qué fue lo único que cambió para crear ese resultado? El punto de vista de la mujer. Puesto que tu punto de vista crea tu realidad, cuando ella lo cambió, su realidad cambió. En cuando ella estuvo en permisión de que su pareja la dejara si necesitaba hacerlo, eso le dio a su pareja la libertad para ELEGIR quedarse y estar agradecida por ella.

Si te gustaría la libertad total de todas las limitaciones, incluyendo el juicio, verlo todo como un INTERESANTE PUNTO DE VISTA puede comenzar a crear eso. Cuando todo es solo un interesante punto de vista, no estás viendo nada como bueno, malo, correcto o incorrecto. No estás viendo a través de los ojos del juicio. No tienes que alinearte ni estar de acuerdo (polaridad positiva) o resistir y reaccionar (polaridad negativa) con nada.

Es como ser una roca en medio de la corriente. Estás en permisión. Permites que todos estos puntos de vista vengan hacia ti y pasen alrededor tuyo, ya sea que sean tuyos o de alguien más, sin dejar que te arrastre la corriente de los juicios, de lo correcto o lo incorrecto. Eres libre. ¿Puedes ver cómo podría eso hacer tu vida mucho más fácil? Como siempre, es tu elección.

Así que, si te gustaría tener total libertad, recuerda a tu nuevo mejor amigo, JUSTAN IPOV. ¿Cómo lo usas?

Primero tienes que ELEGIR funcionar desde un interesante punto de vista, como Forrest Gump, incluso si piensas que no sabes cómo hacerlo. Luego, por cada punto de vista que tengas, ya sea positivo o negativo, te puedes decir a ti mismo "Interesante punto de vista que tenga este punto de vista" aunque no lo creas. Luego espera un momento, ves cómo cambia el punto de vista, y entonces de nuevo dices para ti mismo: "Interesante punto de vista que tenga este punto de vista". Después, espera sólo un momento y te dices a ti mismo de nuevo: "Interesante punto de vista que tenga este punto de vista". Si lo quieres hacer un poco divertido, como yo hago muchas veces, puedes hacerlo con tu mejor imitación de Forrest Gump... y sigue "corriendo y corriendo[5]..."

---

[5] Referencia al filme de Forrest Gump, en el cual a Forrest le dicen: "Corre, Forrest, corre". Al mismo tiempo, es un juego de palabras, ya que run significa también ejecutar o correr un proceso.

Referencia al fime de Forrest Gump, en el cual a Forrest le dicen:"Corre, Forrest, corre". Al mismo tiempo, es un juego de palabras, ya que run significa también ejecutar o correr un proceso.

Ahora, observa cómo "se siente" ese punto de vista para ti. Si es realmente ligero, entonces ya terminaste. Si es ligero, pero tú aún tienes un punto de vista, trata de decirlo unas cuantas veces más, haciendo pausa cada vez. Después de un corto tiempo practicando esto, la mayor parte de las personas descubren que cambiar puntos de vista es mucho más fácil de lo que jamás pensaron.

¿Estarías dispuesto a usar a tu nuevo mejor amigo, solo durante el día de mañana para probarlo? Si es así, por cada punto de vista que tengas, solo di: *"Ese es JUSTAN IPOV (SOLO UN INTERESANTE PUNTO DE VISTA)"* hasta que ya no tengas más un punto de vista. Empezarás a ver lo fácil que es cambiar incluso tus propios puntos de vista, que pocas veces son "interesantes" para ti.

Si no fueras a hacer nada más que este ejercicio por cada punto de vista que tengas durante seis meses, tu VIDA COMPLETA cambiaría. Literalmente.

Pero no nos vamos a detener aquí. Hay mucho más reservado.

NOTA PARA EL LECTOR

¿Qué te define?

¿Quién serías sin tu nombre?

Si no tuvieses pasado, ¿qué sería posible?

Si nada en ti estuviese definido, ¿qué habría para juzgar?

¿O limitarte?

¿Y si **ser tú** no fuese una definición, sino un espacio, un ser y una posibilidad?

Ser
—— indefinido ——

NOTA PARA EL LECTOR

¿Cómo estás, amigo mío?

¿Estás un poco **incómodo**? Genial, estás en el lugar "correcto".

Estar in-cómodo es en realidad una toma de consciencia de que el cambio está a un paso. Es la forma en que tú sabes que el cambio y la diferencia que has estado pidiendo está de hecho creándose.

¿Qué tal si esa incomodidad fuera una de las mayores cosas correctas? Te informa que te estás dirigiendo hacia la diferencia que estuviste pidiendo.

Todo lo que tú y cualquiera en el mundo a tu alrededor hayan hecho para hacerte creer que estar incómodo es algo equivocado y que estás mal, ¿lo destruyes y descreas ahora, por favor? Acertado y equivocado, bueno y malo, POD y POC, todos los 9, cortos, chicos y más allás.

En otras palabras, es cuando algo que es totalmente diferente a lo que era antes tu realidad está empezando a existir, que sientes esa maravillosa incomodidad. Ya que no viene del mismo lugar, no tiene ninguno de los mismos parámetros —no lo reconoces ni lo puedes definir.

Así que tú asumes que algo debe estar mal —**y es en realidad lo nuevo que se está revelando.**

Amigos míos, ¿estarían dispuestos a hacer esta pregunta cada vez que algo sea incómodo?

"¿Es esta en realidad la diferencia que he estado pidiendo, mostrándose en una forma totalmente distinta a lo que yo imaginaba?"

¿Estarías dispuesto a estar agradecido por eso?

¿Solo por los siguientes diez segundos?

10

9

8

7

6

5

4

3

2

1

Ahora respira…

Capítulo 10
¿Estás listo para ser indefinido? (¿Y mágico?)

Caminemos de nuevo por el bosque –no, ¡cabalguemos a través de él! (¿Por qué hacer lo mismo dos veces?)

Ahora es otoño. El aire está crujiente y glacial, y los últimos rayos del sol de la tarde buscan un lugar para dormir. La alfombra de hojas es espesa y suave, roja, naranja y amarilla.

Un cuerpo de terciopelo tibio se mueve contigo, bajo las desnudas ramas de los oscuros árboles. La danza de los cascos del caballo corre por tu cuerpo, como la corriente de la vida. Eres el caballo, el caballo es tú, tú eres el espacio que el caballo es, el espacio que el bosque es y el espacio que tú eres. No tienes nombre, no tienes pasado ni tienes definiciones.

En estos diez segundos, no tienes idea de quién eres o hacia donde te diriges. No sabes cómo será más adelante en el camino.

Y te has detenido a tratar de saber.

Percibe la magia de eso. Solo por unos cuantos segundos... Cabalgar libre... Este es el espacio de ser indefinido. Son las posibilidades infinitas.

No se elige con frecuencia en esta realidad y, por lo tanto, es uno de los más incómodos lugares en el que puedes estar.

Es el lugar que te invito a explorar.

Ven conmigo; juguemos el juego de perderse y encontrarse.

Muchas veces he escuchado a la gente decir: *"Me siento espléndido cuando estoy en una clase. Todo es ligero, facilidad, gozo y posibilidades. Después voy a casa y un par de semanas más adelante, todo se contrae. De nuevo me vuelvo a sentir comprimido dentro de la caja".*

Y yo pregunto "¿Te comprimen? ¿O te encoges tú de nuevo ahí adentro?

¿En verdad?". Generalmente, se ríen al reconocerlo. De nuevo, es solo una elección. Tu elección.

Tú te encoges de nuevo dentro de la caja.

¿Reconoces esto? Tienes este momento de algo completamente diferente... en la naturaleza, en clase, al hacer el amor, en meditación... este momento de ser un espacio total, ser indefinido, ilimitado y luego... pareces perderlo.

¿QUÉ SUCEDIÓ?

Soltar la red de seguridad

Te han enseñado a siempre tener un punto de vista sobre ti. Esa es tu red de seguridad: qué aceptar, qué rechazar, a quién juzgar, cómo juzgarte.

Todos son conclusiones (y juicios). Si vas a cambiar algo en tu vida, entonces lo que se requiere es que deshagas todas las conclusiones en esa área que te están definiendo.

Cuando haces eso, no tienes idea de lo que está sucediendo. No tienes ni una pista –¡y realmente es desconcertante! ¿Cómo puede mejorar eso?

¿Alguna vez has estado ahí? ¿Al grado en el que no tienes idea de quién eres? ¿Y has pensado automáticamente que es algo malo? ¿Y qué tal si ser indefinido fuera la máxima posibilidad que hay? Cuando no tienes idea de quién eres, entonces tienes que elegir crearte a ti y a tu realidad. Puedes generar cualquier cosa desde este lugar, ya que nada te define.

Indefinido, eres magia pura, amigo mío. *(Solo que se siente muy raro...)*

¿Verdad? ¿Quién soy yo?

Algunas veces llegas a este lugar de in-definición, y podrías literalmente sentarte en el sillón y ver TV todo el día, solo porque sí…

Lo que sucede es que la motivación empieza a alejarse, y la mayoría del mundo usa la motivación como fuerza impulsora para todo lo que elige; la motivación de no suficiente dinero, la motivación de no sentirse contentos con sus cuerpos o consigo mismos, la motivación de sentirse solitarios, la motivación de encajar, de ganar, de no perder…

Cuando la motivación se va, mucho de lo que creaba dolor también se va. Y entonces tú de repente te preguntas: *Bueno, ¿quién soy entonces?*

¿Qué hago yo aquí? ¿Qué es lo que está pasando?

Es ahí donde nos comprimimos de nuevo en la caja, giramos nuestro caballo y lentamente trotamos alejándonos del bosque de la diferencia y posibilidades y regresamos al establo de lo normal, de lo promedio y real de esta realidad –de regreso al viciado, viejo, cómodo lugar–, a pesar de que nuestro ser preferiría correr libre.

Literalmente descreamos este nuevo espacio en el que nos estábamos convirtiendo, al definirnos y limitarnos de nuevo. Y tenemos las más impresionantes e ingeniosas estrategias para hacerlo.

Veamos algunas de ellas:

Recreando la basura

Una de las más comunes, interesantes y completamente dementes estrategias que utilizamos es recrear el lugar traumático y dramático desde el que solíamos funcionar.

La mierda es familiar; en la mierda sabemos quiénes somos.

(Inteligente elección).

Es como que todos tenemos nuestro patrón repetitivo que utilizamos para mantenernos definidos y limitados.

¿Sabes exactamente a qué es a lo que personalmente vuelves, con el fin de volver a los puntos de referencia del Tú Definido?

"¡Guau, se siente tan bien odiarme a mí mismo tanto! ¡Yo conozco esto!"
"¡Guau, qué bien se siente perderme a mí mismo de nuevo en una relación!

¡Yo conozco esto!"

"¡Guau, qué bien se siente estar tan enojado porque mi novia está coqueteando con alguien más! ¡Yo conozco esto!

"¡Guau, qué bien se siente sentir que de nuevo que aún no tengo dinero y que de nuevo estoy luchando contra el mundo? ¡Yo conozco esto!"

Algunas veces eres tan brillante que vuelves y recreas exactamente aquello de lo que acabas de salir, por la simple razón de que, si puedes volver a salir de ahí de nuevo, entonces realmente saldrás de eso...

¡Guau! ¿Cómo se puede ser aún más ingenioso que eso?

Lo recreaste para probar que puedes salir de ahí. O te aseguras de que eres merecedor del nuevo espacio recreando la limitación y demostrando tu potencia para volver a descrearla de nuevo. Cuando sales de ahí la segunda vez, vuelves y la creas una tercera vez.

Así que ¿cuántas veces tienes que recrear la mierda y las definiciones antes de que realmente te permitas tener la libertad que tú, en realidad eres?

¿Una, 5, 10, 50, 100, ilimitadas veces?

¿Me estás siguiendo? ¿Estarías dispuesto a soltar eso ahora? Si es así, ¿lo destruyes y descreas todo ahora, por favor? Acertado y equivocado, bueno y malo, POD y POC, todos los 9, cortos, chicos y más allás. Gracias.

¿Relación, dinero o salud?

¿Eres una de esas personas, que, cuando no sabe quién es, crea una relación para averiguar quién es y quién no es?

O tal vez para ti, se trata de problemas de dinero. Tú sabes quién eres cuando tienes problemas de dinero. Has estado ahí, has hecho eso; eres un experto en esa definición en particular.

¿O tal vez con problemas de salud? Siempre que las cosas empiezan a ir realmente bien, encuentras alguna forma para crear: *"Oh sí, mi cuerpo se está desmoronando de nuevo".*

¿O eres una de esas personas que tiene miedo de aburrirse? *¿Realmente odias no estar divirtiéndote?* ¿Has decidido que el aburrimiento sería el peor castigo que podrías sufrir?

Así que, en lugar de tener todo mostrándose con total facilidad todo el tiempo, creas la estupidez de no estar consciente. Si tuvieras todo mostrándose con facilidad y no hubiera ningún trauma ni drama, ¿qué tan aburrido estarías y en qué tendrías que trabajar?

Tu punto de vista es que, si tuvieras la facilidad, el gozo y la gloria de vivir, estarías tan aburrido que querrías morir. O tal vez te has comprado la mentira de que, si finalmente tuvieras todo arreglado, entonces simplemente morirías, ya que no habría nada más que hacer.

Con ese punto de vista, no es de extrañar que quieras dar vuelta y trotar de regreso hacia el establo de lo promedio, real y normal.

Así que, ¿estás dispuesto a destruir y descrear todo eso, por favor?

Acertado y equivocado, bueno y malo, POD y POC, todos los 9, cortos, chicos y más allá. Gracias.

¿Y explorar lo que en realidad es posible para ti?

Definido = recibimiento definido

Estás más acostumbrado a ser definido y limitado. Cuando estás definido, sabes contra qué tienes que luchar, sabes lo que estás dispuesto a recibir y lo que estás dispuesto a rechazar —conoces tu patrón de equivocación. Es muy ingenioso.

¿Por qué podrías elegir ser tan explosivamente brillante y sorprendente como en verdad eres?

¿Por qué elegirías ser indefinido en cualquier forma, de manera que nada ni nadie jamás te volviese a poseer? ¿Por qué?

Yo digo: *"¿Por qué no?"*

¿O lo elegirías tú?

¿Aun si estuvieras totalmente solo?

Si eliges ser indefinido, es posible que nadie más tenga los mismos puntos de vista que tú. Puede que ni siquiera sean capaces de encontrarte, estarías solo en el campo de juego en que estás jugando o el universo en el que estás viviendo.

Esta es otra de las grandes cosas que están pasando con todos nosotros. No estamos dispuestos a arriesgarnos a estar solos. En esta realidad, estar solo es una equivocación tan fea que incluso no queremos ni verla.

En cambio, cuando llegamos a un lugar en el que empezamos a ocupar demasiado espacio, tratamos de disminuirnos a un nivel que sea aceptable para otras personas. Nos definimos y limitamos para encontrar comunidad con todos los demás.

¿Qué tanto de eso es lo que has estado haciendo para validar las realidades de otras personas de que tú eres exactamente la persona que les has probado una y otra vez que eres, que jamás fuiste, pero que decidiste que eres, que ellos decidieron que eres, que ellos decidieron que debes ser, que tú decidiste que debes ser, que nunca has sido pero que has estado tratando de ser, y no quieres saber de nada diferente de ello, porque eso no te daría puntos de referencia para ser?

Sería realmente malo si leyeras lo último otra vez. (Y sería incluso peor si de hecho lo entendieras.)

Todo lo que eso es, ¿lo destruyes y descreas ahora, por favor? Acertado y equivocado, bueno y malo, POD y POC, todos los 9, cortos, chicos y más allás. Gracias.

Ahora, la parte cómica es que, cuando estás dispuesto a finalmente dar el salto al vacío y estar completamente solo, si eso es lo que se necesita para tener todo lo que tú eres más personas querrán estar alrededor de ti. No podrás deshacerte de ellas. Serás tan diferente que se sentirán atraídas hacia ti como las polillas a la luz. (Piensa en Oprah).

No vayas demasiado a la derecha. Oh, oh, ni demasiado a la izquierda

Con el fin de que tu pasado sea correcto, crees que tienes que invalidar este nuevo espacio en el que te estás convirtiendo, que es diferente al del pasado: este espacio que está llegando más allá de cualquier cosa que jamás hayas pensado que pudieras llegar a ser.

Pero para que tu pasado sea correcto y para validar la realidad de todos los demás, tendrías que disminuirte.

La única manera en que puedes mantener la definición de quién eres, es si no cambias demasiado.

Sólo si no te vas demasiado a la izquierda o demasiado a la derecha, o demasiado hacia adelante, es que puedes mantener la definición de ti y de que todo está bien, normal, promedio y real.

Si vas mucho más allá en todas direcciones y te expandes demasiado, que es la peor cosa que podrías hacer en esta realidad y la más grandiosa para crear tu propia realidad, se vuelve tan incómodo que harás cualquier cosa para volver a los puntos de referencia que conoces sobre quién eres.

En vez de decir: *¡basta!*

Bueno, puede ser que me sienta como si estuviera totalmente solo.¡ Ok! Tal vez nadie tenga los mismos puntos de vista que yo tengo, ¡pero ya no estoy dándole vueltas! Si ya no te gusto, está bien. Te amaré, te cuidaré y haré cualquier cosa para facilitarte. Y si no te gusto, ese es tu problema.

¡Mira, hay un hermoso camino allá! ¡Yo voy a cabalgar por ahí!

Puedes venir conmigo o cabalgar a mi lado o detrás de mí... solo no te me cruces.

¿Notas la diferencia?

Estás presente en tu vida.

¿Estás dispuesto a hacer esa demanda? Si lo haces... ¿se siente más ligero?

Todo lo que lo impida, ¿lo destruyes y descreas ahora, por favor? Acertado y equivocado, bueno y malo, POD y POC, todos los 9, cortos, chicos y más allás. Gracias.

Siguiendo el camino de la ligereza

Así es realmente el cómo sabes que te estás acercando a las cosas que son verdaderas para ti: te empiezas a sentir más ligero.

Cuando digo que la verdad siempre te hace sentir más ligero y una mentira te hace sentir más pesado, no se trata solamente de lo que la gente dice o hace. Es en realidad cuando comienzas a ir rumbo a lo que en realidad es verdadero para ti, que te vuelves más ligero, más ligero, más ligero y más ligero.

Sin embargo, eso casi *se opone directamente* con todo lo que todos aquí te dicen que se supone debe hacerte feliz; todo lo que todos te dicen es la forma en que la vida tiene que ser aquí.

Algunas veces es como pararte a la orilla de un acantilado, decidiendo si vas a saltar o no.

Esta realidad es la trampa en la que la mayoría de nosotros quedamos estancados. Es algo así como las arenas movedizas. Está bien si estas caminando sobre ellas, pero si te paras en ella durante un momento, antes de que te des cuenta estarás enterrado en ella y te estarás preguntando: ¿cómo fue que me quedé enterrado?

Pero ahora tú tienes la consciencia de que hay algo más. Algo que se siente más ligero. Y cuando todos están en la pesadez y el drama de todo, tú puedes apartarte de eso.

Puedes preguntar:

"Hey, ¿es realmente esto verdad? ¿O no? ¡Ok! Genial. Puedo apartarme de esto."

La parte clave de esto es: tú te puedes apartar de ello. Tú tienes otra opción. Entonces, en algún punto, dirás:

Simplemente no lo voy a elegir.

¿A quién le importa si es o no es real? No es real para mí.

NOTA PARA EL LECTOR

Así que, aquí estás: volviéndote indefinido

En verdad, ¿qué te gustaría elegir ahora? ¿Es hora de generar tu vivir desde este espacio ilimitado, indefinido?

Solo gózalo: disfruta todo lo muy, muy incómodo que es.

¿Qué tan, tan indefinido (y mágico)?

¿Y qué tal si pudiera ser cómodo tan fácilmente como es incómodo? ¿Y qué tal si pudieras dejar que lo que piensas que es incómodo te nutra y te haga crecer?

¿Verdad, amigo mío?

¿Qué más es posible?

¿Cómo puede mejorar esto?

HERRAMIENTA

¿Elegiría esto un ser infinito?

¿Qué tal si en verdad eres un ser infinito?

¿Qué tal si eres ilimitado e imparable?

¿Qué tal si no tienes que funcionar solamente desde los pensamientos, sentimientos y emociones?

Tú tienes elección.

Sí, querido, tú puedes elegir apretujarte dentro de la caja llamada esta realidad.

O

Puedes funcionar a partir de la pregunta, la elección y la posibilidad.

Tú puedes elegir ser tan vasto como el Universo.

Y aún más vasto.

Esta es una pregunta que siempre es relevante:

¿Elegiría verdaderamente esto un ser infinito?

Si no, ¿por qué lo harías tú?

PARTE 2

...Cambiando el mundo

Por favor, ten en cuenta que no deseo que te compres mi punto de vista. Jamás.

Sé que a veces sueno como si lo quisiera... Y en verdad, no es así.

Lo que me gustaría es que seas consciente de cuál es tu punto de vista. Me gustaría que estés consciente de lo que es verdadero para ti.

Sea lo que sea.

Hermoso tú...

Sé que la primera parte de este libro pudo haber sido... rara. Y posiblemente maravillosa, para algunos de ustedes.

Antes de que leas la Parte 2 de este libro... (o tengas una reunión... una cita... o vayas a trabajar... Realmente en cualquier momento en que te despiertes cualquier día...)

... PRUEBA ESTO:

Todo lo que haya proyectado o esperado que esto sea; todos los juicios, proyecciones, expectativas, separaciones y rechazos en relación con lo que esto va a ser, destruyamos y descreemos todo eso, por favor. Acertado y equivocado, bueno y malo, POD y POC, todos los 9, cortos, chicos y más allás. Gracias.

Gracias. ¿Sientes esa energía?

¿Ligera?

Y nuevamente...

Por favor, di esto en voz alta...

Todo es lo opuesto de lo que parece ser.
Nada es lo opuesto de lo que parece ser.

Todo es lo opuesto de lo que parece ser.
Nada es lo opuesto de lo que parece ser.

Todo es lo opuesto de lo que parece ser.
Nada es lo opuesto de lo que parece ser.

Todo es lo opuesto de lo que parece ser.
Nada es lo opuesto de lo que parece ser.

Todo es lo opuesto de lo que parece ser.
Nada es lo opuesto de lo que parece ser.

Todo es lo opuesto de lo que parece ser.
Nada es lo opuesto de lo que parece ser.

Todo es lo opuesto de lo que parece ser.
Nada es lo opuesto de lo que parece ser.

Capítulo 11
¿Listo para deshacerte del piloto automático?

Podría parecer que se necesita mucha energía para estar presente. Al principio es así. Esto es porque es algo que no has hecho por mucho, mucho tiempo.

¿Has notado que has vivido la mayor parte de tu vida en piloto automático?

Así es como funciona: cuando llegaste aquí, no comprendías esta realidad, así que creaste una mente para que te diera todas las respuestas sobre como podrías encajar aquí y ser como todos los demás. Tu mente siempre está peleando para defender lo correcto de esta realidad, lo cual excluye totalmente la presencia. Y el ser, excluyendo totalmente la diferencia que tu realidad es.

¿Quéeee? ¡TU REALIDAD ES DIFERENTE! Lo sé, no tiene sentido. ¿Pero no te hace esto sentir por lo menos algo más ligero? Esa es la razón por la que, con tanta frecuencia, sientes como si estuvieras poniendo tu energía en algo que no está funcionando.

¿Estás consciente de que esta realidad se trata de homogeneización? No te estoy hablando sobre calentar tu leche (que, de cualquier manera, sería pasteurización, pero shhhh...) Estoy hablando sobre hacerte normal, común, real e igual a todos los demás. Eso, amigo mío, significa no estar presente como tú. Ese es el piloto automático.

Así que, al principio podrá parecer que se necesita mucha energía para estar presente. ...Estás peleando con tu propia consciencia pues piensas que debes hacer algo en relación con todo lo que ahora percibes. Después, cuando apagas el piloto automático, hay un punto

(si en realidad estás dispuesto a estar presente), en el que, en lugar de que te quite energía, en realidad tendrás mucha más energía –y vida– disponible.

¡Muchísima más!

Necesitaras dormir menos. Comerás menos. Simplemente no lo necesitas. Es de hecho el caso de "todo es lo opuesto de lo que parece ser y nada es lo opuesto de lo que parece ser" en movimiento. Ahora, ¡trata de dilucidar eso con tu mente!

Así que, en todo aquello en lo que hayas decidido que estar presente te quitaría mucha energía, ¿lo destruyes y descreas ahora, por favor? Acertado y equivocado, bueno y malo, POD y POC, todos los 9, cortos, chicos y más allá. Gracias

Siendo la intensidad de ti

Cuando cambias, tu vibración también cambia. La intensidad de vivir se vuelve mucho más grande.

Es nuevo para ti. Es lo desconocido.

En un esfuerzo por escapar de esa intensidad, podrías empezar a comer demasiado. O llamarás a tu madre, o conseguirás otra relación, o irás a tener sexo con alguien... O lo que sea que uses para esconderte –o con lo que te distraes– para evitar la intensidad en la que te estás convirtiendo.

Tienes que estar dispuesto a tener esa intensidad, si vas a tener el cambio que estás pidiendo.

Esa intensidad con frecuencia puede ser muy, muy incómoda. Pero solo porque es incómoda, no significa que esté mal. De hecho, mientras más grande sea el cambio que acabas de elegir, más incómodo parecerá por un tiempo.

No estoy diciendo que todo lo que vayas a elegir en tu vida es algo malo o es algo incorrecto (incluyendo algo para disminuir la intensidad en la que te estás convirtiendo). En todo caso, hazlo si funciona para ti. En verdad.

Lo que estoy diciendo es que, por favor, te preguntes a ti mismo:

¿Estoy haciendo esto para disminuir mi vibración y mi intensidad?

¿Estoy haciendo esto para ocupar menos espacio? (¿O va esto a generar más espacio para mí?)

¿Estoy haciendo esto para sentirme más cómodo? ¿Estoy haciendo esto para sentirme como me sentía antes?

¿Será que elegir esto me va a llevar a menos diversión o a más diversión en mi vida?

Todo lo que necesitas es hacer una pregunta. Todo lo que se requiere es una pregunta.

Todo lo que alguna vez se requiere es una pregunta.

Entonces, por supuesto, puede que quieras recibir la consciencia que te da el hacer la pregunta... e incluso seguirla... Oh, pero eso podría llevarte a demasiada diversión –realmente– y eso podría ser malo.

¿Cuáles son tus prioridades reales?

Todos tenemos esas prioridades en nuestras vidas, que son el cómo llevamos nuestras vidas, y la mayoría de nosotros ni siquiera estamos conscientes de cuáles son.

Por ejemplo, una de las cosas que he visto con mi amigo Gary es que, para él, la vida es solo facilidad. Sin importar nada más. No importa lo que esté sucediendo, sin importar cuál sea la situación, para él lo que está sucediendo siempre es en una sensación de facilidad.

Parcialmente, es porque él tiene esas prioridades que son las que guían su vida. Siempre sabe dónde poner su energía. Él no anda dando vueltas poniendo su energía en espacios que no tienen valor o que no harán algo para aumentar la calidad de su vida, el vivirla o su consciencia.

Ustedes también tienen prioridades que dirigen su vida, amigos míos. El tema es que normalmente no tienen ni idea de cuáles son en verdad. Puede que ustedes crean que sí...

Y mi pregunta es: ¿sabes en realidad lo que es valioso para ti?

¿Qué es lo que, en realidad, priorizas en tu vida?

¿Estarías dispuesto a hacer una lista?

¿Ahora mismo?

¡Por favor lee la pregunta dos veces!

¿En qué pasaste la mayoría de tu tiempo, energía, pensamientos y emociones durante los pasados 7 días?

1. _____

2. _____

3. _____

4. _____

5. _____

Esas 5 cosas son tus prioridades REALES. No las oficiales que pensaste que tenías.

Sí. Ya sé.

Interesante elección, ¿correcto? Ahora, qué tal si te preguntaras:

Si yo pudiera agitar mi varita mágica y tener prioridades que contribuyeran a mi vida, y me proporcionaran la vida que realmente me gustaría tener, ¿cuáles de las anteriores conservaría? ¿Cuáles desecharía? Y luego…

¿Cuáles son las cinco prioridades que contribuirían a generar, crear e instituir la vida y vivir que verdaderamente te gustaría tener?

1. _____

2. _____

3. _____

4. _____

5. _____

Ahora, por favor haz POC y POD a todo lo que no te permita que se muestren con facilidad para ti.

~~~

¡Hacer feliz a la gente!

Curiosamente, también tenemos prioridades ocultas… como mantenernos a nosotros mismos en esta realidad, nunca ir más allá de nuestra familia, nunca herir los sentimientos de otros: ¡cosas expansivas como esas!

Para mí, hacer feliz a otras personas era una de las principales prioridades ocultas. Lo hice toda mi vida –yo traté, traté, traté y traté de hacer feliz a la gente.

A propósito, no funciona muy bien, pero lo intenté. Y no me di cuenta de que era mi prioridad número uno –mi prioridad oculta número uno– durante muchísimo tiempo. Simplemente estaba destinado y determinado a hacerlo a toda costa.

Yo tenía que crear un lugar en mi mundo en el que tuviera que: número uno, estar consciente de la infelicidad de todos los demás; número dos, juzgarlo como algo incorrecto o como algo que ellos no elegirían; y número tres, hacer todo lo que pudiera para cambiarlo...

Yo nunca hice preguntas como: ¿Realmente desean ser felices? ¿Es eso lo que elegirían?

En mi configuración de autopiloto, en realidad, yo estaba solidificando su elección con mi juicio, y también les estaba quitando poder con mi superioridad. Lindo, ¿eh?

¿En verdad era esto gentil para mí o para ellos? No. ¿Era brillante?

¡No!

¿Qué prioridades ocultas tienes que, al no ser reconocidas, mantienen y arrastran las cosas que no puedes cambiar y elegir para vivir en facilidad, gozo y en la expresión y la abundancia exuberantes? ¿Lo destruyes y descreas tod ahora, por favor? Acertado y equivocado, bueno y malo, POD y POC, todos los 9, cortos, chicos y más allás. Gracias

Oh... ¡Te conozco!

Te fuiste directo a lo incorrecto de ti, ¿no es así? ¡Llegaste a la conclusión de que has elegido las prioridades INCORRECTAS! Incluso las que están ocultas son tu culpa, ¿no? ¡Condenado humanoide!

Déjame darte otra posibilidad, amigo mío.

¿Qué tal si estuvieras agradecido por haber elegido cada una de las prioridades en tu vida? Cualquier elección por la que estés dispuesto a estar agradecido, crea facilidad y la posibilidad de que algo diferente se muestre.

Estoy dispuesto a tener la experiencia de joder algo y a hablar de ello para dejar que la gente sepa que no necesariamente soy brillante. Y estoy dispuesto a cambiarlo y a funcionar diferente.

Actuar como si fueras perfecto o actuar como si nunca tuvieras problemas o temas, y actuar como si nunca nada pasara... ¿Te hace eso sentir más ligero? ¿O es tan solo mucho trabajo pesado?

¿No es tan solo otro piloto automático?

¡¿Y qué tal si ya no tuvieras que tratar de probar que eres perfecto y reconocieses que ya lo eres?! Todo lo que no permita que esa sea tu realidad, ¿lo destruyes y descreas ahora, por favor? Acertado y equivocado, bueno y malo, POD y POC, todos los 9, cortos, chicos y más allás. Gracias

¿Y si los niños de seis años estuvieran dirigiendo el mundo?

Veo a un niño de seis años que se tropieza mientras va caminando y no lo juzga. No piensa en lo mal que estuvo al tropezarse. Simplemente piensa: *"¡Oh, me he tropezado!"*

Vivir una vida consciente significa vivir más como un chico de seis años. Es elegir tomar la elección que te dará más gozo, no elegir tomar la elección que te hará sentir pesado. La gente parece tener este punto de vista de que vivir una vida de consciencia es realmente algo pesado y serio, duro y difícil. ¡No! Es el único lugar en el que en realidad tienes una vida de facilidad y gozo, sin importar lo que venga.

Sé que hay personas que escucharán esto y dirán: *"Solo estás eludiendo tu responsabilidad"*. Pero no estoy abogando por no hacernos cargo de lo que necesita cuidarse. ESTOY ABOGANDO POR TENER CUIDADO CON TODO CON MUCHA MÁS FACILIDAD –Y POR CUIDARTE A TI TAMBIÉN, CON FACILIDAD.

¡La consciencia es pragmática!

Ella lo incluye todo y no juzga nada. Incluye pagar la renta y llamar a tus padres. Puede que tengas cosas que tienes que resolver: ¿Qué tal si simplemente pudieras hacerte cargo de todas ellas con total facilidad y estar agradecido por ser capaz de resolverlas?

¿Qué tal si tan solo estuvieras agradecido por cada vez que te tropezaste?

¿Qué tal si estuvieras agradecido por cada vez que estuviste dispuesto a levantarte y seguir moviéndote de nuevo?

Ahora, por favor ten en cuenta que alrededor de 52 % de la población no está buscando nada diferente. Ellos están en apuros incluso hasta para cambiarse su ropa interior. Ellos han decidido que ya tienen la respuesta correcta.

No depende de ti cambiar a nadie: depende de ellos.

Solo puedes facilitar el cambio para alguien que esté dispuesto a realmente hacer una pregunta que permita que se abra una puerta, de manera que puedas facilitar algo de cambio.

Hasta entonces, no hay un cambio que vaya a ser facilitado.

Deja de intentar cambiar a la gente que verdaderamente no desea cambiar. Deja de juzgarte por no ser capaz de cambiarlos. Es solo que SU ELECCIÓN es no cambiar.

NO ES TU CULPA. Lo repito: solo es SU ELECCIÓN. NO ES TU CULPA.

El más grande regalo que le puedes dar a alguien es empoderarlos para que ELIJAN –aun si su elección no está funcionando bien para ellos. Porque entonces ellos tendrán el regalo de su elección por el resto de sus vidas.

Las personas están comprometidas a ser serias. Creen que eso es más real que el espacio de ser como un niño de seis años, como yo. Las personas están comprometidas a encontrar la relación perfecta que los va a salvar y a hacer su vida perfecta. Las personas están tan comprometidas con la forma en que las cosas siempre han sido, en vez de considerar una posibilidad diferente. Las personas están comprometidas a siempre tener la respuesta correcta, incluso si la respuesta está totalmente equivocada para ellas.

La dificultad está en que las personas que desean el cambio, esencialmente han decidido que la pequeña mayoría que no desea el cambio tiene la respuesta correcta. Si alguna vez has competido, pensando: *"Tengo que conseguir mi pedazo de este pastel en particular"* o *"Ellos lo están logrando todo y yo no estoy consiguiendo nada"*, entonces sabes de lo que estoy hablando.

Sin embargo, cuando tienes claridad de lo que es verdadero para TI, 99% del tiempo no te importa ese pastel en particular, ni lo que los demás están consiguiendo. Tú solo te estabas alineando y estando de acuerdo con los puntos de vista que te rodeaban. Ahora mismo, solo hay un pequeño porcentaje de personas que en verdad desean un cambio masivo. Digamos que es 5% de la población.

No me malinterpretes: de 6.6 billones de personas, eso sigue siendo mucha gente.

Mucha gente.

Tú, al haber elegido leer este libro, eres uno de ellos.

¿Estás dispuesto a saberlo?

NOTA PARA EL LECTOR

La consciencia siempre desea más de sí misma

Expresado en otra forma: *"La consciencia engendra consciencia"*. Si se le da la oportunidad, la consciencia siempre creará más de sí misma.

La consciencia es el estado energético más fácil de mantener, de acuerdo con las leyes de la física. ¿Por qué? *Porque no tiene una polaridad que mantener en existencia. Es el ser que solo es.*

Digamos que la inconsciencia sería como un punto de vista fijo, ¿conoces personas con un punto de vista fijo? Ahora, para tener un punto de vista fijo, ¿se necesita mucha energía para aferrarse a él?

Toma a un firme conservador, o a un firme liberal, o a un fascista... tienen puntos de vista fijos que requieren enormes cantidades de energía para mantenerse en ese lugar, ¿correcto?

Es ese nivel de energía el que has puesto en cada punto de vista fijo que tienes, con el fin de mantenerlo fijo.

Por cada juicio, se requieren 25 juicios para sostenerlo. Por cada uno de esos 25, se requieren otros 25, y por cada uno de esos 25 se requieren otros 25. Es el mejor programa de mercadeo en multinivel de basura.

La cuestión con la consciencia es que es, literalmente, el estado más fácil en el que se puede estar, pues no necesitas hacer un programa de mercadeo de multinivel de basura.

Así que, precioso, precioso Ser que estás leyendo esto... *Tú tienes una elección...* Tú puedes usar tu energía para sostener puntos de vista fijos y juicios en un espacio –o puedes utilizar esa energía para generar tu vida. *Tu vivir. Es tu elección.*

Todos los puntos de vista fijos, proyecciones, expectativas, separaciones, juicios y rechazos que tienes de ti y sobre ti, ¿los destruyes y descreas ahora, por favor? Acertado y equivocado, bueno y malo, POD y POC, todos los 9, cortos, chicos y más allás. Gracias.

Siendo

—— magia ——

NOTA PARA EL LECTOR

¡El Universo está tratando de regalarte!

Imagínate que tienes a dos angelitos regordetes volando justo sobre ti. Ya sabes, como esos en la bóveda de la Capilla Sixtina, moviendo sus alitas como locos, ya que están sosteniendo una olla con monedas de oro dentro de ella, y es realmente pesado para ellos sostenerse porque este oro... pesa tanto...

Tienen tanto para ti que solo te lo quieren dar... y te lo quieren dar... y te lo quieren dar...y te lo quieren dar... y te lo quieren dar... y siguen queriéndotelo dar... y continúan queriéndotelo dar...

Así que, amigo mío, ¿por qué siguen ellos DESEANDO dártelo en lugar de simplemente dártelo?

¡Porque nunca lo pides!

Están ahí arriba diciendo: *¡Vamos estúpido! Estás poniendo a prueba los límites de mi permisión! ¡Voy a soltar esto sobre tu cabeza y matarte ahora mismo! ¡Por favor, haz una pregunta que nos permita dártelo!*

Por favor pide. Lo que sea que desees. El mayor deseo del Universo no es otro sino que tú pidas –y recibas.

(Aparentemente, le gustas más de lo que tú te gustas a ti mismo).

Capítulo 12
¡Varitas afuera! ¡Eres mágico!

¡Tú, como el ser –cuando verdaderamente estás siendo tú–, creas magia! Y de verdad, lo sabes ¿no es así?

Algunas situaciones que se supone deberían terminar de una forma, resultan de una forma totalmente diferente cuando estás dispuesto a ser esa energía singular que cambia cada situación. ¿Es eso causa y efecto o es magia?

Es interesante que SIEMPRE tengas la elección de serlo, pero solo estás dispuesto a elegir serlo algunas veces.

No te equivoques: es una elección. Siempre es una elección. Entonces, ¿a qué me refiero cuando hablo de magia? Bueno, desde mi punto de vista, pedir algo y ser capaz de recibirlo es magia. Ser capaz de cambiar algo, es magia. Solo ser capaz de cambiar la forma en que se siente tu vida, por ejemplo, es un pedacito brillante de magia que la mayoría de las personas no sabe que existe...

"¡Oh, no puedes hacer eso!"

Mi amigo Gary solía contar esta historia de cuando era un niño pequeño. Salía de su cuerpo, caminaba por el techo, metía su cabeza energéticamente por la puerta y escuchaba los programas de radio que sus padres estaban escuchando o veía los programas de televisión que ellos estaban viendo.

Solo lo hacía. Salía de su cuerpo y hacía eso hasta que un día se lo contó a su mamá. ¡Oh gran error!

Ella dijo *"¡Oh, no puedes hacer eso!"* Y nunca más lo pudo hacer.

Así es como funciona esta realidad. Esta realidad es como su mamá fue con él. Esta realidad es como la mayoría de nuestras madres y nuestros padres. Está ahí para decirnos que no podemos hacer –no lo que podemos hacer.

¡Entérate de esto! Esta es la clave: puedes crear cosas grandiosas más allá de esta realidad, si estás dispuesto a ser funcional en y a través de esta realidad, pero sin que te posea.

¿Cuántas veces en el pasado creaste en realidad algo que era mágico y se lo contaste a alguien y te dijeron: "¡No puedes hacer eso"!? E instantáneamente se fueron al juicio para ver cómo y por qué no podías haber sido capaz de hacerlo...

En ese momento probablemente decidiste: *"Ya no puedo seguir haciendo eso"*.

Mira, mágico es algo que tú ya eres, ni siquiera es algo que haces. Es algo que tú como ser tienes como una capacidad natural, y es algo que tú como ser eres como expresión en el mundo. Normalmente se muestra cuando no piensas mucho en ello ¿cierto? Cuando estamos dispuestos a ser conscientes de las posibilidades que son más grandiosas de lo que nos dice esta realidad lineal (más allá del universo de causa y efecto).

Es bastante curioso como esto de "pide y se te dará" realmente funciona bien cuando salimos de nuestras mentes, cuando dejamos de tratar tan duramente –y cuando no estamos juzgando.

Si estás juzgando, no estás haciendo magia. Si estás juzgando, no estás siendo mágico. El juicio es uno de los mayores asesinos de la mágica posibilidad que nosotros podemos ser.

Así que, toda la magia que cometiste el error de comentar con alguien, y debido a que no la comprendieron o la juzgaron y tú pudiste percibirlo energéticamente, decidiste que ya no podías seguir haciéndola y que, para empezar, probablemente no era en realidad magia, ¿lo destruyes y descreas todo ahora, por favor? Acertado y equivocado, bueno y malo, POD y POC, todos los 9, cortos, chicos y más allás. Gracias.

¿Y si vieras la magia como la ligereza de ser que eres?

Piensa en retrospectiva: ¿hubo en el año pasado tres ocasiones en que fuiste la ligereza de ser que de hecho eres, incluso cuando parecía que se suponía que no debías ser así? ¿Y has notado que las situaciones en las que estabas cambiaron a tu alrededor —y se hacían más fáciles? Eso es magia. Eso es elegir TU REALIDAD y es el inicio de ser la magia que tú eres en verdad.

¿Estarías dispuesto a tomarte el tiempo para escribir tres de esas ocasiones aquí abajo? Si prefieres puedes escribirlas en otro papel. Si te enganchas, por favor escribe tantas de esas situaciones como puedas. No pares hasta que hayas escrito tantas como puedas recordar.

1. _____
2. _____
3. _____

Como ejemplo, había una señora cuyos vuelos estaban siendo cancelados ya que estaban cerrando el aeropuerto de Chicago, y ella se dirigía a Montreal para asistir a una clase que yo estaba dando. Llamémosla Susan. Así que Susan preguntó: "¿*Qué magia puedo ser que cambie esta situación?*"

Una herramienta mágica: haz una pregunta.

Fue al aeropuerto y preguntó a las personas de la recepción: *"¿Hay algo que puedan hacer?"*, y la señora del aeropuerto dijo: *"No, no hay nada que podamos hacer"*.

Susan dice: *"¿Realmente? ¿Está segura? ¿Cómo puede mejorar esto?"*

La señora del aeropuerto medio se suaviza, así que Susan pregunta de nuevo: *"¿Cómo puede mejorar esto?"*

La señora del aeropuerto dice: *"Mmmmm... bueno, déjeme ver"*.

Susan contesta con una pregunta: *"Muchísimas gracias, ¿cómo puede mejorar esto? Gracias por verificarlo para mí"*.

Así que la señora del aeropuerto teclea furiosamente en la computadora, se fija y dice: *"Espere un minuto, no me había dado cuenta de que ese vuelo estaba ahí. Tenemos un vuelo que pasa por otro lugar y usted de hecho llegará 2 horas antes, ¿está bien así?"*

Susan de nuevo responde con una pregunta: *"Oh sí, estaría perfecto, muchísimas gracias, ¿cómo puede mejorar eso?"*

La recepcionista dice: *"¡Oh, aparentemente el vuelo está casi lleno, pero, guau, aparentemente hay un asiento disponible en la primera clase. ¿Está bien para usted que la ascienda sin cobrarle?"*

Eso es magia. Y es una historia verdadera.

¿Cómo puede mejorar eso?

Así es que tu primera herramienta es preguntar : *"¿Qué magia puedo ser que cambiaría esta situación?"*

Si nunca haces una pregunta, no cambias nada. No das el paso para ser la magia casi tan fácilmente como puedes hacerlo, porque no estás pidiendo que se muestre algo diferente a lo que ya está frente a ti.

Recuerda, pide (pregunta) y se te dará. Si no preguntas, probablemente no recibirás nada distinto de lo que ya estés recibiendo. Hacer una pregunta es siempre la primera manera de cambiar todo: la pregunta es una de las partes esenciales para invitar a la magia en tú vida.

Ahora, yo sé que suena realmente simple –una pregunta, grandioso, gracias, ¿dónde está la naturaleza profunda de eso? Algunas veces las cosas más simples son las más profundas. La mayoría de nosotros aprendimos hace mucho a dejar de hacer preguntas. Y es por eso que eliminamos las posibilidades que están disponibles más allá de la realidad actual.

Avanzando por el pasillo

Mencioné esto antes… Y merece ser repetido.

Cuando estás funcionando desde la respuesta o las conclusiones, es como si estuvieses andando por un largo, muy largo pasillo y has decidido que es hacia ahí hacia donde te diriges ¡y eso es todo! No hay puertas. E incluso las inexistentes puertas están cerradas. Y has dejado la llave atrás. A propósito. ¡Todos somos tan simpáticos!

Así fue con la señora y ese vuelo, el que ella iba a tomar iba a llegar demasiado tarde a Montreal – tanto como para no llegar sino hasta la mañana siguiente. Estaba encaminada a eso. Y si nunca hubiese hecho una pregunta, hubiera ido en esa dirección y ahí es donde hubiera acabado.

Eso es lo que la mayoría hacemos.

Nos dirigimos en una dirección y ahí es donde vamos a acabar. Cuando haces una pregunta, en lugar de recorrer este pasillo con paredes en ambos lados, se abren puertas a ambos lados, con luz y espacio detrás de ellas.

¡Repentinamente hay posibilidades que nunca vislumbraste antes de hacer la pregunta! ¿Cómo puede mejorar eso? ¿O ser más fácil?

¡Una pregunta es la llave para que suceda la magia! ¡Así es como permitimos al Universo que nos señale la magia que está tratando de darnos!

¿Estarías dispuesto a ser una vibración diferente?

Lo único que te aleja de la magia es tu negativa a creer que existe.

Oh, y todo con lo que te has alineado y has estado de acuerdo, resistido y reaccionado al respecto de que esta realidad sea verdad.

Y que el paradigma de causa y efecto sea verdad.

Y que todas esas limitaciones que recogiste en el camino sean verdad. Una vez que quites todo eso del camino, ¡magia es todo lo que tendrás!

¿Cómo puede mejorar eso? Esto es lo básico. *¿Así que cual es el meollo del asunto?*

Estamos viviendo en un planeta en el que aproximadamente 6.5 billones de personas no creen en la magia. Para muchos de ustedes que están leyendo este libro —al menos durante una gran parte de sus vidas— este también ha sido su punto de vista, queridos amigos. Han sido arrastrados a ese punto de vista. Una y otra vez. Esta realidad les dice: *Tic-tac. Tic-tac. La magia en realidad no existe.*

Arrastre es donde las cosas vibran similarmente; empiezan a "bailar al mismo son" por decirlo de algún otro modo. Es como colocar relojes de péndulo en el mismo cuarto y que todos los relojes hagan tic-tac al mismo ritmo.

¿Has notado que, cuando estás cerca de alguien que está muy triste, comienzas a ponerte triste? ¿Y al parecer no puedes encontrar tu realidad de felicidad que sabes que debería estar ahí? Eso también es arrastre. Si escuchas el zumbido de esta realidad, es algo así como un: "Tic-tac, tic-tac, la magia en realidad no existe". Entonces, ¿qué es lo que te pasa cuando eres arrastrado a la vibración de no-magia de esta realidad? Te hace funcionar como si la magia no existiera —y al parecer ni siquiera puedes encontrar la realidad de la magia que TÚ eres debajo de todo eso. (Tic-tac, tic-tac, la magia en realidad no existe).

¿Cuántas veces, en un esfuerzo por conectarte con las personas cercanas que no son felices, que no están gozando, que no tienen nada de magia, has tratado de vibrar como ellas? ¿Lo destruyes y descreas todo ahora, por favor? Acertado y equivocado, bueno y malo, POD y POC, todos los 9, cortos, chicos y más allá. Gracias.

Aquí está la cuestión, si vas a hacer (y ser) magia, tienes que estar dispuesto a vibrar más allá de aquellos que no saben que existe la magia y que no creen en ella.

Tienes que estar dispuesto a vibrar a una velocidad diferente.

Como: *"Tic-tac, tic-tac, ¡LA MAGIA SÍ EXISTE! ¡Y YO LO SOY!"*

Es tu elección si te dejas o no arrastrar hacia alguien más.

Es una elección: siempre. Así que, cuando te des cuenta de que estás cayendo en la madriguera del conejo de su realidad, trata de hacer esta pregunta:

Si estuviera siendo la magia que en verdad soy, ¿qué realidad diferente podría elegir ahora mismo? Todo lo que impida eso, ¿lo destruyes y descreas ahora, por favor? Acertado y equivocado, bueno y malo, POD y POC, todos los 9, cortos, chicos y más allá. Gracias.

Tic-tac, tic-tac, ¡LA MAGIA EXISTE! ¡Y TÚ ERES MAGIA!

¿Ilusión o magia?

Una vez, cuando estaba dando una clase en Roma, Italia, alguien le preguntó a la mujer que estaba traduciendo : *"¿Es Dain un ilusionista?"* Ella respondió: *"No, querido, no es un ilusionista:* ¡es un mago!*"* La persona respondió: *"¿Qué quieres decir?"*

Ella respondió: *"Un ilusionista es alguien que trata de hacer que pienses que algo está sucediendo; un mago es alguien que en realidad lo hace y hace que la magia (y el cambio) ocurra."*

¿Cuántas veces has creído que eres un ilusionista y has creído que, de alguna manera, estás perpetrando esta gran ilusión para todos, de que en realidad no eres la magia que piensas que deberías ser? ¿Lo destruyes y descreas todoahora, por favor? Acertado y equivocado, bueno y malo, POD y POC, todos los 9, cortos, chicos y más allá. Gracias.

Yo veo a personas que vienen a mis clases y literalmente cambian sus puntos de vista sobre todo en horas o días.

O reciben el cambio que han estado esperando durante casi toda su vida (o billones de vidas).

Y algunos de ellos luego creen; *"Oh, solo es una ilusión. Lo viejo regresará pronto".*

¿Qué tal si la idea de que el cambio que creaste es una ilusión es realmente la mentira que te está estancando?

Que la consciencia es una ilusión, que tú eres una ilusión y que tú eres una ilusión si usas cualquiera de las herramientas en este libro y de hecho tienes algún cambio, es solo ilusorio, no es real…

¿Qué tal si TODO ESO es una mentira?

Tú, siendo más de ti, tú volviéndote más consciente y tomando consciencia y teniendo más disponibilidad y capacidad para elegir. Eso funciona. De hecho, funciona. El tú que tú eres, cuando tú simplemente eres tú, (como si eso fuera una cosa fácil), es uno de los más interesantes desafíos y fáciles conceptos que hay y cuando tú eres eso, eres la encarnación ambulante de la magia.

¿Cuál es el valor de negarte a ser la encarnación ambulante de la magia que tú y tu cuerpo en verdad son? ¿Descreas y destruyes todo eso ahora, por favor? Acertado y equivocado, bueno y malo, POD y POC, todos los 9, cortos, chicos y más allá.

∽ ∽ ∽

Cambiar lo que ya ocurrió

Déjame darte un ejemplo. Mi amigo Gary y yo estábamos caminando por una calle de Auckland, Nueva Zelanda, hace un par de años. Allá, ellos manejan del lado equivocado del camino... Eso es equivocado para mí. Conducen en el lado izquierdo del camino.

Estamos por cruzar la calle y miro hacia la izquierda, como lo haría en casa. No viene ningún auto. Estoy por dar un paso para bajarme de la acera y ahí viene un carro –a 6 metros– desde la derecha como a 40 kph y mi pie ya está en el pavimento; y ahí viene el auto...

Gary dice: "¡No!"

Y de repente mi pie regresa la acera, el auto retrocede 5 metros y después pasa. Gary cambió totalmente lo que iba a suceder.

Probablemente yo lo habría ignorado de no haber sido por otra amiga que estaba ahí y dijo: "¿Qué sucedió?"

Entonces, ambos volteamos hacia Gary y preguntamos: *"¿Qué sucedió? ¿Hiciste algo?"*

Él simplemente respondió: "Sí, no iba a dejar que murieras".

Todos tenemos esta habilidad. No estaría hablando de esto si no la tuviéramos todos de alguna manera. Llámenme raro. Pero sé que tienes esa habilidad, también.

Por favor, mira en tu vida y fíjate donde cambiaste algo que aparentemente ya había sucedido o algo que no tenía ningún sentido que fueras capaz de cambiar.

¿Estarías dispuesto a escribir UNA cosa? Solo una. Reconociéndotelo. A ti.

_____

_____

_____

¡Eso es magia! Y sí, ¡REALMENTE SUCEDIÓ! ¿Estás ahora dispuesto a reconocer que lo hiciste? Por favor.

Eso es parte del reclamar la magia que en verdad eres. Es el mero principio de ser capaz de elegir generar y crear más de lo mismo en el futuro.

¿Por qué únicamente nos permitimos que suceda ese tipo de magia en una emergencia? ¿Cuántas veces has estado a punto de morir de alguna manera y, repentinamente, algo se reacomoda y no estás muerto?

¿Te ha pasado? ¿Y solo permites que eso ocurra en una emergencia?

¡Debería ser algo que puedas activar por elección en cualquier momento que lo elijas!

¡En cualquier momento!

Tic-tac. Tic-tac. ¡LA MAGIA EXISTE! ¡Y TÚ ERES MAGIA!

No existe el cómo

Si estás dispuesto a ser la energía de potencia y magia, tú puedes cambiar cualquier cosa. ¿Por qué razón tendría que ser difícil? ¿Qué tal si tan solo permitieras que ocurriera? ¿Y si permitieras que la magia se presentara todo el tiempo, simplemente porque puedes?

Es algo que puedes hacer; es algo que puedes ser.

Es parte de la energía a la que tú como ser tienes acceso. Lo que se requiere de ti es que dejes los puntos de vista fijos y entres en la consciencia de las capacidades que tú como ser en verdad tienes – incluso cuando van más allá de esta realidad. Y la razón por la que te estoy contando estas historias como ejemplos es para que sepas que la magia existe.

No hay un "cómo" que yo pueda usar para explicarles esto.

No es un cómo.

Es un qué. Que tú también puedes. Que esto eres TÚ… quien en verdad eres. Reconocerlo abre la puerta.

¿Cuántas vidas, cuantos cientos o billones o trillones de años has pasado buscando el cómo, cual si fuera una técnica, y de cuántos grupos has sido parte o has fundado, o has escrito libros para ellos, tratando de encontrar el "cómo" de algo que tú ya eres?

No se trata de un cómo. Se trata de ser. Tú. Ahora.

Tic-tac. Tic-tac. ¡LA MAGIA EXISTE! ¡Y TÚ ERES MAGIA!

Ser una contribución

Déjame darte otro ejemplo. Un hombre, llamémosle Grant, quien había estado asistiendo a mis clases a intervalos durante varios años, me llamó hace algunos años.

Él me dijo: *"Oye, no iré a esta clase, pero necesito tu ayuda en algo".*

Respondí: *"Bueno, está bien, ¿de qué se trata?"*

Grant dijo: *"Tengo esta nietecita que va a nacer prematuramente. ¿Hay algo que pueda hacer por ella? ¿Hay algo que tú me puedas sugerir, para que haga por ella?"*

Yo le contesté: "Has estado tomando muchas clases de Access, has hecho muchos procesos de cuerpo con imposición de manos y recibiste muchos. Si puedes, solo tócala y pídele que tome cualquier cosa de tu cuerpo que necesite, ya sea que quiera sanar su cuerpo o se quiera salir de él. Y dile que, de cualquier manera, es su elección y que está totalmente bien".

Ahora, durante mucho tiempo yo no supe el impacto que estas pocas palabras habían tenido. La siguiente vez que vi a Grant, había pasado más de un año, vino y me dio el más cálido abrazo que jamás me había dado —muy cálido y con más gratitud y más presencia de lo que yo puedo expresar con palabras.

Resultó que Grant había estado presente cuando su hija tuvo un aborto natural. La abrieron y salió toda esta sangre junto con este minúsculo bebito. La bebita estaba negra y muerta, apenas era del tamaño de su mano.

Preguntó a la madre y a los doctores si podía cargarla. Le dijo lo que yo le había sugerido, dándole la opción de quedarse o irse, diciéndole que la amaría y estaría agradecido por ella sin importar lo que eligiera, y ofreciéndole que podía tomar cualquier cosa que su cuerpo y ella necesitaran de él para tomar la elección que mejor funcionara para ella.

Él tenía las herramientas y la consciencia para permitirle a ella tomar una elección para vivir. Y fue capaz de estar ahí para ella en una forma en que nadie más en su familia hubiese sido capaz de estar. Él casi literalmente le dio a la pequeña "acceso" a su vida.

Eso es magia.

Añadió que, debido a lo que yo le había dicho, y a que él eligió hacerlo y por lo que había aprendido de las clases de Access, su nieta ahora es una niñita que está prosperando y "simplemente tiene más vida que nadie" que él haya conocido. La gratitud que tenía era palpable.

∽∽∽

Ahora, amigo mío, por favor, pregúntate a ti mismo:

¿Hay algún impacto que estés siendo en el mundo que te rodea que sea mucho más grandioso de lo que realmente eres capaz de reconocer ahora mismo? ¿Y es aún más grandioso cuando —aunque sea solo por un segundo— dices: *"al diablo con las reglas de esta realidad, ahora yo voy a tener mi realidad"*?

¿Por qué? Porque en esos 10 segundos estás dispuesto a ser mágico.

Imagina que extendieras esos 10 segundos a toda tu vida y estuvieses dispuesto a recibir tu realidad y tu consciencia cada 10 segundos de cada día. ¿Qué podrías generar? ¿Qué podríamos generar juntos si estuviéramos todos dispuestos a ser así de mágicos, así de potentes, así de conscientes, así de presentes y así de energéticamente intensos? ¿Qué podríamos generar si tú dieras el paso a ese nivel de presencia e hicieras ¡Bam!?

¡Ese es en realidad él que tú eres —y ese es el fenomenal regalo para ti y todos los que te rodean! Es como si hubiéramos estado sentados, esperando para de alguna manera ser lo que consideramos suficientemente grande o grandioso como contribución, en vez de reconocer que ya somos una contribución ahora mismo.

Ahora mismo.

Tic-tac. Tic-tac. ¡LA MAGIA EXISTE! ¡Y TÚ ERES MAGIA! AHORA.

Piensas: *"algún día llegaré a ser una contribución, pero hoy no lo soy".*

Así que, todos esos lugares en los que decidiste que serás una contribución algún día, y que hoy día no lo eres, ¿descreas y destruyes todo eso ahora, por favor? Acertado y equivocado, bueno y malo, POD y POC, todos los 9, cortos, chicos y más allás.

¿Qué tal si tú eres una contribución mucho más grandiosa que lo que jamás podrías reconocer, pues no coincide con la realidad definitiva y lineal que has hecho más real que la magia que en verdad eres?

¿Qué tal si tú, siendo la magia que eres, eres exactamente la contribución que el mundo requiere?

Ahora mismo.

¡Bam!

Tic-tac. Tic-tac.

¡LA MAGIA EXISTE! ¡Y TÚ ERES MAGIA!

¿ELEGIRÁS SERLA?

NOTA PARA EL LECTOR

¡Alto!

Algunos de ustedes se fueron a sus cabezas e intentaron descifrar esto. En realidad, esto no es descifrable.

Lo sé, tú tienes esta cosa llamada mente y es útil en ciertos aspectos. Pero esto, amigo mío, no lo puedes dilucidar con tu mente cognitiva. Esto va más allá.

Realmente, ¿si pudieses descifrar tu vida con tu mente, no lo habrías hecho ya?

Todo es lo opuesto de lo que parece ser. Nada es lo opuesto de lo que parece ser.

Realmente.

HERRAMIENTA

Diario de magia

¿Y si reconocieras cada vez que estás siendo mágico? ¿En vez de decir que fue una coincidencia, pura suerte o chiripa? Que REALMENTE lo reconocieras...

A ti y al Universo.

¿Estarías dispuesto a empezar un diario de "Yo, el mágico"?

Puede ser un hermosísimo libro encuadernado a mano, un pedazo de papel arrugado reciclado, una página de notas en tu iPhone, una página en Facebook o cualquier otra cosa por el estilo. ¡No importa!

Lo que importa es que, durante una semana, un mes, un año –o el resto de tu vida– anotes cada pizca de magia que se abre paso en tu vida.

Y que, después de reconocer que eso era magia, digas GRACIAS y hagas las preguntas: *"¿Qué tendría que pasar para que más de eso se presente en mi vida? Y, ¿cómo puede mejorar eso?*

Cuando reconocemos y estamos agradecidos por las cosas en esta vida, estamos diciendo al Universo que nos gustaría más de eso. Le estamos dando energía. Estamos trabajando con los angelitos regordetes.

(Por cierto, ellos están muy felices por eso).

Esta
Tierra

HERRAMIENTA

Mañana cuando despiertes, por favor pregunta:

Tierra, ¿qué requieres de mí hoy?

Tierra, ¿qué requieres de mí hoy?

¿Requieres que sea más patético?

¿O tal vez requieres que hoy me odie más?

Oh, por supuesto, ¿requieres que tenga algún gran trauma y drama, y lagrimas para probar que estoy vivo?

Lo siento, mi amigo, probablemente no vas a recibir NINGUNA de esas respuestas...

Pero no me hagas caso. Prueba por ti mismo. Solo pregunta.

Tierra, ¿Qué requieres de mí?

Después...

¡Cálla!

Y escucha...

∽

¡Eso es!

Percibiste algo, ¿no es así?

Esa es la energía de la Tierra comunicándose contigo, dándote la consciencia que pediste.

¿Pedir y recibir de la Tierra te hizo sonreír? ¿Fue agradable tomar un momento de silencio disfrutando de la energía de este hermoso planeta? ¿Notaste más facilidad, más paz, más espacio, más gozo? Eso se crea con tan solo preguntar, escuchar y estar presente.

Si lo disfrutaste ¡Definitivamente no lo hagas de nuevo mañana –o al día siguiente!

Absolutamente NO tienes permiso para hacerlo de nuevo mañana o durante los siguientes 21 días, para cambiar tu vida y la del planeta.

Eso, también, era una broma. :)

Capítulo 13
¿En realidad necesita el planeta salvación?

Tal vez te pareceré verdaderamente irritante durante los siguientes minutos. ¿Está bien?

Verás, estoy llegando al punto en que o cambiamos, o no vale la pena. Tenemos este hermoso, maravilloso, grandioso, glorioso, fenomenal planeta sobre el que vivimos. ¿Qué tal si realmente empezáramos a reconocer eso?

O cambiamos la forma en que funcionamos, o el planeta... no será capaz de sostener vida. Preferiría que eso no suceda. Ese es tan solo mi punto de vista. Mi punto de vista no tiene que ser el tuyo.

∽∽∽

¿Y si tú eres la diferencia y el cambio que éste planeta requiere?

Y está bien si tú no sabes cómo llegar ahí, o cómo elegir algo distinto. No tienes que tener las respuestas. Lo que te pediría es que por favor comiences a hacer *preguntas* como:

¿Qué más es posible?

¿Qué más podemos crear y generar?

¿Qué otras energías podrían estar disponibles que nunca he siquiera considerado?

¿Y si ser y cambiar, no es un constructo lineal?

¿Y si no tuvieras que ir de la A a la Z y ese fuera el final? ¿Qué tal si fueras de la A a la Z y entonces notaras *"Oh Dios mío, ¿hay como un billón más de A posibles? Así que, si tuviéramos una B, eso crea otro billón completo de combinaciones de A más B, lo cual es totalmente distinto a 50 A y entonces, ¿qué tal si agregásemos las C? ¡Oh Dios mío, también hay un billón de C!"*

¿Cómo puede mejorar aún más eso? **¿Tal vez somos infinitos? ¿Tal vez haya infinitas posibilidades?**

Y tal vez, si reconocemos eso, ¿podríamos seguir jugando en este planeta? ¡Es una posibilidad!

La Tierra y nosotros

Algo que podrías considerar es que durante los últimos 2,000 años la Tierra ha pasado por menos cambios geológicos que en ningún otro momento de su historia. ¿Por qué? **Debido a nosotros.** Hemos tenido hogares y cosas y hermosos lugares que no hemos querido que sean destruidos. Así que demandamos *"Oye Tierra, ¿podrías no destruir mi casa?"*

Y la Tierra respondió, *"Claro, no hay problema"*. Pero ¿qué le hemos estado devolviendo a la Tierra por su amabilidad? Montones y montones de basura en forma de ira, rabia, furia y odio, juicios, trauma y drama, y amor a la separación.

Nos negamos a hacer preguntas o recibir su consciencia y respuesta. Por ejemplo, una buena pregunta en Los Ángeles y todo el camino hasta San Francisco podría ser "Tierra, ¿si ponemos cientos de billones de toneladas de concreto en una falla sísmica, te causará un problema?"

¡Pero nos negamos a hacer preguntas a la Tierra, y nos negamos a escuchar a la consciencia de este hermoso planeta! Una de las mayores razones es que validamos como reales y verdaderas las realidades de separación de otras personas. En otras palabras, como hay quienes no creen que la Tierra tiene consciencia y percibe, tampoco nos permitimos creerlo tampoco.

Hay 6.5 billones de personas en este planeta... ¿Cuántas de ellas están eligiendo la felicidad? Casi ninguna. ¿Cuántos de ustedes que están leyendo este libro eligen la felicidad? ¿En verdad? La mayoría de las personas, casi nunca.

¿Cómo lo sé? Por dos razones. Primero, porque yo solía ser uno de ellos. Segundo, porque trabajo día tras día con personas y cuando tienen la opción de meterse al trauma y al drama, frecuentemente lo eligen, hasta que se dan cuenta de que hay una elección diferente. Elegir el trauma y el drama no es la única opción, *¡solo es la manera en la que aprendimos que debía ser!*

Así que ¿Qué tal si estuvieras dispuesto a renunciar a lo que aprendiste que tenía que ser en favor de lo que podría ser? ¿Y qué tal si estuvieses dispuesto a dejar de validar la limitación que ves a tu alrededor y consideraras otras posibilidades en su lugar? ¿Y qué tal si supieras que hay algo completamente diferente que es posible?

Y, la gran pregunta: ¿Es eso realmente por lo que estas leyendo ahora este *libro*?

Energía asesina

¿Estás consciente de que, en este momento, la Tierra podría matar a toda persona que quisiese? ¿Cuántos desastres naturales has visto en los últimos años? ¿Están estos disminuyendo o aumentando? Energía asesina. La Tierra está dispuesta a tenerla. ¿Cómo hemos sido tan afortunados de que no la use muy frecuentemente?

Por favor sabe que la Tierra no usa su energía asesina solo porque puede... Si ese fuese el caso, probablemente ninguno de nosotros estaría aquí. *La Tierra lo hace para facilitar la consciencia.* Es por lo que la Tierra está haciendo lo que está haciendo. Todo el tiempo.

¿Estarías dispuesto a ver esa posibilidad? Que la Tierra está facilitando la consciencia con todo lo que elige.

Así que todo lo que has hecho para tener el punto de vista de que los "desastres" son una equivocación, ¿lo abandonarías ahora? ¿Estarías dispuesto a darte cuenta sin tener que hacer nada al respecto? Mi amigo, te estoy invitando a ver de una forma completamente diferente al mundo.

¿Y si pudieras ir por el mundo y ver la guerra y la hambruna y decir *"Ok!, esto está pasando. ¿Cuáles son las posibilidades aquí?"* ¿Qué puedo Yo ser para contribuir a cambiar esto? Y realmente SER ESA ENERGÍA, ser esa pregunta, con total permisión, sin punto de vista o inversión respecto a lo correcto o incorrecto, lo bueno o malo de la guerra y la hambruna. ¿qué sería posible entonces?

Tú, saliendo de la polaridad de esta realidad... para entrar en la unicidad del ser.

Verdad, ¿cambiaría eso el mundo?

El mayor residuo tóxico

¿Qué tal si la ira, la rabia, la furia y el odio, los juicios, y nuestro amor por el trauma y el drama y la separación, son los mayores residuos tóxicos en el planeta? Y si es así, ese el residuo tóxico que con mayor facilidad podríamos cambiar –si elegimos hacerlo. Pero SÓLO si elegimos hacerlo.

Se han realizado numerosos estudios que prueban que cuando diriges cólera y juicios hacia una planta la matas. Esta información no debería ser sorprendente para nadie. Perturba el campo de energía necesario de la planta a tal grado que deja de ser capaz de mantener la vida.

Bueno, ¿qué efecto tiene para la Tierra el tener a 6.5 billones de nosotros eligiendo usar ira, rabia, juicios, agravios y separación como nuestro modo de funcionamiento principal en nuestras vidas y entre nosotros?

Si queremos cambiar el mundo, necesitamos dejar nuestra dependencia de estos modos de existencia tan escabrosos y desactualizados. A menos que comencemos a hacer algunas preguntas diferentes, no tendremos la oportunidad de cambiar fundamentalmente la forma en que funcionamos en esta realidad y la forma en que funcionamos en este planeta entre nosotros.

Así que, ¿cuál es el antídoto para la ira, la rabia, la furia y el odio, los juicios, la separación y el trauma y drama?

Consciencia, pregunta, elección, y posibilidad.

Y la disponibilidad para cambiar y eliminar la separación que tú crees que te define. Todo lo que hace, mi hermoso amigo, es limitarte a ti y a las posibilidades que tienes de ser tú, y cambiar el mundo.

Así que, todo lo que has hecho para fortalecer la mentira de que la ira, el odio, los juicios, la separación, el trauma, y el drama son lo que verdaderamente te gustaría elegir... y todo lo que hayas hecho para comprarte el que no tienes otra elección, por favor ¿Destruyes y descreas todo eso ahora? Acertado y equivocado, bueno y malo, POD y POC, todos los nueve, cortos, chicos y más allás.

¿Necesita realmente el planeta que lo salven?

Es divertido cuando la gente habla sobre salvar al planeta. El planeta no necesita que lo salven. Es la gente que vive en él la que necesita que la salven para sobrevivir.

Mi pregunta es, ¿estarías dispuesto a facilitar a la Tierra?

¿Con cualquier energía que ella requiera? ¿Aún si eso signifique darle a la Tierra la energía que necesita para que suficientes de nosotros despertemos? Los científicos que estudiaron los efectos globales del tsunami de 2003, que mató a cientos de miles de personas, encontraron que el tsunami también creó una oscilación en el eje de la Tierra de manera que las cosas nunca podrán volver a ser iguales. Nunca más. Una oscilación similar, aunque diferente, se reportó después del terremoto en Japón en 2011.

Las cosas tenían que cambiar. Interesante.

Por favor ten en cuenta que en realidad el no estar consciente y no darse cuenta es una elección. Igual que el estar consciente y darse cuenta es una elección.

En el tsunami, los animales —aún los animales que habían estado sujetos a estacas durante 30 años arrancaron sus estacas y se movieron a terrenos más elevados. Los perros, los gatos, las vacas, las aves… cada animal que pudo se alejó.

Y los humanos fueron a la playa a juntar peces y fotografiar esa extraña ola que iba a llegar…

Así que, ¿cómo te gustaría funcionar en la vida?

¿Quieres fotografiar, o mejor aún grabar un video, de tu propia muerte? ¿Quieres que te arrastre un tsunami porque fuiste demasiado inconsciente? ¿O *en realidad quieres ser lo suficientemente consciente para percibir el roce de pluma en tu mejilla cuando sea el tiempo de salir corriendo?*

Todo lo que no permita que te des cuenta de cómo puedes ser la contribución que la Tierra requiere... y todo lo que te haga pensar que eres raro por llegar a considerarlo, ¿Destruyes y descreas todo eso ahora, por favor? Acertado y equivocado, bueno y malo, POD y POC, todos los nueve, cortos, chicos y más allá. Gracias

¿Eres el centésimo mono?

¿Has escuchado sobre el fenómeno del centésimo mono?

Algunos científicos estaban realizando un estudio con algunos monos en varias islas. Los monos estaban separados por agua y no nadaban de una isla a otra.

Como los monos se estaban quedando sin comida, los científicos comenzaron a dejar caer comida desde aviones. Soltaban las cajas desde los aviones, las cajas se abrían por el impacto, y los monos se comían la comida, aún a pesar de que frecuentemente estaba sucia.

Entonces un día, un mono que no estaba sometido a los límites de la realidad de ese momento, empezó a lavar la comida que había caído. Así que un mono lo hizo y después enseñó a otro mono, y después enseñó a otro mono.

En cuanto 100 monos, confinados en una isla, comenzaron a lavar su comida, todos los monos en todas las otras islas empezaron a lavar toda su comida, sin necesidad de que se los hubieran enseñado o dicho mediante algún otro mecanismo de enseñanza que hayamos aprendido a reconocer.

¿Por qué?

Cambiaron de canal.

Hubo una masa crítica de consciencia, por decirlo de algún modo, que estuvo disponible para cada mono conectado a esa red de monos y la realidad cambió para todos ellos, simultáneamente.

Cambiaron la consciencia de todos los monos al haber suficientes monos con la suficiente consciencia de lo que sería mejor para todos ellos. ¿Y si esa fuera la posibilidad de cómo puede ocurrir el cambio también para nosotros?

¿Qué se requiere? Bien, cognitivamente no tienes idea. Pues no es un proceso cognitivo. Y no es lineal.

¿Qué tal si algo COMPLETAMENTE diferente es posible?

¿Para todos nosotros? Con todos nosotros. ¿Juntos?

Es por lo que hablo de terminar con nuestra insistencia en comprarnos y funcionar de acuerdo con las reglas de esta realidad: porque el hacerlo ha creado el aparentemente imposible enredo en el que actualmente nos encontramos. Requerimos algo diferente.

Ahora.

¿Estás listo, mono?

HERRAMIENTA

¿Ya estas sintiendo ira?

Bien.

Aquí hay algo que debes saber sobre la ira.

La ira con frecuencia es potencia (poder) que estás reprimiendo.

En otras palabras, la ira y la potencia (el poder) se sienten exactamente igual.

Se "sienten" exactamente igual.

No serás la potencia de ti porque siempre la has malidentificado como ira.

¿Por qué utilizo la palabra "potencia" en lugar de poder? Debido a que poder, como comúnmente se identifica y usa en esta realidad, significa "poder sobre otro". **Potencia, por otro lado, es tu capacidad para elegir y crear un cambio.**

Cada vez que dijiste *"¿Sabes qué?, ¡esto tiene que cambiar!"* cuando eras un niño pequeño, tus padres y maestros salieron con *"no seas un niñito tan enojado"*. Y ahí estabas, estancado con este punto de pista de *"esto es malo, y yo no debería hacerlo, y no debería serlo y no puedo hacerlo y no puedo serlo"*.

¿Qué tal si aun siendo un pequeño niño, esa ira era de hecho POTENCIA? Solo dale un vistazo por un segundo: cuando llegas a un punto en tu vida y SABES que tiene que cambiar ¿es eso ira o potencia?

¿Y es ahí donde ahora te encuentras, en estos 10 segundos?

¿CÓMO SABER?

(Aquí está la herramienta).

Hacen una pregunta, mis queridos amigos. (¿Sorpresa?). La pregunta es: *"¿Esto es ira o potencia?"* Lo que sea más ligero para ti, eso es.

Entonces lo sabes. Y puedes elegir qué ser y hacer desde ese espacio de consciencia.

NOTA PARA EL LECTOR

¡Ven con todo!

¿Alguna vez alguien te ha dicho esto?

"¡Tienes demasiadas cosas pasando!

¿Por qué nunca te enfocas?"

¿Enfocarse? ¿Calmarse? ¿Una cosa a la vez?

¿Es eso realmente ligero para ti?

¿Es eso verdad para ti?

¿Podría invitarte a verlo desde un ángulo completamente diferente?

Se supone que tú debes desear y se te arrastra a desear hacer lo menos posible. El ideal en esta realidad es cuando finalmente tienes suficiente dinero para ya no tener que hacer nada nunca.

Esta es mi pregunta para ti: **¿No te aburrirías?**

Tú tienes capacidades más allá de tus más locos sueños, mi amigo.

¡Juega con ellas!

¿Cuántos de ustedes se han comprado la mentira de que desean hacer menos, no más, y que son más ustedes mismos cuando tienen menos que hacer?, ¿estarían dispuestos a descreer y destruir todo eso ahora? Acertado y equivocado, bueno y malo, POD y POC, todos los nueve, cortos, chicos y más allás. Gracias.

¿Qué pasaría si en realidad eligieras vivir exuberantemente en lugar de simplemente tener una vida en la que cuentas los días hasta morir? ¿Y si eligieras jugar, crear, generar, divertirte, gozar tu cuerpo y experimentar el mundo completamente y totalmente todo el tiempo?

¿Y si ese es el espacio en el que estás en paz?

¿Y si VIVIR INTENSAMENTE fuera un descanso para ti?

¿Y si realmente solo fueras verdaderamente feliz cuando tienes al menos entre 5 (y hasta 25) cosas en las que estás trabajando todo el tiempo? ¿Y si eso ya no fuera algo incorrecto?

El reino
del Ser

NOTA PARA EL LECTOR

Las puertas de emergencia

¿Cuántos de ustedes no han reconocido verdaderamente que su trabajo aquí es facilitar la consciencia y el cambio? ¿Cuántas puertas de emergencia han dejado bien abiertas para poder escapar? ¿Para nunca tener que elegir eso de verdad?

La mayoría de las personas ni siquiera saben lo que es la consciencia.

Ellos creen que, si sus ojos están abiertos, ellos están conscientes.

¿Estarías dispuesto a reconocer que tampoco tienes idea de lo que es? ¿Y que también sabes lo que es en totalidad? ¿Harías ahora la demanda de que vas a percibir, saber, ser y recibir exactamente lo que la consciencia verdaderamente es y exactamente lo que ella demanda de ti?

Todo lo que detiene eso, ¿Destruyes y descreas todo eso ahora, por favor? Acertado y equivocado, bueno y malo, POD y POC, todos los nueve, cortos, chicos y más allás. Gracias

Puedes dejar las puertas de emergencia ahí, si quieres. La consciencia lo incluye todo, incluso las puertas de emergencia. Pero ¿qué tal si dejas que tu consciencia perciba las puertas de las posibilidades QUE TÚ ERES? ¿En totalidad?

Y las abrieras.

¿Y si tú, siendo tú ES cambiar el mundo?

Ahora mismo.

En estos 10 segundos.

Capítulo 14
El reino de Nosotros

Ya sé, hemos hablado ya sobre elección... Y a ti no te gusta hacer las cosas dos veces ¿no es así, mi amigo? Esto es elección, segunda parte. La secuela sobre el reino de Nosotros.

¿Has notado que tan sólo el pronunciar la palabra ELECCIÓN hace que algunas personas se estremezcan? *No puedo elegir. No quiero elegir. ¿Por qué tengo que elegir? ¡Por favor, por favor, por favor, elije por mí!* Extrañamente, la mayoría de las personas no entienden lo que es elección en realidad.

Sin embargo, la disposición a elegir es el principio de comprometerte con tu propia vida. Ser tú y cambiar el mundo es algo que tú – **eliges**.

Tienes elección. Siempre tienes elección.

Una de las cosas que intentamos hacer es creer que estamos solos en nuestro propio universo. Como si estuviésemos solos, y en nuestro propio reino, y eso es todo, y que podemos elegir sólo para nosotros. O que, si estamos eligiendo algo que también funciona para alguien más, entonces estamos eligiendo en contra nuestra, y creemos que la única manera de elegir a nuestro favor es elegir en contra de alguien más.

¿Qué pasaría si fueras más como un animal? Una de las cosas que los animales tienen, es un instinto de lo que es la sobrevivencia —no solo para ellos — sino para todo el planeta y todo lo que hay en él. En contra de la creencia popular, ellos no solo funcionan para sobrevivir, sino para PROSPERAR. Por ejemplo, los conejos saben si el próximo año va a ser un año de sequía, y disminuyen su reproducción enormemente. Y normalmente se reproducen como... ¡conejos! ¿Es eso una contribución solo para ellos –o para todos?

Cuando los humanos están conscientes de que no son capaces de sostener a su población basándose en el agua que hay en una zona en particular, ¿qué hacen? ¡Construyen MÁS CASAS! Cuando tienen dificultades financieras, o en sus relaciones, ¿Qué hacen? ¡Tienen más bebés! ¿Le parece esto una locura a alguien más? ¿Qué tal si aprendiéramos una lección de los conejos? ¿Y los caballos? ¿Y todos los demás animales del planeta?

Intentamos creer que estamos completamente solos y tenemos que elegir solo para nosotros. Porque de lo contrario, no estamos eligiendo para nosotros, sino que estamos eligiendo en contra nuestra. ¿Y si esa fuera otra de las GRANDES MENTIRAS que te has comprado? ¿Y si, cuando eliges conscientemente, en realidad estuvieras incluyendo a todo el planeta y todos los que están en él? ¿Y si lo que es provechoso fuera provechoso para ti y para todos los demás?

Puedes crear ya sea, el reino de mi (soledad) o el reino de Nosotros (unicidad).

¿Cuál preferirías elegir?

Estás bien conectado

Te han vendido el que necesitas estar solo, para poder elegir por ti. Pero una vez que tratas de crear esa soledad, no puedes hacer una verdadera elección consciente... **¿Podría un ser infinito estar en verdad solo?**

¡No!

Raro ¿eh? Eres infinito. Estás conectado con todos y todo. El momento que tratas de crear la mentira de la soledad, te separas de todo lo que te permitiría hacer una elección que pueda ser provechosa para ti y todos los demás. En otras palabras, con el fin de intentar comprarte esa mentira de que tienes que estar solo para poder elegir por ti, te desconectas de toda la consciencia que podrías tener que te permitiría hacer una elección que te llevaría en la dirección que tú quieres.

Te desconectas del cariño que tienes por ti y otras personas. Para ti, ese cariño debe ser un factor en todas tus elecciones. Cuando tratas de elegir solo para ti, también te desconectas de la potencia que tienes como resultado de tu conexión con las otras personas y su consciencia y su cariño y su contribución.

Te desconectas de todo lo que te hace ser la brillantez que tú eres con el fin de entrar en esta falta de espacio artificial que creas y que piensas es el único espacio desde el cual puedes elegir.

Ahora.

Te estoy invitando a la elección que no comienza desde la perspectiva de las limitaciones de las otras personas o de las tuyas. Es funcionar desde la elección que realmente incluye a todos y a todo, pero no se limita por ello ni se limita por los juicios de otras personas.

Es ser acogido por la unicidad que es el Universo, el regalo que el sol, los planetas, y todos los animales, las plantas, y los árboles son para ti, que el Universo es para ti. Y que tú eres para ellos.

¿Estarías dispuesto a elegir incluyendo a la totalidad de la consciencia del mundo que desea regalarte en tus elecciones? ¿Descreas y destruyes todo lo que no permita todo eso, por favor? Acertado y equivocado, bueno y malo, POD y POC, todos los nueve, cortos, chicos y más allá. Gracias.

Así que ¿qué es eso que en realidad sabes que has estado pretendiendo que no sabes o negando que sabes que si te permitieras saberlo te permitiría tener la total elección de la unicidad en cada momento de cada situación?

¿Descreas y destruyes todo lo que no permita todo eso, por favor? *Acertado y equivocado, bueno y malo, POD y POC, todos los nueve, cortos, chicos y más allás.*

Exclusión no es unicidad

¿Te das cuenta de que en realidad has estado rechazando un reino de unicidad (el reino de Nosotros)? Y cuando yo digo unicidad, es que hay todo tipo de cosas que has hecho en otras vidas, todo tipo de cosas espirituales en las que la idea era, *"Oh, reunámonos y vamos a crear juntos un culto y eso será unicidad".*

Excepto que eso no es unicidad, ya que tienes que marcharte al bosque en alguna parte y puede que ustedes sean 50 o 100 o 200 los que supuestamente están intentando crear unicidad, por su cuenta. Eso no es unicidad.

Unicidad es la inclusión de todos y todo sin absolutamente ningún juicio.

En esas vidas, deseabas tanto negar lo que sabes y creer en lo que todos los demás te estaban diciendo, pues sabías que de alguna manera la unicidad debería en realidad existir, pero negaste tu saber con el fin de tener el punto de vista de alguien más de cómo debía ser eso. Así que seguiste a esa persona y, cuando no resultó bien, tú declaraste "En realidad la unicidad, no debe existir. ¡Nunca más voy a hacer esto!"

En ese momento, entraste en resistencia y reacción y ahora, cualquier cosa que se dice ser unicidad, tú piensas, *"De ninguna manera, no lo voy a hacer, me engañaron la última vez."*

A mí me gustaría que siguieras lo que sabes.

Me gustaría que sigas lo que sabes, sin ningún juicio realmente. La mayoría de las personas en el planeta no tienen idea de lo que es saber, ya que siempre piensan que es *conclusión*.

Conclusión como la prueba de fuego

Eso es lo que más te estanca respecto a la elección –tú piensas que elegir es en realidad llegar a una conclusión, pero no lo es. Cada vez que llegas a una conclusión sobre cualquier cosa, desconectas tu consciencia sobre todo lo que no sea esa conclusión. ¿Te gustaría que lo repita en español?

Cuando concluyes algo, esa conclusión, se convierte en la respuesta, el punto de referencia correcto; en contra del cual mides cualquier aportación subsecuente (ya sea una toma de consciencia o una conclusión). Esa conclusión se convierte en la prueba de fuego, por la que todo lo demás debe pasar. Y si no pasa la prueba, tú lo descartas.

¡Lo entendí! (Desafortunadamente, en muchas de mis experiencias personales hice exactamente eso). Casi estamos haciendo esto todo el tiempo... ¿Cómo vamos a frenarlo?

La respuesta a eso es –ELIGE PARAR. Elige hacer algo diferente.

Como resultado de esa simple elección, vas por la vida y vas eligiendo algo basado en el viejo paradigma y entonces sólo por un momento, vas a tener este tartamudeo y vas a decir *"Espera, espera, espera, espera un minuto, espérate, no tengo que hacer eso ¿O sí?"*

Ese va a ser el principio de la libertad para ti. La libertad para elegir algo completamente diferente.

Una vez vino una mujer a una sesión conmigo y me dijo que había establecido toda su vida de manera que no tuviera que elegir. Incluso el continuar en un trabajo que no le gustaba era una manera de evitar tener que elegir. Jamás. Ella dijo "Me asusta demasiado elegir una carrera que me ponga en una posición en la que tenga que elegir por mi, cada día".

Date cuenta de qué se trataba eso en realidad, de establecer una estructura en la vida de manera que ya no tuviera que elegir más. Estoy seguro de que nunca has hecho eso, ¿cierto? ¡Claro que no! Pero por si acaso…: *¿Cuántas estructuras has establecido en tu vida para eliminar la elección? Todas las que esas sean, ¿las descreas y destruyes todas, por favor? Acertado y equivocado, bueno y malo, POD y POC, todos los nueve, cortos, chicos y más allás.*

~~~

Si tú tuvieras total elección disponible, ¿qué crearías?

Todo el mundo está eligiendo todo el tiempo. Todos están eligiendo su vida y su vivir. Conscientemente o no.

Cuando surge una nueva posibilidad, tú podrías elegir tener la perspectiva limitada de *"Oh Dios mío, esto es algo terrible y voy a morir…"* O de hecho podrías elegir tener esta otra perspectiva de la que estoy hablando, que es *"Vaya, ¿me pregunto qué más podremos todos crear ahora?".*

¿Qué tal si estuvieras dispuesto a crear el reino de Nosotros, el cual nos incluye a todos pero no incluye nuestros puntos de vista limitados como relevantes, sino solo como consciencia?

Qué tal si, con los puntos de vista que percibes de todos a tú alrededor, ¿qué tal si tan sólo te dieras cuenta de ellos? ¿Y si esos puntos de vista limitados no tuviesen que entrar entre las elecciones que has hecho algo relevante?

¿Y si los puntos de vista limitados no fueran relevantes para ti? Si tuvieras total elección disponible y estuvieras eligiendo generar el reino de Nosotros, ¿qué elegirías? Todo lo que no permita que eso aparezca, ¿destruyes y descreas todo eso ahora, por favor? Acertado y equivocado, bueno y malo, POD y POC, todos los nueve, cortos, chicos y más allá.

Si haces esta pregunta y funcionas desde esta pregunta, no vas a ver tus interacciones con la gente desde el espacio de *"¡Oh, necesito separarme de ellos y escoger para mí!"* o *"¡Necesito elegir para ellos y separarme de mí!"* que han sido las únicas dos opciones para la mayoría de la gente. En su lugar será desde un espacio diferente que nos incluye a todos.

Depende de todos nosotros el crear este reino de Nosotros.

Y si suficientes de nosotros lo hacemos, crearemos eso como una posibilidad en el mundo. ¡Algo completamente diferente!

¿Estás listo? ¿Qué eliges?

NOTA PARA EL LECTOR

¿Estoy eligiendo o concluyendo?

¿Recuerdas que hablamos sobra la diferencia entre un juicio y una consciencia? La consciencia no tiene una carga emocional en ella y estás dispuesto a soltarla y cambiarla en cualquier momento.

Ahora, mucha gente confunde el ELEGIR con *el decidir o el concluir.*

¡Son cosas completamente diferentes!

¿Pero cómo lo sabes? ¿Cómo sabes que en realidad estás eligiendo algo no decidiendo o concluyendo que esto es lo que tienes que ser, hacer o tener?

De nuevo, es la ausencia de carga y el movimiento de la energía.

Cuando eliges, no hay carga en ello. Eliges y si se requiere, eliges algo distinto en 10 segundos, sin juzgar la elección o a ti. Estás dispuesto a darte cuenta de ello y seguir la energía a donde quiera que se requiera.

La elección nunca es definitiva. La elección es un proceso continuo. Eliges y después eliges de nuevo. Y de nuevo. Y de nuevo.

O, como un adolescente en una de mis clases lo resumió brillantemente:

"¡La elección es genial! ¡La conclusión apesta!"

HERRAMIENTA

Tú punto de vista crea tu realidad

¿Eres un solucionador de problemas? ¿Uno realmente bueno, de hecho?

¡Felicidades!

¿Cuántas veces has intentado resolver el problema de hacer bien esta realidad?

¡Entonces lo haces! Por 10 gloriosos segundos no tienes absolutamente ningún problema.

Y entonces, de alguna manera, aparece uno nuevo.

Cuando eres un solucionador de problemas, tú siempre, siempre, SIEMPRE tienes que crear nuevos problemas para resolverlos.

Ahora mira el mundo.

Si vemos un mundo lleno de problemas, ¿qué mundo estamos creando?

Si en cambio elegimos mirarlo TODO, sin juicio, un mundo lleno de posibilidades, ¿qué mundo estaríamos creando?

Solo considera eso. Y tenlo en cuenta.

Tu punto de vista crea tu realidad, la realidad no crea tu punto de vista.

¿Qué puntos de vista te gustaría elegir?

Liderar
sin seguidores

NOTA PARA EL LECTOR

¿Llegarías tarde a tu propia fiesta?

¿Te has comprado la mentira de que es demasiado tarde? ¿Demasiado tarde para cambiar todo lo que sabes que se necesita cambiar aquí, porque no está funcionando para ninguno de nosotros?

De verdad, amigo mío, ¿organizarías una fiesta la más grande de todas las fiestas de todas nuestras vidas y te equivocarías de fecha?

No lo creo. Aún tú, siendo el jodido humanoide que eres, no organizarías una fiesta con tanto tiempo y luego te equivocarías de fecha.

Si fuese demasiado tarde, ¡no estarías aquí ahora!

Habrías venido mucho antes para cambiar las cosas, porqué tú sabes, y has sabido durante 4 trillones de años, exactamente cuándo sería el momento esencial para darnos cuenta y despertar la consciencia.

Así que dondequiera que hayas comprado la mentira de que es demasiado tarde y de que tú no puedes ser suficiente y que más valdría darte por vencido ahora, por favor ¿destruyes y descrees todo eso ahora, por favor? Acertado y equivocado, bueno y malo, POD y POC, todos los nueve, cortos, chicos y más allá. Gracias.

Por favor sabe que tú elegiste el planeta y elegiste el momento. Lo sabías y aún lo sabes.

Estamos justo a tiempo.

(¡Y, cómo siempre lo haces, por supuesto, has esperado, hasta el último momento posible, ¡así que manos a la obra!)

— Capítulo 15 —
¿Estás dispuesto a ser un líder?

Yo veo el ser un líder desde un lugar totalmente distinto del que la mayoría de las personas lo hace. Desde mi punto de vista, el ser un líder es ser capaz de saber lo que sabes y seguir lo que sabes sin importar si alguien más va a seguirte. No excluye a nadie, pues todos pueden unirse, SI ELIGEN HACERLO.

Eso es lo que es ser un líder, desde mi punto de vista.

En esta realidad para ser un líder debes tener seguidores. Estoy en total desacuerdo. Mi punto de vista es que para poder ser un líder debes liderarte a ti mismo, y si alguien más te sigue porque has tenido una idea muy brillante, no hay problema. Pero si verdaderamente estás siendo un líder, los empoderarás para saber que ellos saben, no solo para hacer que intenten seguirte.

Este es un concepto totalmente diferente en liderazgo. Para mí, eso es lo que se requiere si vamos a cambiar el rumbo en el planeta ahora mismo. Ser un líder es estar dispuesto a reconocer lo que sabes y seguirlo. Es realmente así de simple. Se trata de tener un sentido de confianza en ti y en lo que sabes, incluso cuando ese saber no coincide con los puntos de vista de otras personas.

Una milla de cuatro minutos

Déjame darte un ejemplo —hoy en día es muy común que los corredores competitivos masculinos corran una milla en menos de cuatro minutos. De hecho, si no corres una milla en menos de cuatro minutos, ya no puedes siquiera ser considerado como corredor en la categoría universitaria, mucho menos atleta de categoría mundial.

Excepto que, durante mucho, mucho, mucho, mucho tiempo –miles de años– bueno, está bien, digamos mil años, a partir del momento en que comenzaron a poder medir el tiempo, no existía algo así como una milla en cuatro minutos. Esa era considerada una barrera imposible de superar.

Hasta que un día, un tipo salió con *"¿Saben qué? ¡yo puedo hacerlo!"* Literalmente, todos sus amigos y las personas cercanas a él le dijeron *"¡No puedes hacer eso, nadie puede hacer una milla en cuatro minutos!"* Aun así, su punto de vista era *"¡Si, yo puedo!"*

"No, no puedes, no hay manera, nunca lo lograrás", decían las personas a su alrededor.

Él dijo *"¡Mírenme!"*

Y lo hizo. En 1954, Roger Bannister rompió la barrera de 4 minutos. Desde entonces, y una vez que todos vieron que era posible, ahora todos corren una milla en menos de cuatro minutos. Ahora es, "Bueno, ¿podemos reducirlo a unos 3:55, ahora a 3:45, podemos reducirlo hasta 3:40?" Así que hay un estándar totalmente diferente que ha sido creado por una persona dispuesta a ser líder.

¿Qué pasaría si supieras que incluso con las más pequeñas elecciones de tu vida tú puedes ser exactamente esa contribución para otras personas?

Un día sin juicios

Digamos que a tu alrededor hay personas que andan con enormes cantidades de juicios sobre lo correcto o incorrecto de alguna filosofía política. Y sabes que podrías juzgarlo como correcto o incorrecto o podrías simplemente verlo como el interesante punto de vista de alguien más.

¿Qué?

Bueno… cuando juzgas algo como correcto o cuando lo juzgas como incorrecto de hecho, estás contribuyendo a que se mantenga existiendo y le das más energía y lo haces aún más sólido y lo haces menos capaz de cambiar.

¿Y si pudiésemos salir de la necesidad de la rectitud de nuestro punto de vista y lo equivocado del de cualquier otro y en cambio nos diéramos cuenta de que todos tenemos puntos de vista y que algunos de esos puntos de vista que tienen otras personas , que podrían incluso no gustarnos en este momento, podrían contribuir, de hecho, a cambiar el planeta?

¿Y qué tal si un paso para convertirse en líder fuera dejar de juzgar? Desde mi punto de vista, la consciencia es donde todo existe y nada se juzga. Donde puedes permitir que cualquier cosa sea exactamente como es sin tener que juzgarla en ninguna forma.

¿Te puedes imaginar si despertaras y no tuvieras ningún juicio en tu cabeza y ningún juicio a medida que transcurriese tu día, sin importar lo que hicieses? ¿Cómo sería ese día? ¿Puedes imaginarte un día sin juicios?

¿Sabes qué? Es posible, sólo que no nos han enseñado a aceptarlo. No nos han preparado a considerarlo como un producto valioso. Si suficientes de nosotros pudiéramos dejar los juicios y demandar que "no importa lo que tenga que pasar, yo, ya no voy a juzgar más", el mundo cambiaría ese mismo día. ¿Estarías dispuesto? ¿Ahora?

Preguntando para cambiar

Permítanme resumir… La primera parte de ser un líder consciente es confiar en ti y seguir tu saber. La segunda parte es dejar de juzgarte a ti o a cualquier otra persona o a cualquier otra cosa. Porque entonces puedes estar verdaderamente presente para todo sin ningún punto de vista…

La tercera parte es empezar a hacer preguntas en tu vida. Así que, ¿cómo funciona eso?

Digamos que ves un suceso como el derrame de petróleo en el Golfo que ocurrió en 2010. Lo que escuché de muchas personas fue *"Es tanta la devastación, es una cosa tan terrible, es tanta la devastación, es una cosa tan terrible, es tanta la devastación, es una cosa tan terrible…"*

Lo que yo pregunte a algunas personas que estuvieron lo suficientemente abiertas como para escucharlo fue *"Bueno, ¿se dan cuenta de que al tener ese punto de vista, continuamente lo crean como más devastación? Pues la energía, del punto de vista fijo, va a crear eso".*

Es como lo que dice la ciencia, cuando nosotros observamos una molécula, la cambiamos. ¡La razón por la que la cambiamos es porque tenemos un punto de vista, que le imponemos! ¿Qué tal si pudiéramos estar sin juicios y sin puntos de vista fijos de tal manera pudiéramos observar esa molécula e invitarla a cambiar en lugar de empujar el punto de vista de que tiene que cambiar para ajustarse a nuestra conclusión?

¿Qué pasaría si pudiéramos estar tal conexión con las moléculas que nos rodean, por no tener juicios que pudiéramos invitarlas a cambiar también voluntad?

La siguiente cosa que pregunté fue *"¿Les gustaría cambiarlo?"* Me miraron como si les hubiese dado con un mazo en la cabeza, *"¿Qué quieres decir con cambiarlo?"*

Dije bueno, porque no solo hacen esto, hagan esta pregunta "¿Qué tendría que pasar para cambiar esto? ¿Qué tendría que pasar para deshacer la devastación ecológica?" Entonces me miraban como "Oh, Dios mío, nunca pensé en eso. Sólo estaba lamentando el hecho de que fuera un problema."

¿Cómo sería si, para cualquier cosa que quisiéramos cambiar, el punto de inicio del cambio fuera simplemente el hacer una pregunta?

En Access, nos mantuvimos haciendo esa pregunta: *"¿Podemos hacer algo en relación con el Golfo hoy? ¿Hay algo con que podamos contribuir hoy?"* Tomó 2 meses y medio de estar preguntando lo mismo cada mañana *"¿Hay algo que podamos hacer para cambiar esto hoy?*

¿Hay algo que podamos hacer para cambiar, esto hoy?" Seguíamos obteniendo un no. Y de pronto, un día recibimos un sí. Aparentemente ese fue el día en que taparon el pozo.

Así que mandamos un correo electrónico a toda la gente en Access Consciousness y a una hora en particular, en un día en particular, les pedimos que contribuyeran con su energía para cambiar la devastación ecológica en el golfo. Tres días más tarde, en un artículo del 27 de julio del New York Times, decía que los científicos estaban maravillados con lo rápidamente que estaba desapareciendo el petróleo.

El 4 de agosto, el New York Times publicó un artículo en el que decía que la mayor parte del petróleo se había estado disipando y que lo que quedaba representaba una amenaza mucho menor para la ecología y el ecosistema de lo que jamás hubieran considerado posible.

Este fue un lugar donde todos pudimos poner nuestra energía sin juicio, siendo total pregunta, es decir, "No sabemos lo que pueda suceder, pero hagamos algo, y utilicemos la potencia que tenemos disponible". Por favor nota que lo único que pedimos fue un cambio en la devastación ecológica. No cómo debía verse.

Ahora ¿fue que sólo todos los de Access Consciousness cambiamos eso? Tal vez. ¿Pero sabes qué? ¿Tal vez fueron todos los que deseaban cambiar esa posibilidad en el Golfo y que tenían el punto de vista de que era posible?

Lo importante no es QUIEN lo cambió, sino que cambió, y que juntos tenemos esa capacidad. Tal vez fue la bacteria que salió con *"Oye, nosotros podemos ayudar aquí"*. —como los animales que salieron al rescate en la película *Avatar*. ¡La parte emocionante es que ese nivel de cambio es posible! ¡No solo es posible, sino que pasó!

Tú, el de tres cabezas

Ahora, mi amigo, si dijeras *"Oye, ¿saben qué? ¡Voy a contribuir con energía para cambiar el derrame de petróleo en el golfo!"* ¿Te aplaudiría la gente que te rodea? ¿O no lo entendería?

Probablemente todos te mirarían como si tuvieras tres cabezas y vinieras de Marte, ¿cierto? Te verían como si estuvieras loco de atar y hubiera que encerrarte de inmediato. ¿Cuántos de ustedes se han sentido así la mayor parte de su vida? ¿Alguna vez te has preguntado "¿Por qué siempre se me queda viendo la gente como si tuviera tres cabezas?"

¡Porque para ellos las tienes!

Porque quieres algo diferente a lo que ellos quieren, tú en realidad deseas el cambio. Por lo que es necesario que, si vas a crear ese cambio, estés dispuesto a ser el líder que eres, que no has estado dispuesto a ser. Los recibes dejando que te vean con tus tres cabezas. Recibes sus juicios y su idea de que es imposible cambiar. Y luego, vas y contribuyes al cambio de todas formas.

Eso es ser un líder.

Predica con el ejemplo

Tienes que SERLO. No mostrarlo. No trates de compartirlo. Cuando compartes, tienes que reducirte a su tamaño para intentar llevarlos a tu tamaño. Excepto que ellos nunca son de tu tamaño, ya que, por definición, te estás bajando a su nivel para crear algo en común, para permitirte tener una conexión.

Es simple: ¡COMPARTIR significa ENCOGERSE!

En vez de eso, DEMUESTRA lo que es posible.

¿Van todos a elegir ser lo que demuestres que es posible ser? No. Algunas personas lo verán como una posibilidad, después elegirán ser un poco de eso. O todo eso, como ellos elijan. Tú estás demostrando lo que es posible. Ellos pueden dar el salto o no. Eso a ti ya no te afecta.

Lo que ahora hace falta son personas que den sus primeros pasitos de bebé hacia la consciencia, ahora mismo y muestren a otros que sí se puede. Son las elecciones que haces las que abren más consciencia para ti, y para todos nosotros.

Verás algo que pensaste que tenía que ser de una cierta manera limitada en el pasado, y verás una distinta posibilidad, ¡y la elegirás! Verás cómo esa elección afecta tu vida y como eso resultó para ti, y esa es exactamente la información que las personas necesitan, y que no tienen ahora. Pero tú ves y dices *"solo estoy viviendo mi vida. A nadie le interesaría escuchar sobre esto".*

Estás equivocado. Las personas a tu alrededor que desean consciencia están muy interesadas en escuchar eso, aún si no saben que están buscando más consciencia. Tú ya estás siendo este regalo fenomenal; y sin embargo muy pocos estamos dispuestos a reconocernos como los líderes de la consciencia que en verdad somos. ¡Es mucho más fácil y mucho más gratificante que lo que piensas!

¡Eres una de las únicas personas en el mundo que realmente desean cambiar lo que está pasando! Y eres la única persona en tu vida que es en realidad capaz de generar, crear e instituir lo que sea que te gustaría en tu vida.

Si no puedes honrarte a ti mismo lo suficiente para hacer esto por ti, ¿cómo vas a crear lo que te gustaría en la vida? Siempre debes detener cualquier cosa que vaya a crear un juicio, o te haga criticable, o cree un enemigo en el universo de alguien más.

Déjame darte dos posibilidades distintas para caminar por el campo minado de esta realidad:

1. Puedes seguir caminando de puntitas por la vida, tratando de evitar pisar una mina hecha por alguien más, evitando hacer enemigos, sucumbiendo ante los limitados puntos de vista de otros, y de pronto ¡BUUUM!, pisas en el lugar equivocado y sales volando... dolorosamente una y otra vez... cada vez que tratas de ir de puntitas tratando de evitar los juicios de los demás.

2. Ahora, imagina que hay otra forma de estar en el mundo, donde tú dices "¡Oh, una mina!" y gustosamente te paras sobre ella, si ya es momento de pararse sobre ella. Mientras explota a tu alrededor, simplemente notas "¡Vaya, eso fue algo fuerte e intensamente divertido, ¿cómo puede mejorar esto?"

Y no explotas, y no eres destruido y en realidad vas por la vida parándote en cada mina que requiere que la pises para cambiar la faz del planeta. Si esa mina va a facilitar la consciencia, ¡la pisas! ¡Y que así sea!

Te conviertes en la energía de ser que no se disculpa por ser.

Es como *"Aquí estoy"*.

Todo lo que no permita que eso se muestre, ¿Lo destruyes y descreas todo eso ahora, por favor? Acertado y equivocado, bueno y malo, POD y POC, todos los nueve, cortos, chicos y más allás. Gracias

Reclamando la potencia de ti

Como al año después de que comencé con Access, Gary Douglas me preguntó si estaba dispuesto a reclamar la potencia de mí. En ese momento, yo estaba parado detrás de una pared divisoria en el lugar donde estábamos... Asomé la cabeza, no podía ni siquiera salir y darle la cara totalmente.

Y dije *"Bueno, ¿qué significará eso?"*

Él dijo *"No te puedo decir"*.

Asomé la cabeza rodeando la pared *"¿Cómo se verá?" "No te puedo decir"*.

"¿Qué pasará?"

"Tampoco te lo puedo decir. Solo tendrás que reclamarlo si estás dispuesto a aceptarlo".

Literalmente me tomo como 45 minutos de titubeos, preguntándome si podría elegirlo sin saber cómo se vería, y pensando todo el tiempo *"¿Qué pasaría si lo hiciera?"*

Y luego lo hice. Elegí reclamar mi potencia. Fue algo como *"Aquí esta lo que es verdad y yo, ya no seguiré mintiéndome a mí mismo. Voy a ser lo que sea verdad para mí, porque sabes qué, mi vivir es demasiado valioso para mí, para seguir escondido"*.

Elegí ser un líder. Sigo haciéndolo. Cada diez segundos. Y no estoy buscando seguidores. Solo estoy dispuesto a ser la invitación a algo completamente diferente.

¿Lo estás Tú?

¿Es ahora el momento?

Si lo es, tú lo sabes. Y si no, también está perfectamente bien.

Así que aquí va la pregunta: "¿Reclamas y posees y eres TÚ ahora, la potencia y consciencia que en verdad eres?"

Si es así, todo lo que no permita que eso se muestre con total facilidad, ¿destruyes y descreas, y vamos a cambiarlo en 3? ¡1…2…3…! Acertado y equivocado, bueno y malo, POD y POC, todos los nueve, cortos, chicos y más allá. Gracias

¿Qué tal si fuese posible un vivir más allá de cualquier cosa de lo que ninguno de nosotros jamás haya imaginado?

¿Qué tal si lo que la Tierra requiere de nosotros es que dejemos fuera todas nuestras limitaciones autoimpuestas y en su lugar aceptemos la magia que en verdad somos?

¿Que puedes elegir tú, que vaya a crear el resultado que TÚ deseas crear en el mundo?

Todo lo que no permita que eso se muestre, ¿destruyes y descreas todo eso ahora, por favor? Acertado y equivocado, bueno y malo, POD y POC, todos los nueve, cortos, chicos y más allá. Gracias.

HERRAMIENTA

¿Qué más puedo añadir a mi vida?

Has leído los primeros 15 capítulos de este libro.

¿Cómo puede mejorar eso? Ahora.

Verifica, por favor. ¿Es esto ligero para ti? Puedo escuchar tu cabeza girando.

¿Y si no tuvieses que llegar a una conclusión, sino hicieras la pregunta?

Recuerda, este libro no es un libro de respuestas. Es un libro de preguntas.

¿Y si no hubiese acertado o equivocado?

¿Y si no tuvieras que hacer nada de lo que estás leyendo en este libro como algo correcto para recibir cualquier parte del mismo que vaya a funcionar para ti?

¿Y si no tuvieras que hacer nada de lo que has aprendido en el pasado equivocado para recibir aquello a lo que yo te estoy invitando?

¿Y si pudieras conservar todo lo que sabías, y simplemente añadir las cosas nuevas que funcionen para ti?

¿Qué pasaría si tu punto de vista fuera:

"¿Qué más puedo añadir a mi vida?"

NOTA PARA EL LECTOR

Gracias, por ti

Tómate un momento para notarte a ti mismo.

Aquí estas tú, leyendo las últimas páginas de este libro.

Siendo tú.

¿Estarías dispuesto a estar agradecido por ti ahora mismo?

Estar agradecido por lo que sea que traiga este momento, donde quiera que estés, con quien estés y el dulce cuerpo que tienes.

¿No es eso lo que has estado buscando toda tu vida?

Estoy seguro de que has leído muchos libros antes de este. Libros sobre espiritualidad, sobre como confiar en ti mismo, cómo ser una mejor persona, como lograr que la luz purpura haga espirales de amor mientras estás parado de cabeza y cantas aleluya… (Bueno, tal vez el último no.)

Pero ¿no es esto lo que has estado buscando, estar agradecido por tu vida y agradecido por ti y agradecido por estar vivo?

Si hubiese una llave realmente grande para el reino…, esta sería …

Gratitud.

Así que, por solo diez segundos, ¿estarías dispuesto a bañar en gratitud a ti y a tu cuerpo? Deja que esté a tu alrededor, dentro de ti, sobre ti y debajo de ti –como un abrazo infinito.

Gratitud total. ¿Cómo sería eso en tu cuerpo? ¿Qué posibilidades se abrirían para vivir? ¿Qué podría la gratitud invitar a entrar en tu vivir?

Gratitud. Todo el tiempo. Para ti y para tu cuerpo.

Más tarde te contaré un secreto.

Ahora por favor báñate.

∽

∽

∽

Bueno, ahora es más tarde.

El secreto es que cuando tienes gratitud por ti, no puedes evitar tener gratitud por todos los demás.

Simplemente está ahí.

Tú eres eso. Gratitud.

El final... y

principio

NOTA PARA EL LECTOR

Celebrando el estancamiento

Por favor ten en cuenta, después de leer este libro hay otra manera de ser, de la que te vas a dar cuenta.

De vez en cuando es posible que te sientas estancado.

¡Ese es el momento para celebrar!

Ya que te estarás dando cuenta de que el estancamiento que siempre pensaste que eras tú no lo es.

Estás dándote cuenta de que el lugar estancado es DIFERENTE a ti. ¡Ya no eres tú! Es precisamente por eso que puedes percibirlo porque estás dejando de serlo.

Estás a punto de pasar del resistirse y reaccionar al "¿Cómo deshacer todo, para tener cualquier cosa?" al "¿Qué me gustaría ser, hacer, tener, crear, y generar, ahora, más allá de esto?"

Estás a punto de despegar. Así que celebra que puedes percibir el estancamiento tan claramente ahora, te muestra lo que puedes soltar que no es tú.

Mi querido amigo, eleva tus pies y aprende a volar.

Ahora es el momento.

Capítulo 16
El principio

Este es casi el final del libro y el principio de algo completamente diferente. ¡Si tú lo eliges! Por favor ten en cuenta que nadie puede elegir por ti. Tú eres el creador de tu vida. Lo único que se interpone en tu camino eres... Tú.

Hemos revisado muchas áreas en este libro. Y hemos desbloqueado mucho de lo que podría interponerse en el camino para que seas tú.

Tu consciencia ha aumentado, ya sea que lo sepas cognitivamente o no. Tu potencia ha aumentado, ya sea que lo sepas cognitivamente o no. Tu capacidad para recibir ha aumentado, ya sea que lo sepas cognitivamente o no.

Si lo permites, continuarán aumentando. Si pides eso y utilizas las herramientas que tan generosamente has puesto en tu camino.

Y no te equivoques al respecto... Es un proceso.

Esto es SIENDO TÚ, CAMBIANDO EL MUNDO.

La energía sigue moviéndose, desplazándose y cambiando, es un continuo: Ser. Lo que eras hace 10 segundos, ya no es. Tú eres un nuevo tú. Y es continuo, cambiante. Lo que se requería que cambiaras cuando empezaste a leer este libro, puede que ya no sea relevante.

Cuando cuento la historia de cómo Access Consciousness salvó y cambió toda mi vida, algunas personas piensan que todo sucedió y termino ahí, por el año 2000. He de decirte que ¡el proceso sigue dándose! ¡Gozosamente, curiosamente, emocionadamente y por necesidad, utilizo todos los días las herramientas que te he presentado en este libro! Prácticamente en todo momento del día.

Algunas veces llego a estar realmente muy incómodo. Me siento estancado. Me voy a lo equivocado de mí. La diferencia está en que, lo que antes me tomaba meses o semanas o días, para salir de ahí, ahora me puede tomar sólo una hora, o incluso minutos. Al hacer las preguntas. Al utilizar las herramientas (como la de preguntar y POD POC). Al recibir del Universo. Al elegir algo diferente.

Ahora veo cada pedacito del estancamiento como un dulce regalo, aunque a veces lo haga a regañadientes. Es otra capa de esta realidad que está brotando para ser eliminada y cambiada.

Pero lo más importante, es que utilizo las herramientas para generar y crear el cambio que me gustaría ver en el mundo ¡y la vida que deseo! Tú puedes hacer eso también. Estas herramientas son para ser usadas. Mucho. No se gastan. Son fáciles. ¡Son tuyas! No hay necesidad de ningún gurú –excepto tú. Con estas herramientas puedes ser el amo de tu universo. Y hay muchas más herramientas disponibles más allá de este libro.

Las áreas de ser que hemos visto en este libro –juicio, cuerpo, sexo, relaciones, recibir, cariño, abuso, familia, magia, elección, liderazgo, son áreas que repetidamente surgen en mis clases. Utilizo estas mismas herramientas para facilitar el cambio del universo completo de las personas. Aquellas cuyas vidas en verdad cambian, son los que se van a casa y siguen utilizando las herramientas, siguen estando en la energía de Ser (como se vea para ellos) y siguen haciendo las preguntas.

Desde que yo era niño, todo lo que yo quería hacer era cambiar el mundo. Mi mayor gozo es escuchar lo diferente que es la vida de las personas después de una clase y como ese cambio continúa creciendo. Cómo sus cuerpos ya no eligen doler. La facilidad que ellos tienen consigo mismos. La diferencia que son capaces de ser con sus hijos y las personas amadas. La contribución que son para la gente a su alrededor. La potencia a la que están accediendo en el mundo.

En algunas ocasiones alguien duro como un ladrillo, se acerca después de la clase y me da un abrazo desde un espacio de tal vulnerabilidad y recibir que ambos simplemente nos derretimos en lágrimas y unicidad. ¿Cómo llegué a ser tan afortunado de ser una contribución al cambio? Estoy más agradecido que lo que jamás podría expresar en palabras.

En todas estas áreas, mi propio vivir y ser son algo completamente diferente de lo que eran hace once años, y hace cinco años, y hace tres años y hace un año. Todavía sigo buscando, sigo preguntando en total y maravillosa gratitud por lo que he recibido y generado– ¿qué más es posible aquí? ¿Qué puedo generar y crear diferente de lo que aún no he reconocido? ¿Y qué podemos crear NOSOTROS…?

Esta es la más grande aventura a la que jamás se me hubiese ocurrido invitarte: La exploración de la consciencia: Siendo tú, cambiando el mundo –y más allá.

La mayoría de las modalidades con las que entras en contacto; espirituales y de otro tipo, te enseñarán cómo encajar mejor en esta realidad. Cómo funcionar, beneficiarte, ganar y no perder, se basan en lo que todos han acordado que son las reglas y normas de existir. Access es diferente. Completamente diferente. Te muestra cómo ir más allá de esta realidad.

Así que aquí están tus ordenes de partida, mi amigo:

Tú eres un regalo de un tipo nunca visto antes en el mundo.

Es irrelevante quien pensaste que eras antes de llegar aquí. Tú eres tú; algo mucho más grandioso que lo que nadie ha visto jamás. El momento es ahora.

Podrás pelearlo, podrás esconderte de ello, pero nunca más serás capaz de evitarlo.

Incluso si el mundo nunca cambiaría, ¿no sabes que tienes una vida diferente por vivir?"

Ahora es el momento.

Cualquier cosa de la que te hayas sentido excluido, no es este el caso.

Has estado demandando cambio, mientras que al mismo tiempo lo rechazabas, así que diste pequeños pasos en vez de saltos cuánticos.

Ahora es momento para una diferencia.

Todo lo que pensabas que eras tú no es suficiente.

Tú eres mucho más grandioso que cualquier cosa que pudieras pensar. Tú eres una energía de ser que nunca ha sido vista antes. Ahora es el tiempo para serlo, para encarnarlo, para recibir las posibilidades que van más allá de esta realidad.

Para acceder a tal permisión de ti y de todo, a tal potencia, a tal gozo, que te conviertas en la diferencia que el mundo ha estado pidiendo.

Ahora es el momento.

Tenemos a nuestro alrededor una Tierra que se está enfermando más. Tenemos un mundo que nos necesita. No solamente nuestras familias, no solo nuestros amigos, no solo nuestra ciudad, estado o país, el mundo requiere lo que sabemos.

Lo que cada uno de nosotros sabe, lo que hemos estado escondiendo de todos, incluso de nosotros.

Ahora es el momento para que despierte tu saber. Para que tu saber vaya más allá de lo que es esta realidad, al ser que tú sabes que es posible.

Ahora es el momento para liberar el saber que has escondido de todos incluyéndote a ti mismo. Ahora es el momento para liberar la consciencia de ti como en verdad eres.

Tú sabías que llegaríamos a este punto y a este momento y a este día. Lo sabías.

¿Estarías dispuesto a reconocer eso?

Tú sabías que llegaría el momento de dar el paso a ser el tú acústico.

El ser que está más allá de la definición y más allá del juicio, más allá de preocuparte por los puntos de vista limitados de esta realidad.

El ser que has escondido lo mejor que has podido durante cuatro trillones de años.

Ahora es el momento, y nosotros somos las llaves.

Abramos la cerradura de todo lo que te permitirá ser ahora.

¿Qué tal si el ser fuera algo totalmente diferente a lo que cualquiera haya jamás decidido que es?

¿Qué pasaría si pudieras soltar tú definición de ti mismo, tú definición de separación, tú definición de juicio, y de todo lo que te define como menos que la unicidad que eres?

¿Cuántos de ustedes saben que quieren simplemente una versión ligeramente mejor que la de esta realidad? ¿Y si eso no fuera suficiente?

¿Qué tal si tú supieras que TODO tiene que cambiar?

¿Pero, que pasaría si eso fuese fácil y espacioso? ¿Qué tal si no fuera un cambio como el que esta realidad te dice que es necesario? ¿Qué tal si fuera un cambio desde un espacio totalmente diferente?

¿Qué sabes, que has estado pretendiendo no saber durante mucho tiempo?

¿Qué eres que has estado pretendiendo que no eres durante mucho tiempo?

¿Estás dispuesto a saberlo y serlo ahora?

Porque, mi amigo, se requiere de todos nosotros.

Todos tenemos las historias de nuestras vidas, la razón por la que podemos y no podemos elegir desde nuestro punto de vista justificado...

¿Y si todo eso fuera basura?

¿Qué pasaría si creáramos un origen para la realidad totalmente diferente? ¿Qué tal que sabes lo que eso es, y lo has sabido durante mucho, mucho, mucho tiempo?

Ahora es el tiempo para volver a despertarlo.

Aquí estamos juntos de nuevo, diferentes cuerpos, diferentes creaciones que llamamos nuestras vidas. Aquí estamos juntos de nuevo para cambiar.

Para crear cambio. Para generarlo e instituirlo. Algo que nosotros hacemos muy, muy bien.

Ahora es el momento de abrir las puertas que viniste a abrir personalmente. Ahora es el momento de abrir juntos las puertas que hemos venido a abrir, cualesquiera que estas sean.

Ahora es el momento de abrir la puerta a ser totalmente acústicos. A reconocer nuestra capacidad, nuestra habilidad y que nuestro propio ser es la destrucción de todo lo limitado.

Ahora es el momento.

Tienes demasiado gozo que dar al mundo como para permitirte estar sumido en la tristeza… y por si no lo sabías, es solo porque percibes tanto la tristeza que elige el mundo a tu alrededor.

Es solo porque el mundo a tu alrededor hace más real la tristeza que el gozo que sabes es posible. Y es sólo porque lo has escondido bajo montañas de realidades de otras personas, creyendo, que si permitieras que lo vieran sería aplastado o destruido.

Pero, nada que alguien o algo haya hecho podría verdaderamente destruirlo, porque tú estas aquí, ahora mismo.

Ahora es el momento para despertar ese gozo. Lo requerimos, la Tierra lo requiere, el Universo lo requiere y nos ruega que tengamos el valor para abrir esa diferencia llamada gozo que somos.

Ahora es el momento.

¿Qué cambio requiere la Tierra de nosotros?

Alcanzar toda la potencia que has llegado a reunir o consideraste posible y entonces ir más allá de eso y regalar cambio a la Tierra para lo que sea que requiera, pues al igual que tú, ella sabe.

¿Estás dispuesto a convertirte en el tsunami de la consciencia?

¿En una ola acústica que cambia todo a su paso?

Que va por donde elige, sabe exactamente hacia dónde debe ir y no permite que nadie ni nada la detenga.

Nunca más... Ahora es el momento.

El momento para la potencia gentil que somos, la intensidad de potencia que somos, la diferencia llamada potencia que somos, que es el cambio que el mundo ha estado pidiendo.

Tú eres lo que permite a la consciencia ser.

Tú sabias y pediste que te hicieran esta demanda ... De hecho, es una demanda que mismo te hiciste, un requerimiento, y una insistencia.

Ahora es el momento, como lo has solicitado.

Permite que todo lo que sabes llegue a ser.

Mi amigo, yo no sé necesariamente que es lo que existe en un mundo completamente diferente.

Yo solo sé que es completamente diferente. Bienvenido a tu mundo completamente diferente.

Epílogo

¿Quién eres tú?

1. *Piensa en alguien cuya energía era similar a la tuya antes de que empezaras a leer este libro.*

   Alguien de quienes hubieras dicho "Oh, es igual a mí".

   Capta la energía de esa persona ahora.

   ¿La percibes diferente?

   ¿Eres tú diferente?

1. *Piensa en alguien con quien te sientas cómodo.*

   Alguien que no te juzgue (demasiado) y a quien le importes totalmente.

   Ahora _____mírate a través de sus ojos.

   ¿Qué percibes en forma diferente?

1. *¿Estarías dispuesto a ser esa persona?*

   ¿Estarías dispuesto a estar cómodo contigo mismo, a no juzgarte, y a importarte totalmente?

   Ahora _____ sé contigo.

   ¿Quién eres?

Explicación del enunciado aclarador de Access

El enunciado aclarador que usamos en Access Consciousness es:

Acertado y equivocado, bueno y malo, POD y POC, todos los nueve, cortos, chicos y más allás.

Acertado y equivocado, bueno y malo,
Es la forma abreviada para:

¿Qué es lo bueno, perfecto y correcto sobre esto?

¿Qué es lo equivocado, mezquino, vicioso, terrible, malo y horrible sobre esto?

¿Qué es correcto e incorrecto, bueno y malo?

POC
Es el punto de creación de los pensamientos, sentimientos y emociones que precedieron inmediatamente a lo que hayas decidido.

POD
Es el punto de destrucción inmediato posterior a cualquier cosa que tú hayas decidido. Es como jalar la carta inferior de una casa de naipes. Todo se viene abajo.

Todos los 9
Se refiere a nueve capas de mierda que se sacaron. Sabes que en algún lugar de esas nueve capas debe haber un pony pues no podrías haber puesto tanta mierda en un lugar sin tener un pony ahí… Es mierda que tú mismo estás generando, lo que es la parte mala.

Cortos

Es la versión corta de: ¿Qué es lo valioso de esto? ¿Qué es lo que no es valioso de esto? ¿Cuál es el castigo por esto? ¿Cuál es el premio por esto?

Chicos

Se refiere a esferas nucleadas. ¿Alguna vez te han dicho que tienes que pelar las capas de la cebolla para llegar al meollo de un asunto? Bien, es esto, excepto que no es una cebolla. Es una estructura energética que se le parece. Estas son preverbales. ¿Alguna vez has visto una de esas pipas que usan los niños para hacer burbujas? ¿La soplas por un lado y creas un montón de burbujas? Revientas una y se vuelve a llenar. Básicamente tienen que ver con aquellas áreas de nuestra vida en las que hemos tratado de cambiar algo, permanentemente sin resultado. Esto es lo que mantiene algo repitiéndose indefinidamente...

Más allá

Son sentimientos o sensaciones que cuando te llegan, detienen tu corazón, te dejan sin aliento o paran tu disponibilidad para ver las posibilidades. Es como cuando tu negocio está en números rojos y recibes otra notificación final y dices ¡Argh! No lo esperabas en este momento.

Algunas veces solo decimos "POD y POC a esto".

~~~

Para tener una explicación más profunda del enunciado aclarador, en video y en audio, por favor, visita drdainheer.com

Sobre el autor

Dr. Dain Heer

Como orador y autor internacional, el Dr. Dain Heer viaja por todo el mundo facilitando clases avanzadas de Access Consciousness. Él invita e inspira a las personas a más consciencia desde un espacio de total permisión, cariño, humor y un saber fenomenal.

El Dr. Dain Heer inicio su trabajo como Quiropráctico de Red en el año 2000 en California, EEUU. Habiendo trabajado con el cuerpo desde que estaba en la universidad, el Dr. Heer se encontró con Access Consciousness en un momento en su vida en la que él se sentía profundamente infeliz e incluso planeaba suicidarse. Access Consciousness cambio todo eso. Cuando ninguna de las otras modalidades y técnicas que el Dr. Dain había estado estudiando le daba resultados durables o algún cambio, con Access Consciousness, su vida comenzó a expandirse y crecer con mayor facilidad y velocidad de lo que él se hubiera podido imaginar fuera posible.

Hoy el Dr. Dain Heer, es mejor conocido por su poderoso proceso de transformación energética llamado la Síntesis Energética del Ser y por ser el cocreador de Access Consciousness, junto con el fundador, Gary M. Douglas. El Dr. Heer tiene un enfoque completamente diferente sobre la sanación al enseñar a la gente a acceder y a reconocer sus propias habilidades y saber. El proceso de transformación energética es rápido y verdaderamente dinámico.

Líder de pensamiento creativo y consciente con un profundo entendimiento del poder de creación personal, el Dr. Heer echa mano de su trasfondo y su perspectiva única para facilitar cambio positivo en el mundo y empoderar a la gente de todas las culturas, países, edades y estratos sociales para crear dinero, relaciones y la vida que verdaderamente desean.

Sobre Access Consciousness

Access Consciousness está disponible en más de 170 países y ha contribuido a cambiar las vidas de decenas de miles de personas alrededor del mundo por los últimos 30 años. Disponible mediante seminarios, teleseries, libros, audios y consultas, ¡lo que le gusta a las personas es que verdaderamente funciona!

Access Consciousness es un programa de transformación energética siempre en evolución que te ofrece herramientas y preguntas para cambiar cualquier cosa que desees de forma diferente y más fácil y para cambiar las cosas que no has sido capaz de cambiar en tu vida hasta el momento.

Access está basado en la idea de que no estás equivocado, y que la consciencia puede mover cualquier cosa. Te provee con formas para darte cuenta totalmente y comenzar a funcionar como el ser consciente que verdaderamente eres. Te da acceso a las posibilidades que existen cuando ya no te atascas y no crees que estás atascado. Si tuvieras elección total, ¿Qué crearías?

Si tu propósito en la vida fuera divertirte, ¿qué cambiarías?

Si estuvieras celebrando tu vida hoy, ¿qué elegirías?

¿Qué más es posible que nunca has considerado?

El objetivo de Access Consciousness es crear un mundo de consciencia y unicidad. La consciencia incluye todo y no juzga nada. La consciencia es la habilidad de estar presente en tu vida a cada momento, sin juicio de ti o de nadie más. Es la habilidad de recibir todo, no rechazar nada y crear todo lo que deseas en la vida, más grandioso de lo que tienes actualmente, y más de lo que puedes imaginar.

La información, herramientas y técnicas presentadas en este libro son solo una pequeña muestra de lo que Access Consciousness ofrece. Hay un universo completo de procesos y clases. Aun cuando estas herramientas han generado grandes cambios en muchas personas, Access Consciousness no se considera a sí mismo como la única forma de lograrlo. Access te empodera a saber lo que es verdad para ti. ¡Te permite saber que sabes!

Si hay cosas en tu vida donde no has podido lograr que funcionen como sabes que deberían, tal vez te interese asistir a una clase, taller o con un facilitador de Access Consciousness. Ellos pueden trabajar contigo para darte mayor claridad acerca de los temas que aún no has superado.

Explora más en: www.accessconsciousness.com, www.drdainheer.com

Otros libros de Access por el Dr. Dain Heer

El Dr. Dain Heer es el autor y coautor de nueve libros.

El libro de Siendo tú, cambiando el mundo que acabas de leer ha sido traducido en ocho idiomas y varios más en proceso.

Aquí tienes otros libros por Dr. Dain Heer:

El gozo de tu cuerpo, el manual que te han debido dar al nacer.

Magic.

You are it. Be it

Right riches for you

Talk to the animals

Sex is not a four-letter word, but relationship oftentimes is

Living beyond distraction

The ten keys to total freedom

Money isn't the problem, you are

Home of Infinite Possibilities

Mediante la tienda en línea de Access Consciousness puedes encontrar estos y muchos otros libro que te permitirán adentrarte más profundamente en las diferentes posibilidades en áreas como el dinero, las relaciones, hijos, adicciones, dieta, liderazgo y más.

¡Da la vuelta a una posibilidad diferente!

www.accessconsciousness.com

Algunas formas de conectar con Access en línea

www.AccessConsciousness.com

www.DrDainHeer.com

www.GaryMDouglas.com

www.BeingYouChangingTheWorld.com

www.TourOfConsciousness.com

www.YouTube.com/drdainheer

www.Facebook.com/drdainheer

www.Twitter.com/drdainheer

www.Facebook.com/accessconsciousness.com

www.YouTube.com/accessconsciousness.com

www.Twitter.com/accessconsciousness.com

Una invitación...

Si has disfrutado este libro y quisieras más de esto en el futuro, aquí tienes algunas posibilidades.

Eventos de Siendo tú, cambiando el mundo

La clase de 3.5 días de Siendo tú, cambiando el mundo con el Dr. Dain Heer se ofrece a través del mundo. Están diseñadas para llevarte de tener una vida controlada por piloto automático a estar TOTALMENTE VIVO.

Estas clases pueden proveerte las herramientas que pueden asistirte a cambiar cualquier área de tu vida: tus relaciones, tu cuerpo, tu situación de dinero y. ¡tu futuro! Te abrirán a una consciencia expandida de la vida sin juicio, te empoderará a saber que sabes y te dará una experiencia energética de ser que no encontrarás en ningún otro lugar.

También experimentarás el proceso energético transformacionacional: la Síntesis Energética del Ser, donde Dain trabaja simultáneamente con los seres y los cuerpos en la clase para crear un espacio que permite el cambio que has estado pidiendo ser.

Descubre más en: www.beingyouchangingtheworld.com

Los facilitadores de Siendo Tú

Dr. Dain Heer también ha entrenado a un grupo de facilitadores de Siendo Tú que te ofrecen clases vespertinas y de un día en todo el mundo.

Puedes saber más aquí: www.beingyoudadventures.com

El tour de la consciencia

Si quisieras seguir a Dain conforme viaja y explora la consciencia por todo el mundo, regístrate en esta serie de videos llamada "El tour de la consciencia"

Recibirás herramientas e inspiraciones cada pocas semanas en tu buzón de correo que te harán sonreír, tal vez dejen que alguna otra posibilidad se cuele en tu vida, y a veces ¡te muevan TODO TU MUNDO!

Regístrate aquí: www.tourofconsciousness.com

www.ingramcontent.com/pod-product-compliance
Lightning Source LLC
Chambersburg PA
CBHW011210190426
43197CB00044B/2939